**가치 있는
아파트 만들기**

가치 있는 아파트 만들기

재건축 열풍에서 아파트 민주주의까지,
인류학자의 아파트 탐사기

정헌목 지음

반비

아파트 단지에서 함께 살아간다는 것

제17대 대통령 선거가 있던 2007년 12월의 어느 추운 날, 나는 동생과 함께 낯선 아파트 단지 입구로 들어서고 있었다. 얼마 전 옮긴 월셋집의 계약 조건 탓에 살던 집에 주민등록을 못 하고 한동안 친척집으로 주소지를 옮겨놓을 수밖에 없었는데, 마침 그 시기에 대통령 선거일이 걸린 것이었다. 여론조사 지지도가 압도적이었던 특정 후보의 당선이 확실시되던 상황이라 여러 모로 김이 빠진 선거였지만, 그래도 투표 참여는 해야겠기에 먼 길을 나선 터였다.

문제는 투표소가 위치한 아파트 단지에 직접 찾아가는 게 처음이라는 사실이었다. 위압감을 주는 높다란 담장 사이로 설치된 차량 차단용 게이트 옆을 지나 고층 아파트들이 줄지어 선 거대한 단지 안으로 들어선 뒤, 우선 단지 배치도를 유심히 살펴보았다. 목적지는 '커뮤니티센터' 1층의 강당. 지도를 보니 단지 중심부로만 가면 쉽게 찾을 수 있을 것 같았다. 모든 주요 건물은 차도를 따라가다 보면 닿을 수 있다고 생각한 나는 정문에서 연결된 차도를 따라 걷기 시작했다. 그런데 한참을 걸었지만 목적지인 커뮤니티센터는 나타날 기미가 없었다. 걷다 보니 차도는 점차 지하를 향해 뻗어가서 거대하기 짝이 없는 지하주차장으로 이어지고 있었다. 이거 아니다 싶어 되돌아 나와 지상에서 다시 길을 찾기 시작했지만, 어떻게 해야 목적지에 도달할지 도저히 알 수가 없었다. 지도 보는 데에는 나름대로 자신이 있었지만 이번만큼은 꼼짝없이 길을 잃었음을 인정하지 않을 수 없었다. 선거일을 겸한 휴일 한낮, 지하로 이어진 차도 주변에는 인적조차 없었고 12월의 찬 날씨는 몸도, 길을 잃은 마음도 얼어붙게 만들었다. 이 단지에 사는 이들이 투표하러 가다가 길을 잃을 리는 없을 테니, 지금 이 순간 거대한 아파트 단지 한가운데에서 길을 잃은 사람은 주민등록상으로만 이 동네 주민인 나와, 지독한 길치임에도 나를 믿고 같이 투표하겠다며 따라나선 내 동생뿐일 것이었다.

이것이 브랜드 아파트 단지에 관한 나의 첫인상이었다. 이때 받았던 낯선 느낌은 이후 다른 아파트 단지에서 연구를 진행하고 마무리하는 순간까지 계속 남아 있었다. 브랜드 아파트의 공간적 속성과 나라는 인간의 관계 맺음 방식이랄까. 어쩌면 그 낯섦 덕에 아파트 단지를 인류학의 연구대상으로 볼 수 있었고, 지금 이렇게 그 결과물을 내놓게 된 건지도 모르겠다.

이 책은 한국 대도시의 지배적인 주거양식인 아파트 단지, 그중에서도 2000년대 이후 등장한 브랜드 아파트 단지에 관한 인류학 연구다. 시간상으로 책이 다루는 내용은 재건축 열풍과 함께 아파트 가격이 천정부지로 치솟던 2000년대 초중반부터 전 세계적인 경제 위기 이후 아파트 시장 역시 침체기에 빠진 2010년대 초반까지 약 10년에 걸친 시기에 해당한다. 인류학의 연구 결과물을 '민족지(또는 경우에 따라 '문화기술지'나 '민속지')'라고 부르는데, 이 책은 현대 한국 사회에서 가장 대표적인 삶의 현장인 아파트 단지의 민족지인 셈이다.

책에 소개된 사례는 수도권 소재의 한 브랜드 아파트 단지에서 전개된 삶의 이야기지만, 그 이야기는 특정 단지에 국한되지 않는다. 우리 주변 어딘가에서 봤을 법한, 혹은 가까운 누군가의 이야기인 듯도 한 사례들, 이 책에는 그런 이야기를 담았다. 저자와 독자가 함께 속한 사회, 즉 자문화를 다루는 인류학 민족지의 역할은 그 지점에서 출발한다. 글을 읽는 이와 글로 옮겨진 실제 현실 사이에 적당한 거리를 유지시키면서 자신과 주변의 삶을 반추하도록 하는 역할 말이다.

그 중심에 놓인 핵심 질문은 어찌 보면 단순하다. "2000년대 이후 한국 사회, 아파트 단지에서 함께 살아간다는 것의 의미란 무엇인가?" 책에서는 이 질문을 가운데에 두고 여러 각도에서 접근해 답을 모색하려 했다. 그런데 한국 사회에서 아파트라는 존재가 부동산 가격과 밀접하게 연관되어 있다 보니, 그 답을 찾아가는 과정에서 무시할 수 없었던 요인이 바로 시장의 상황 변화였다. 이 책이 다룬 시기는 2000년대 중반 이후 아파트 가격의 급상승기와 뒤이은 정체기이다. 그리고 다시 10년, 거짓말처럼 다시 반복 조짐을 보이는 아파트 값의 상승세는 묘한 기시감을 불러일으킨다. 경제학자나 부동산 전문가가 아닌 내가 아파트 시장의 향후 방향에 대해 전망할 수는 없다. 다만 내 눈앞에 보이는 건, 이 책의 배경으로부터 10년의 세월이 흘렀고, 부채 증가와 재건축 열풍이라는 현상과 함께 한동안 주춤했던 아파트 가격이 다시 들썩인다는 사실이다. 새로 출범한 정부는 고강도의 대책을 내놓으며 또 다시 아파트 가격 잡기에 나섰지만 결과를 내다보기에는 아직 이르다.

이런 변화 흐름 속에서 인류학의 고유한 특성은 오히려 힘을 발휘한다. 인류학은 미래를 쉽게 예단하지 않는다. 대신 지나간 과거에 깊이 파고들어 그 안에서 현재의 우리가 얻어내야 할 의미를 건져 올리고자 한다. 그렇기에 최근의 변화에도 불구하고 멀게는 10여 년 전, 가까이는 수년 전의 이야기를 담은, 아파트에 관한 이 책의 인류학적 접근은 여전히 시의성을 지닌다.

지난 몇 해 사이에 아파트를 다룬 훌륭한 책들이 많이 나왔다. 그만큼 최근 도시와 건축, 공간에 대해 우리 사회의 관심이 많아진 현실을 반영하는 것이리라. 이런 상황에서 아파트에 대한 책을 하나 더 얹어도 되는지 걱정 아닌 걱정이 들기도 한다. 그래도 인류학 연구자에게는 다른 분야와는 또 다른 인류학자만의 역할이 있다. 주어진 공간을 우리 주변의 보통 사람들이 어떻게 받아들이며, 또 그들이 공간을 다시 어떻게 바꾸어놓는가를 그들과 가장 가까운 거리에서 바라보는 것은 인류학의 역할이다. 보통 사람들의 목소리를 담아내어 다시 우리 자신에 대한 성찰로 엮어내도록 돕는 것 역시 인류학이 기여해야 하는 일이다. 이 책이 그 역할을 어느 정도까지 해냈는지에 대한 판단은 독자 여러분의 몫이다. 물론 그에 뒤따르는 책임은 오롯이 저자의 몫이다.

＊＊＊

　책이 나오기까지 많은 분들께 큰 도움을 받았다. 박사학위 논문을 대폭 수정, 보완한 이 책이 나올 수 있었던 것은 누구보다도 지도교수 황익주 선생님의 세심한 가르침과 격려 덕분이었다. 논문 심사위원으로 예리한 지적과 조언을 아끼지 않으신 오명석 선생님과 권숙인 선생님, 양영균 선생님, 신중진 선생님께 진심으로 감사드린다. 박사후과정을 밟으며 안정적으로 책의 원고를 마무리할 수 있도록 도와주신 채수홍 선생님과 정향진 선생님께도 감사드린다. 또 인류학이라는 학문의 매력에 처음 매료되도록 길을 열어주신 김광억 선생님과, 새로 몸담게 된 한국학중앙연구원에서 연구자이자 교육자로서의 모범을 보여주신 문옥표 선생님께 존경과 감사의 인사를 올린다.

　인류학을 공부하고 배워나간 서울대학교 인류학과의 교수님들께도 수업을 포함하여 다양한 자리에서 은혜를 입었다. 학문에 대한 한결같은 열정과 진지함으로 가르침을 주신 여러 선생님들께 깊은 감사를 드린다. SSK 도시지역공동체 연구팀의 신명호 선생님과 정규호 선생님, 지금도 교류를 이어가는 연구원들과는 이론과 실천이 결합된 공동연구를 함께 경험하며 연구의 구상 단계에서부터 도움을 얻을 수 있었다. 매번 지적 자극을 주는 다양한 주제를 나누고, 이 책의 초고를 다룬 장시간의 발표를 경청하고 유익한 비평과 제안을 해주신 인류학 독회모임의 여러 선생님들께 감사드린다. 흔쾌히 책의 추천사를 보내주신 조한혜정 선생님과 박해천 선생님, 조형근 선생님께도 이 자리를 빌려 깊이 감사드리고 싶다.

사실상 이 책의 주인공인 연구대상 단지의 주민 여러분께는 이루 말할 수 없이 큰 신세를 졌다. 너무나도 고마운 분들이지만, 연구대상의 익명성을 지키기 위해 도움 받은 분들의 성함을 일일이 언급하지 못하는 게 아쉽다. 연구과정에서 만났던, 따뜻하게 반겨주고 고민을 함께 나눠주신 주민 분들께 감사 인사를 올린다. 이 자리에서 못다 한 인사말은 직접 뵙고 전해드리려 한다. 또 이 글이 책이라는 형태로 출간될 수 있도록 애써주신 출판사 반비의 담당자 분들, 특히 편집자 최예원 선생님께 감사의 뜻을 표한다.

인류학이라는 분야를 함께 공부해온 선후배 동학들은 다방면에서 많은 힘이 되었다. 미완성의 원고를 꼼꼼히 읽고 날카로운 제언을 주신 이경묵 선배로부터는 글의 분석 방향을 잡아나가는 데 큰 도움을 받았다. 연구의 첫 단계에서부터 도움을 준 정화는 계속해서 관심과 응원을 보내주며 원고 완성에 중요한 역할을 해주었다. 졸업동기이자 직장 동기로 동고동락한 김희경 선배를 비롯해 같이 공부하는 입장에서 고민을 나눠온 비교문화연구소의 선배님들과 벗들, 그리고 연구 과정 내내 응원해주신 장정아 선생님, 이응철 선배님, 조수미 선생님, 박지환 선배님께 감사드린다. 반비와의 다리를 놓아

준 성규, 도시연구라는 관심사를 공유해 온 준규, 초고를 읽고 세밀한 논평을 해준 진영을 비롯한 서울대 인류학과 대학원의 동학들에게도 고마움을 전하고 싶다. 처음엔 대학원생으로, 다음은 박사후연구원으로 만난 여러 동학들 덕택에 연구와 집필 과정이 외롭지 않을 수 있었다. 특히 격려와 조언으로 언제나 영감을 주는, 국립민속박물관의 이인혜 학예사에게 감사 인사를 전한다.

공부를 핑계 삼아 주변을 제대로 살피지 못한 내게 신뢰와 지지를 보내주신 가족들에게도 감사의 마음을 전하고 싶다. 내가 하는 일이라면 무엇이든 믿고 기다려주신 부모님께 감사 인사를 드린다. 부족한 사위를 늘 아껴주시는 장인어른과 장모님께도 감사드린다. 가족인 동시에 가장 친한 친구로 지금껏 함께해온 동생 현정이, 그리고 매부에게도 고마운 마음을 전한다. 글로는 전부 담아내기 힘든 감사의 뜻이 가족들에게 전해졌으면 좋겠다.

마지막으로, 책 출간을 보셨더라면 누구보다 기뻐하셨을 할머니께 늦은 감사 인사를 올린다.

2017년 11월
정헌목

차례

일러두기

1. 연구 대상 단지의 정보 보호를 위해 모든 이름은 가명으로 처리했으며, 인터넷 게시물과 기사 인용문 역시 내용을 해치지 않는 선에서 다소 수정을 가했다.

2. 내용과 관련 있는 주석은 ●로 표시해 각주로, 문헌 관련 주석은 번호로 표시해 미주로 달았다.

3. 인용자가 이해를 돕기 위해 덧붙인 내용에는 모두 대괄호([ ])를 사용했다.

4. 이 책의 내용 중 일부는 저자가 발표한 아래 논문들을 수정, 보완한 내용을 담고 있다.

정헌목, 「가치 있는 아파트 만들기: 수도권 브랜드 단지에서의 공동체 형성의 조건과 실천」, 《비교문화연구》 22집 1호, 2016.

정헌목, 「행동하는 소수, 침묵하는 다수: 브랜드 단지 내 어린이 사망사건으로 본 아파트 공동체성의 의미」, 《한국문화인류학》 49집 2호, 2016.

1장

브랜드 아파트 단지의 인류학

모더니즘 건축의 이상과 아파트

인구 수십만의 도시 한복판, 11층 높이 총 33개 동으로 이루어진 아파트 단지가 저층 주거지 사이로 거대한 위용을 드러냈다. 갈수록 열악한 상황으로 치닫던 주택난을 대규모 공공주택으로 해결하겠다는 행정당국의 야심찬 계획에 의해 건설된 이 단지의 이름은 '프루이트아이고(Pruitt-Igoe).'[1] 1952년 미국 세인트루이스에 세워진 프루이트아이고는 훗날 뉴욕 세계무역센터를 설계한 건축가 미노루 야마사키(Minoru Yamasaki)의 작품으로, 3000세대 가까이 되는 주민들을 수용할 수 있는 대단지였다. 20세기 전반을 풍미한 건축 거장 르 코르뷔지에(Le Corbusier)가 구상했던, 합리성과 효율성을 강조한 비전이 그대로 적용된 이 단지는 각종 편의시설 완비, 풍부한 조경, 커뮤니티 공간의 충분한 확보 등을 특징으로 하면서 계획 단계부터 많은 주목과 기대를 받았다. 바야흐로 아파트의 본고장인 프랑스를 비롯해 미국을 포함한 세계 각지에서 고층 아파트 건물로 이루어진 대단지가 도시 주거문제를 해결할 대안으로 각광받던 시기였다.

하지만 입주가 시작되고 몇 해가 지나자 프루이트아이고에 대한 기대는 실망으로 바뀌고 말았다. 개별 동 단위로 도시의 가로(街路)에 접하여 건설되던 서구의 일반적인 아파트와 달리, 주변 도시공간으로부터 폐쇄적인 단지 형태로 지어진 프루이트아이고는 점차 자족 기능을 잃고 계획가들이 예상치 못했던 새로운 문제를 앓기 시작했다. 기대와 달리 입주율이 낮은 수준에 머물렀던 단지는 점차 버려

프루이트아이고의 건설 초기 전경.

지기 시작했고, 녹지를 비롯해 입주민들의 쾌적한 생활을 위해 제공
된 공용공간은 우범지대로 전락해 약탈과 방화 등 범죄의 온상이 되
어버린 것이다. 이렇게 쇠락의 길을 걷고 있던 프루이트아이고에 대
해 당국은 결국 철거 결정을 내렸고 완공 20년 만인 1972년, 프루이
트아이고는 역사의 뒤안길로 사라지게 되었다. 이후 프루이트아이고
의 실패는 주거와 관련하여 인간 행동을 예측하고 합리적인 해법을
제시하고자 한 '모더니즘 건축'의 이상이 비현실적이었음을 입증한
대표 사례로 여겨졌다. 프루이트아이고의 1단계 철거가 최종 마무리
된 '1972년 7월 15일 오후 3시 32분'은 건축사가 찰스 젠크스(Charles
Jencks)에 의해 "모더니즘 건축이 사망한 날"[2]로 명명될 정도였다.

이처럼 지구 반대편에서 모더니즘 건축의 종언을 알리는 사건이 발생하던 순간, 한국에서는 반대로 모더니즘 건축의 이상에 입각한 아파트 단지들이 이제 막 속도를 높여 건설되고 있었다. 외관상으로 프루이트아이고를 너무나도 닮은, 고층 건물들의 집합체인 한국의 아파트 단지는 1970년대와 1980년대를 거치며 서울을 비롯한 전국 대도시 각지를 뒤덮었다. 그리고 바로 지금, 2010년대를 살아가는 우리는 과거보다 더 많은, 더 큰 규모의 아파트 단지로 채워져 가는 도시를 보고 있다. 그리고 그 중심에는 깔끔한 조경의 녹지공간과 하늘 높이 치솟은 고층 건물들의 집합체인 '브랜드 아파트 단지'가 놓여 있다. 이 책은 바로 그 주인공, 한국의 도시화가 만들어낸 화려한 산물인 브랜드 아파트 단지의 맨얼굴을 들여다보려는 시도다.

아파트에 대한 열광과 비판

감히 단언컨대, 현대 한국 사회에서 아파트는 가장 인기 있는 주거형태인 동시에 가장 미움받는 주거형태다. 2015년 통계 기준으로 가장 많은 한국인이 거주하는 주택 유형이 바로 아파트(48.1퍼센트)라는 조사 결과[3]를 언급할 필요조차 없다. 당장 우리 주변을 둘러보자. 가까운 친구나 지인 중 아파트에 사는 사람들이 얼마나 많은지, 또 아파트 분양권 당첨을 기다리는 사람이 얼마나 많은지를 보면 아파트의 인기를 충분히 실감할 수 있다. 하지만 다른 한편으로 아파트는 가장 많이 비판받는 주택 유형이기도 하다. 획일적이고 단조로운 공간 구조와 집단이기주의의 온상, 부동산 투기의 주범, 과거의 정겨운 골목 공동체를 파괴하고 들어선 차가운 콘크리트 덩어리 등 아파트의 문제점을 지적하고 비판하는 목소리 역시 끊이지 않는다.

아파트에 대한 열광과 비판, 이 두 가지 상반된 태도를 한 사람이 동시에 갖기는 어렵다. 본격적인 논의에 앞서 개인적인 이야기를 먼저 꺼내자면 나는 후자 쪽, 그러니까 아파트에 관해 비판적인 편에 속했다. 좀 더 솔직히 말하면 비판을 넘어 감정적으로 미워하기까지 했다. 적어도 '과거의 나'는 그랬다.

지금으로부터 약 10여 년 전의 일이다. 시외버스를 타고 부천에서 성남을 오가는 외곽순환도로를 매주 두 차례씩 오갈 일이 있었다. 당시 내가 살던 부천에서 성남에 이르는 도로 양쪽으로는 지금과 마찬가지로 무수히 많은 아파트 단지들이 줄지어 서 있었다. 중동 신도시를 출발해 녹색의 야산지대를 잠시 지나자마자 오른편으로 멀찌감치 눈에 들어오기 시작하는 시흥시 은행동의 아파트들, 뒤이어 다시 잠깐 보이는 산등성이 사이를 지나 본격적으로 양옆에 펼쳐지는 평촌과 산본의 아파트 단지들, 그리고 이 여정의 마무리를 장식하는 분당의 아파트 단지들까지.

하나같이 비슷한 모습을 하고서 도시를 가득 채운 아파트 단지들을 보며 자주 생각했다. '세상에 아파트가 이렇게 많은데 왜 내가 살 수 있는 아파트는 없는 걸까.' 한국 인구의 절반, 도시민의 70퍼센트가량이 아파트에 살고 있다지만 나는 아파트에 산 기억이 없었다.

나를 포함한 우리 가족이 특별히 아파트에 비판적인 입장을 갖고 실천적이고 의도적으로 아파트 거주를 피해왔기 때문은 아니었다. 단지 아파트에 살 만한 경제적 형편이 안 된다는 계급적 배경 탓이었다. 그리고 그 무렵 본격적으로 갖게 된 감정은 "아파트가 싫다."라는 부정적 시각이었다. 내가 갖지 못할 바에야 차라리 미워하겠다는 태도, 아파트에 사는 사람들을 부동산 투기에 눈이 먼 사람들로 여기고 스스로 설정한 도덕적 정당성에 도취하겠다는 생각, 감정적으로는 그게 훨씬 편했다.

내가 이런 생각에 빠져 있던 2000년대 중반은 사실 한국의 아파트 단지●들이 과거의 모습에서 탈피하여 새로운 형태로 변모해가던 시기이기도 했다. 2000년대 들어 아파트 단지는 이른바 '브랜드 아파트'●●가 표방하는 고급화의 길을 걷는 한편, 각종 첨단 전자장비가 도입되어 보안이 강화되고 외부에 배타적인 '게이티드 커뮤니티(gated community)'의 성격을 갖추기에 이르렀다. 게이티드 커뮤니티란 "공공공간이 사유화되어 출입이 제한된 주거단지",[4] 즉 "주거단지 입

● 한국 사회에서 일반적으로 통용되는 '아파트'라는 표현 대신, 이제부터 이 책에서는 의도적으로 '아파트 단지'라는 표현을 사용하고자 한다. 박인석의 『아파트 한국사회』가 지적한 대로 한국에서 아파트가 차지해온 인기, 그리고 아파트의 문제로 여겨져온 대부분의 부정적인 측면들은 아파트라는 주거형식 자체보다도 아파트 단지라는 집합적 주거모델에 기인하고 있기 때문이다.
●● 아파트의 '브랜드화'는 2000년대 한국의 아파트가 겪은 다양한 변화를 극적으로 드러내는 현상이다.

구에 게이트와 이를 통제하는 게이트 컨트롤 시스템(단지 출입 시스템), 그리고 단지 주변을 두르는 담장에 의해 폐쇄적인 영역성을 제공하는 커뮤니티"[5]를 가리킨다. 게이티드 커뮤니티의 경계를 규정하는 게이트와 담장은 내부의 주민들과 외부의 비거주자들을 물리적 측면은 물론이고 사회적·심리적 측면에서도 구분하는 가시적 장벽 역할을 수행한다.[6]

한국의 브랜드 아파트 단지가 주변 도시환경에 배타적인 게이티드 커뮤니티의 속성을 지니고 있다는 사실은 이미 일련의 건축학자들이 지적해왔다.[7] 한국에서 게이티드 커뮤니티의 배타적인 공간 속성이 주목받게 된 계기는 2000년대 초부터 도심 각지에 들어서기 시작한, 타워팰리스로 대표되는 초고층 주상복합건물의 등장이었다. 그런데 게이티드 커뮤니티의 '빗장지르기(gating)'라는 속성은 사실 한국 사회에서 아파트 단지의 발달 단계부터 자연스레 수용되어온 속성이기도 하다. 이미 1980~1990년대부터 단지 입구에 정문 초소와 바리케이드를 두고 외부 차량을 제한해온 한국의 아파트 단지는 2000년대 들어 단지 전체에 통합 경비 시스템을 적용하면서 외부 차량과 외부인의 출입을 더욱 철저히 관리하기 시작했다. 그리고 이런 현상은 2000년대 중반 이후 재건축으로 건설된 아파트 단지들이 단지 외곽에 높은 담장을 설치하고 주변 경관과 차별화된 단지 내 조경을 시도하여 주변 지역과 구별되는 영역성 확보를 추구하면서 더욱 심화되었다. 이렇게 주변의 도시공간과 물리적으로 분리되기 시작한 고급 아파트 단지의 경계는 상징적 차원에서도 단지 바깥 사람

들이 인식하는 심리적 장벽(아파트 단지의 높은 부동산 가격이 뒷받침하는)
으로 작용했다.

물론 한국의 브랜드 아파트 단지가 외국의 게이티드 커뮤니티
모델을 그대로 수입·적용하여 탄생했다고 볼 수는 없다. 그보다는
한국 특유의 도시화 과정이 낳은 산물인 아파트 단지가 2000년대
이후 고급화와 출입 통제 시스템 강화를 거치면서 현재의 세계적 추
세인 게이티드 커뮤니티의 확산과 동기화(synchronization)된 측면이
있다고 보는 것이 적합하다. 따라서 삼성래미안, GS자이, 롯데캐슬,
대우푸르지오 등과 같은 브랜드 아파트 단지야말로 세계적으로 확
산 중인 게이티드 커뮤니티의 한국적 변용 형태라 할 수 있을 것이다.

보통 도시 및 공간 연구에서 게이티드 커뮤니티는 도시공간의
공공성 침해, 경제적 특권층의 배타성 등을 이유로 비판받아왔다. 브
랜드 아파트 단지가 지닌 게이티드 커뮤니티로서의 속성에 주목한
나 역시 처음에는 아파트 단지를 비판하고자 하는 의도로 연구를 시
작했다. 그러잖아도 아파트에 대해 부정적 시각을 갖고 있던 나에게
브랜드 아파트 단지는 높은 담장을 두른 채 주변 도시공간으로부터
스스로를 격리한 자발적 게토와 다름없었다. 그 안에 거주하는 주
민들 역시 집단이기주의에 빠져 단지 바깥의 다른 주민들을 배척하
고, 자신들이 거액을 주고 구입한 아파트의 경제적 가치를 지키기 위
해 배타적인 행위를 서슴지 않을 것처럼 보였다. 그러자 현대 한국 사
회를 연구하는 인류학자이자 사회과학자로서, 잘만 하면 우리 사회
에 유의미한 메시지를 전할 수 있는 연구 성과를 얻으리라는 기대가

차올랐다. 지금 돌이켜보면 순진하기까지 한 사명감에 도취된 나는 2011년경 현장을 중시하는 인류학 연구자답게 브랜드 아파트 단지의 현실을 들여다볼 현장을 찾아 떠났다.

그런데, '현장'이 들려주는 이야기는 기대와 다소 달랐다.

부동산 하락기와 아파트에서의 '삶'

다른 분야의 연구와 인류학 연구 사이의 가장 큰 차이를 꼽으라면 역시 한 연구에 소요되는 시간과 연구자가 쏟는 발품의 양을 들 수 있을 것이다. 인류학이 주된 방법론으로 삼는 현장연구(fieldwork)●는 연구자가 연구대상에 대한 이해를 높이기 위해 그 사회의 구성원 사이에서 최소 1년, 나아가 그 이상의 기간 동안 현장에 머무르며 사람들의 일상생활을 직접 관찰하고 기록, 분석할 것을 요구한다. 이는 다른 학문을 전공하다가 인류학에 매력을 느껴 입문하는 인류학도

● 다른 인류학 용어들처럼 'fieldwork'라는 단어에도 여러 번역어가 존재한다. 한국 인류학계에서 흔히 사용하는 '현지조사'를 비롯해 '현장조사', '현장연구', '당지(當地) 연구' 등 다양하다. 이 책에서 채택한 번역어는 '현장연구'로, 2012년에 출간된 방법론 교과서인 『인류학 민족지 연구 어떻게 할 것인가』에서 제시한 입장에 공감하기 때문이다. 저자들에 따르면, '현장'이라는 용어는 현대 복합사회의 맥락에서 이루어지는 다양한 상황들을 지칭하기 수월하고, '연구'라는 표현 역시 기존의 '조사'라는 표현이 지닌 부정적 뉘앙스로부터 자유롭다는 장점이 있다(이용숙 외 2012: 22~23).

들이 가장 힘들어하는 지점이기도 하다.[●] 그럼에도 불구하고 인류학이 이 독특한 연구방법을 고수하는 데는 이유가 있다. 충분한 시간과 노력을 들여 낯선 연구대상을 익숙하게 만들고, 이를 바탕으로 세밀한 기술과 분석을 제공하는 것은 인류학만의 강점이기 때문이다.

이런 입장에서 나름의 현장을 찾아 시간을 보내는 동안 점차 눈에 들어왔던 것은 이분법적 기준만으로는 이해하기 힘든 현실이었다. 현장에서 만난 주민들은 모든 사안에서 윤리적 기준에 따라 판단하고 행동하는 도덕적 인간은 아니었지만, 그렇다고 항상 주변을 배척하는 배타적이고 이기적인 인간도 아니었다. 또 도시의 긍정적 가치인 공공성을 파괴한 채 그 잿더미 위에 우뚝 솟아 오만한 시선으로 주위 공간을 내려다보는 존재일 것만 같았던 고층의 고급 브랜드 아파트 단지 역시 다양한 생각을 가진 사람들이 어울려 살아가는 주거 집합체 그 이상도 이하도 아니었다. 원시 부족사회에서부터 현대 사회의 독특한 하위문화 집단에 이르기까지 인류학이 연구해온 수많은 대상과 마찬가지로, 한국의 브랜드 아파트 단지도 그 자체로 매우 복합적이고 다층적인 존재였다. 외부인이자 인류학 연구자로서 내가 접한 브랜드 아파트 단지는 일단 가치판단은 접어둔 채 실제 삶의 현장 자체를 바라보라는 요구를 하고 있었다.

한국의 브랜드 아파트 단지가 처한 복합적 현실을 이해하려면

● 이건 나 역시 마찬가지였는데, 학부 시절 내 전공은 인류학은커녕 사회과학 자체와도 거리가 먼 '공학'이었다.

먼저 2010년대 초중반 아파트를 둘러싼 사회·경제적 변화를 살펴봐야 한다. 그 핵심에는 2000년대 후반 이후 국내 아파트 매매시장 전반, 특히 중·대형 아파트 시장이 수년 동안 정체되었다는 경제적 배경과 그로 인한 사회적 변화가 놓여 있다. 특히 2007년 말 전 세계를 덮친 금융위기의 여파에 따른 시장 상황의 변화는 부동산 시장에서 아파트의 인기를 예전 같지 않게 만들었다. 이를테면 2000년대 들어 서울 지역 아파트 가격은 2000년부터 2007년까지 무려 2.5배 가까이 급등한 이후 2008년을 기점으로 상승세가 꺾이기 시작했고, 2010년 이후로는 한동안 정체 혹은 하락하는 흐름을 보이기에 이르렀다(그림 1-1 참조).

1997년 외환위기 직후 2년여의 기간을 제외하고는 줄곧 상승 추세를 이어온 아파트 가격의 흐름이 꺾인 데는 세계 금융위기의 여파뿐 아니라 여러 요소가 작용했다. 가계대출 급증과 1인 가구 증대 등 한국 사회 전반의 경제적 여건 변화로 인한 요인들은 아파트 거래량을 감소시키며 중·대형 평형을 중심으로 미분양 아파트의 증가와 이른바 '하우스 푸어' 문제 등을 낳았다. 상황이 이렇게 전개되자 아파트 시장 자체가 위기에 봉착한 게 아니냐는 우려가 확산되기 시작했다. 한편 이러한 흐름은 일시적인 가격 조정에 불과하며 아파트 가격의 상승 흐름 자체는 꺾이지 않는다는 반론이 일부 언론과 전문가들을 중심으로 제기되기도 했다.●

● 실제로 2008년 이래 수년간 정체 내지 하향세를 보이던 서울 지역 아파트 가격은 박근

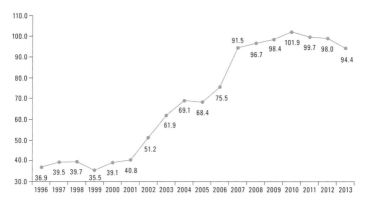

그림 1-1. 서울 지역 아파트 가격지수(1996~2013년, 기준: 2011년 6월=100.0)
(출처: 국민은행 주택 가격지수를 바탕으로 작성)

　　하지만 주택 실수요 연령대(35~54세)의 인구수 감소, 지난 수년
간 급증한 가계대출의 위험도 등 여러 정황으로 미루어볼 때 앞으로
의 한국 아파트 시장이 과거처럼 큰 폭의 상승세를 이어가기는 쉽지
않을 것이라는 주장도 만만찮다. 이와 관련한 논쟁은 2017년 현재까
지도 진행 중이며, 경제학자나 부동산 전문가가 아닌 인류학자의 입
장에서 앞으로의 시장 전망에 대해 더 깊이 논의하기는 어렵다. 여

혜 정부가 강력한 부동산 경기 부양 정책을 펼친 2014년 하반기부터 계속해서 반등하
는 모습을 보이기도 했다. 이에 대해서도 부동산 시장을 둘러싼 흐름의 전반적인 변화라
기보다는 저금리 기조 유지와 큰 폭의 대출 규제 완화에 따른 일시적 현상이라는 해석
이 제기되었다. 2017년 하반기 현재, 문재인 정부의 고강도 부동산 대책인 '8·2 부동산
대책'이 발표된 이후 아파트 가격은 다시 진정세를 보이고 있다. 하지만 향후 대내외적인
경제 여건 변화에 따라 아파트 시장이 어떻게 반응할지는 더 지켜봐야 할 것이다.

기서 내가 주목하는 건 앞으로의 아파트 시장 전망이 아니라, 최근의 시장 흐름이 아파트 입주민들에게 어떠한 영향을 주었느냐이다. 이전에는 대부분의 아파트 가격이 오르는 가운데 단지별로 상승폭에 차이가 있는 정도였다면, 최근에는 가격 측면에서 매우 다양한 양상이 나타나면서 그로 인해 주민들이 아파트 가격에 더 민감한 경향이 있다. 분명한 사실은 아파트 매매를 매개로 한 재산증식 모델, 즉 1970년대 이래 정부 주도하의 분양가 규제와 지속적인 신규 아파트 단지 공급 정책이 결합하여 탄생한 한국 사회의 주요 재산증식 모델이 더 이상 작동하지 않을지도 모른다는 우려가 사회적으로 확산되었다는 것이다.

이러한 상황 변화에 대한 대응은 다양한 형태를 취한다. 최근 한국 사회에 등장한 몇몇 사례들은 이런 양상을 잘 보여준다. 이를테면 2013년 10월 MBC「시사매거진 2580」을 통해 소개된 '철조망 친 아파트'의 이야기는 주민들이 다소 극단적인 방식을 취한 사례였다. 수도권의 한 신도시에 건설된 아파트 단지에서 미분양 물량을 해소하기 위해 건설사가 입주 두 달 만에 기존 분양가보다 최대 30퍼센트 싼 가격에 할인 분양을 실시하자, 기존 입주민들은 이를 저지하기 위한 집단행동에 나선 것이다. 주민들이 아파트 단지 주위에 철조망을 두르고, 집집마다 조를 짜서 매일 교대로 불침번을 돌면서 집을 보러 오는 할인 분양 희망자들을 막아섰다. 이 사례가 방송되자 각종 인터넷 게시판에서는 입주민들을 향한 비난이 빗발쳤다. 그런데 당사자 입장에서 생각하면 문제는 그리 간단하지 않다.

물론 주민들의 행동을 도덕적으로 옳다고 볼 수는 없지만, 가계 소유 자산의 대부분을 부동산이 차지하는 한국 사회의 현실에서 자신이 유사한 사례의 당사자가 된다고 가정해보면 판단하기가 쉽지 않다.● 이미 분양을 받은 입주민의 입장에서 할인 분양은 아파트 단지의 매매가 하락을 초래하고, 이는 곧 자신의 보유 자산이 그만큼 감소한다는 의미다. 그것도 입주한 지 불과 두 달밖에 되지 않은 시점에서 말이다. 이런 사태의 근본 원인은 공급자 우선의 선분양제가 낳은 폐해와 전반적인 아파트 시장의 침체, 그리고 한국인들로 하여금 아파트에 '올인'하게 만든 지금까지의 사회적 분위기였다. 하지만 그 결과는 입주민과 건설사 간의 다툼을 넘어 기존 입주민과 할인 분양을 원하는 신규 입주민 간의 갈등으로까지 번지고 말았다.

한편 아파트를 향한 부정적 평가를 극복하려는 시도도 등장했다. 대표적인 예로 아파트 단지에서도 전통적인 방식의 공동체적 가치를 강조하며 부상한 새로운 움직임을 들 수 있다. 이미 살펴보았듯이 시장에서 사고파는 상품으로서 아파트의 가치가 예전 같지 않은 상황에서, 아파트 단지를 주민들이 함께 더불어 사는 공간으로 새롭게 자리매김해야 한다는 운동이 나타난 것이다. 그에 따라 기존 아파

● 다른 예로, 수도권의 한 단지에서 건설사의 허위 과장 광고와 부실시공 등으로 인한 피해에 직접 맞서 싸운 경험을 담아낸 김효한의 책 『아파트에서 살아남기』(2013: 238~242)에서는 '철조망 친 아파트'와 매우 유사한 방식으로 할인 분양자들을 막아낸 이야기가 입주민들의 자랑스러운 성공담으로 그려진다. 이처럼 한국 사회에서 보편적인 도덕 기준만으로는 평가하기 어려운 것이 아파트 단지와 관련한 문제이다.

트 단지에서는 찾아보기 어렵다고 인식되어온 '공동체'를 복원하려는 활동들이 각 지역의 활동가들이나 지방자치단체를 중심으로 모습을 드러냈다.

대표적인 사례가 서울시를 위시한 각 지방자치단체에서 추진한 '공동주택 커뮤니티 활성화 지원사업'이었다. 특히 서울시는 2011년 박원순 시장 취임 이후 '서울시 마을공동체 지원사업'을 적극적으로 추진하기 시작했다. 이 사업의 일환으로 건전하고 투명한 아파트 관리비 운영을 위한 '아파트 관리비 내리기 마을공동체 사업'(2012~2013)을 진행하는 등 행정 차원에서 적극적인 행보에 나섰다. 이 사업들이 추구하는 아파트 단지의 미래는 앞서 언급한 '공동체의 복원'에 초점을 맞추고 있으며, 이는 공식 자료집의 내용을 통해서도 확인할 수 있다.[8]

재테크 수단으로 이용되어온 아파트는 재산 늘리기의 수단이 아닌, 주거공간이자 이웃과 소통하는 장소로 거듭나야 합니다. **따뜻한 시골 마을의 정겨움을 아파트 공동체에서도 되살릴 수 있다면** 일상에서 흔히 일어나는 작은 갈등들은 상당히 줄어들 것입니다.(『아파트 관리비 내리기 길라잡이』 머리말 중에서, 강조는 인용자)

지금 서울에서는 공동체 회복을 위해 곳곳에서 다양한 노력들이 이루어지고 있습니다. 아파트 관리비 인하를 위해 함께 고민하고, 이웃과 함께 공터나 옥상에 텃밭도 가꾸고, 단지 내 방치되어 있던 도서

관이 아파트 주민들의 자발적인 도서 기증과 비품 기탁으로 북 카페로 재탄생하고 있습니다. **이웃과 정을 돈독하게 가꾸는 공동체 공간으로 아파트가 새롭게 그 기능을 전환**하고 있는 것입니다.(『공동주택 커뮤니티 활성화 사례집』 중 박원순 서울시장의 발간사 일부, 강조는 인용자)

2017년 현재의 시점에서 이 같은 변화의 조짐에 대해 섣불리 평가를 내리기는 이르다. 공동체 관련 사업에 지원한 아파트 단지는 아직 소수에 불과하며, 프로그램이 진행된 단지에서도 입주민들의 호응이 얼마만큼 있었는지는 의문부호가 붙는 것이 현실이다. 하지만 이러한 움직임이 '공동체'라는 화두를 다시 던지며 부동산 가치 일변도였던 아파트에 대해 시각의 전환을 요구하고 있다는 점은 주목할 만하다.

사실 이 두 가지 사례는 한국의 아파트 단지를 스펙트럼에 비유할 때 양쪽 끝에 해당하는 극단적 케이스라 보는 게 옳다. 재산 가치를 지키기 위해 자신들이 사는 단지 외곽에 보기 흉한 철조망을 두른 아파트, 그리고 텃밭 가꾸기와 작은도서관 꾸미기, 주민 축제 같은 공동체 활동을 함께하는 아파트, 우리가 아는 아파트 단지는 대부분 그 중간 어딘가에 위치한다. 그렇다면 한국 사회에서 가장 많은 도시민이 살아가는 주거양식인 아파트 단지의 일반적인 모습은 어떤 형태를 띠고 있는 것으로 봐야 할까?

어쩌면 몇 해 전 언론 보도를 통해 한동안 이슈가 되었던 이른바 '난방열사' 김부선 배우의 사례가 우리 주변 아파트의 평균적인 모습에 가장 가까울지 모른다. 자신이 거주하는 아파트 단지의 난방비 비리 의혹을 제기하며 동대표들과 폭행 시비까지 붙은 김부선의 주장은 결국 사실로 밝혀졌다. 약 9000개에 달하는 전국의 300세대 이상 아파트 단지를 대상으로 진행한 정부의 공동주택 회계감사 결과(2016년 3월 발표), 전체 단지의 19.4퍼센트가 회계처리에서 부적합 판정을 받은 것이다. 또 입주민의 민원이 다수 제기된 492개 단지를 대상으로 실시한 별도의 감사에서는 72퍼센트에 달하는 단지에서 부정 사례가 적발되어 경찰 수사를 받기까지 했다. 이처럼 복마전이 되다시피 한 아파트 단지 관리비 문제는 열의 있는 일부 주민들의 감시와 고발 활동에 의해 점차 사회적 이슈로 부각되고 있다. 여기서 주목할 것은 입주민 대부분이 무관심한 가운데 소수에 의해 좌우되는 입주자대표회의 운영, 그리고 그를 감시하고자 하는 또 다른 소수 주민들의 활동이야말로 우리 주변에서 가장 흔히 보이는 아파트 단지의 단면이라는 사실이다.

　이것이 바로 2010년대 브랜드 아파트 단지라는 연구대상, 즉 내가 찾은 '현장'에서 맞닥뜨린 현실이었다. 완전히 무너지진 않았지만 그렇다고 예전 같지는 않은 '아파트 불패 신화' 속에서 그 어느 때보다 아파트 가격에 민감해진 주민들. 예전처럼 잦은 매매를 통해 자산을 불려나갈 수 있다는 믿음이 지속되기 어려운 환경에서 처음 생각했던 것보다 오랫동안 같은 단지에서 삶을 영위하게 된 주민들. 한 편의 인류학 민족지(ethnography)[9]를 작성하기 위해 내가 만나야 했던 '현지인'들은 이런 사람들이었다. 그리고 이들의 목소리에 귀를 기울이고, 이들의 집단적 실천을 함께 따라가다 보니 현장연구를 본격적으로 시작하기 전에 내가 생각했던 가정들을 유지하기 어렵다는 걸 깨달았다.

이 책을 집필하는 2017년을 기준으로 최근 몇 해 사이에 한국의 아파트 단지에 관해 의미 있는 논의를 담은 단행본이 여러 권 발표되었음을 확인할 수 있었다. 한국의 아파트 문화 전반에 대한 최초의 체계적 접근이라 할 만한 프랑스 지리학자 발레리 줄레조의 『아파트 공화국』(2007) 이래, 과거 건축학과 주거학 분야를 중심으로 주로 정책적 측면에서 진행되어온 국내 학계의 논의는 아파트가 지닌 사회문화적 함의에 대한 분석으로 확대되었다. '아파트 주거의 사회학'을 표방한 사회학자 전상인의 『아파트에 미치다』(2009), 세대론과 시각문화를 접목시켜 아파트의 과거와 현재를 재구성하고자 한 디자인 연구자 박해천의 『콘크리트 유토피아』(2011)와 『아파트 게임』(2013)이 그 대표적인 예다. 뒤이어 주민들 사이의 소통을 제약하고 전통적 의미의 공동체를 불가능하게 만드는 아파트 단지의 구조를 비판해온 건축학자 박인석과 박철수가 각각 『아파트 한국사회』(2013)와 『아파트』(2013)를 발표해 실천적 입장에서 아파트 단지의 문제와 해법을 집중적으로 다루기도 했다.

이처럼 아파트 단지를 다룬 논의가 점차 양적 규모와 질적 수준을 높이며 모습을 드러내는 상황은, 한국 사회가 이제야 비로소 아파트 단지라는 존재에 대해 본격적으로 성찰하는 단계에 접어들었음을 보여준다. 그런데 기존의 접근은 한국의 아파트 단지 전반을 다루려는 취지 아래, 아파트라는 주거 형식에서 벌어지는 구체적 삶의 양태를 분석하기보다 주로 아파트 단지의 일반적 속성을 도출해내는 데 집중한 것이 사실이다. 물론 이런 접근 방식은 한국 사회에서 지금까지 익숙한 존재로만 여겨온 아파트 단지를 객관적 시각으로 바라볼 수 있게 하고, '아파트 단지' 자체의 일반적인 문제점을 짚어낼 수 있게끔 했다.

그럼에도 불구하고 아파트 단지의 일반적 속성에 초점을 맞춘 접근은 아파트 단지 혹은 입주민을 하나의 동질적 실체로 상정하는 경향에서 자유롭지 못했다. 이러한 접근은 실제 현실에 존재하는 아파트 단지 내부의 복합적인 동학(動學)을 파악하기 어렵게 하면서, 입주민들을 사회구조에 종속된 수동적인 주체 혹은 개인주의적이고 자신의 욕망에만 충실한 원자적 존재로 그려낼 위험성을 안고 있다. 물론 한국의 도시들이 아파트 단지로 뒤덮이는 과정에서 많은 사회 문제가 발생했으며, 그 과정 자체가 도시와 사회에 관한 이상적 규범으로부터 거리가 먼 것은 분명하다. 하지만 어떠한 주거공간이 문제시된다는 사실이 곧 그 속에서 살아가는 사람들도 문제의 대상이 된다는 것을 뜻하지는 않는다. 이미 현대 한국 도시민의 절반 이상이 아파트 단지에 거주하는 현실에서 요구되는 것은 아파트 단지라는 공간에 대한 직시다. 그리고 이를 통해 아파트 단지의 공간문법을 기반으로 생겨난 새로운 집단성과 삶의 양식을 이해할 필요가 있다. 이 책은 그 필요에 답하기 위한 시도의 결과물이다.

이 책의 내용은 구체적인 민족지 사례에 근거하여 '지금 여기 어딘가의 특정한 아파트 단지에서 펼쳐진 이야기를 다룬다. 하지만 여기에 담긴, 한국의 수도권 도시 어딘가에 실재하는 이 아파트 단지의 이야기는 해당 단지만이 아니라 브랜드 아파트 단지와 관련한 한국 사회 전반의 거시적 맥락과 맞닿아 있다. 그 점에서 이 책이 다루는 아파트 단지는 우리 사회 어디에도 존재하지 않지만, 동시에 어디에나 존재하는 단지이기도 하다.

브랜드 아파트 단지의 인류학자

이 책에서는 브랜드 아파트 단지가 지닌 공간적 특징을 배경으로 전개되는 입주민들의 상호작용에 관한 인류학적 연구를 통해 한국의 아파트 단지를 분석하고자 한다. 이를 위해 택한 접근 방식은 특정 아파트 단지를 연구대상으로 삼아 진행한 집중적인 사례 연구다. 얼핏 보기에 특정 단지에 초점을 맞춘 접근이 지나치게 미시적인 내용에만 집중해 한국의 아파트 단지라는 큰 주제를 제대로 다루지 못하는 것처럼 보일 수도 있다. 그러나 일찍이 앙리 르페브르(Henri Lefebvre)가 짚어냈듯이, 분석을 위해 채취된 공간의 단편은 해당 공간에서만 통용되는 하나의 관계만을 드러내는 것이 아니라 무수히 다양한 관계를 보여준다.[10] 사회에 작용하는 다양한 관계들이 서로 침투하거나 충돌하는 과정에서 윤곽을 드러낸 특정한 공간의 파편에는 사회적 실천의 켜가 겹겹이 쌓여 있으며, 이는 미시적인 차원과

거시적인 차원 모두를 아우를 수 있는 훌륭한 분석 대상이 된다. 이러한 인식을 바탕으로 나는 수도권 소재의 한 브랜드 아파트 단지를 택해 민족지적 연구를 수행했다.

이 책에 등장하는 대부분의 자료는 2011년 초부터 2013년 초까지 2년 가까이 진행한 현장연구를 통해 얻었다. 연구대상인 아파트 단지는 서울에 인접한 수도권 소재 도시 '연주시 강산구 성일동'[*]에 위치한 '성일 노블하이츠'다. 이 단지는 과거 5000여 가구로 이루어진 '성일주공아파트'가 위치해 있던 10만여 평의 부지 중 일부를 재건축하여 지어졌다. 해당 부지에서 2003년 시행된 재건축 사업으로 성일주공아파트는 '성일 노블하이츠'와 '성일 로열카운티'라는 두 개의 단지로 분리되었고, 모두 합치면 90여 개 동 약 9000가구에 달했다. 두 단지 가운데 하나인 성일 노블하이츠가 내가 찾은 단지다. 당시 국내에서 손꼽히는 대규모 재건축 사업 중 하나였던 이 아파트 단지는 국내 굴지의 건설사들인 '스타건설'과 '로열건설'로 구성된 컨소시엄이 수주하여 재건축을 진행했고, 2007년 완공되어 같은 해 여름 입주가 시작되었다.

● 대부분의 인류학 현장연구가 그렇듯 자문화(自文化)를 대상으로 연구를 수행하는 경우, 특히 이 책처럼 재산권 보호가 민감한 경우에는 최대한의 사생활 보호 조치가 필수다. 따라서 이 책에 등장하는 모든 지명과 브랜드명, 인명을 가명으로 처리했으며, 각종 수치 정보들도 정확한 값이 불필요할 때는 근사치만 제공하거나 사실과 다소 다른 값으로 바꿔 표시했다. 또 해당 아파트 단지와 관련한 기본 정보 중 몇 가지 사항도 정보 보호 차원에서 사실과 다르게 기술했음을 밝혀둔다.

성일 노블하이츠는 약 60개 동 5000여 세대가 거주하는 최저 15층, 최고 35층 건물로 구성된 초고층 대단지다. 단지 외곽을 두른 약 10미터 높이의 방음벽과 단지 내부로 향하는 차량 출입구마다 설치된 게이트, 1000여 개에 달하는 CCTV 등은 물리적 측면에서 이 단지의 공간적 폐쇄성을 높이는 데 기여하고 있다. 또 성일 노블하이츠는 지상 전체를 공원과 같은 조경공간으로 조성하고 모든 주차장을 지하에 건설해 연주시 일대에서는 최초로, 국내 전체를 통틀어서도 꽤 이른 시기에● 소위 '차 없는 단지'를 실현한 곳이기도 하다. 이런 공간 형태는 2000년대 중반 이후 건설된 대부분의 브랜드 아파트 단지에 적용되어왔다. 따라서 물리적 구조 측면에서 성일 노블하이츠는 최근 한국의 아파트 단지를 살피기 위한 표본으로 충분한 조건을 갖췄다고 볼 수 있다.

사회적 측면에서 이 단지는 서울이 아닌 수도권 도시의 중심부에 소재한 1000세대 이상의 대단지가 지닌 특징들을 공유한다. 일부 예외를 제외하고 경기·인천 지역의 아파트 단지는 한국 사회에서 아파트 단지를 평가하는 주요 지표인 부동산 가격에서 서울 중심부를 따라가지 못한다. 하지만 각 도시마다 경제적·사회적 중심지에 해당하는 지역이 존재하며 이곳의 아파트 단지들에는 해당 도시에서 중산층 이상 계급 배경의 사람들이 거주한다. 이러한 사실은 해당 단지

● 국내에서 이런 형태의 브랜드 아파트 단지를 대표하는 서울시 강남구 반포 자이의 입주는 성일 노블하이츠보다 1년여 늦은 2008년 12월부터였다.

들이 도시 내 주거의 상징적 위계에서 우위를 차지하도록 하며, 특히 대단지의 경우 이른바 그 도시의 '랜드마크' 역할을 수행하기도 한다. 이 점에서 성일 노블하이츠는 연주시를 대표하는 대단지 중 하나로 연주시 전체에 잘 알려져 있다. 서울 강남의 유명 단지들을 정점에 둔 한국의 아파트 위계에서 최상층은 아니지만, 수도권의 연주시에서만큼은 규모와 상징성 면에서 높은 평가를 받고 있는 단지가 바로 성일 노블하이츠다.

어쩌면 성일 노블하이츠가 한국의 아파트를 대표하는 서울 강남 한복판의 유명 단지가 아니라는 사실을 들어 그 대표성에 의문을 제기할 수도 있을 것이다. 하지만 그런 사실은 중요한 장점으로 작용하기도 했다. 아무리 한국이 '아파트 공화국'이라 불릴 정도로 아파트 단지로 뒤덮인 도시환경을 자랑한다 한들, 엄밀히 말해 강남의 아파트 단지와 비(非)강남의 아파트 단지가 처한 상황은 다르다. 한국의 근대화 과정에서 "한국 사회의 돈과 권력이 집중된"[11] '강남'이라는 지역성 자체가 강남의 아파트 단지들에 어느 정도 '부동산 가격의 하방경직성(下方硬直性)'을 담보해주는 것과 달리, 강남 이외 지역의 아파트 단지들에는 주택 가격을 좌우하는 요인들이 다종다양하다. 경제적·사회적 자원과 학력 자본에서 강남이 최상위에 놓여 있는 현실에서, 강남에 진입하지 못한 사람들이 한국의 주류 사회를 지배하는 '위세 경쟁'을 계속하려면 끊임없이 강남을 향한 모방 기제[12]에 충실할 수밖에 없기 때문이다.

따라서 만약 강남이라면 강남의 지역성 자체가 해결해주었을 아파트의 '가치 상승' 요인들을 다른 지역에서는 주민들이 직접 만들어내야 하는 상황이 펼쳐지기도 한다. 주택이 자산의 주요 부분을 차지하는 상황에서 아파트 가격은 매우 민감한 문제이며, 따라서 "같은 단지 거주자들은 아파트 가격을 유지, 인상시키고자 하는 강력한 동기를 갖고 이를 위해 공동의 노력을 아끼지 않기"[13] 때문이다. 그리고 이런 상황에 놓인 이들이 펼치는 다채로운 활동 양상과 삶의 궤적은 이 책에서 주목하는 지점들이 되었다.

성일 노블하이츠를 연구대상으로 선정하는 데에는 연구를 위한 접근성 확보라는 측면을 가장 중요하게 고려했다. 이와 관련해서 먼저 주제를 선정하고 연구를 진행하는 과정에서의 개인적인 경험을 언급할 필요가 있을 듯하다. 2000년대 중반 이후 수도권 각지에 들어서기 시작한 브랜드 아파트들을 밖에서만 바라보던 중, 2009년경 우연히 성일 노블하이츠에서 고등학생을 가르치는 아르바이트를 할 기회를 얻었다. 이 과정에서 정기적으로 브랜드 아파트 단지 내부를 드나들게 된 나는 브랜드 아파트 특유의 배제적인 공간구조가 주는 묘한 이질감을 외부인 입장에서 직접 '체험'하는 한편, 이런 공간에서 살아가는 사람들의 삶 자체에 대해서도 관심을 갖게 되었다. 2000년대 한국 사회가 낳은 고유의 산물인 브랜드 아파트 단지에서의 삶을 이해하고자 한 연구의 구상은 이때 시작되었다.

하지만 나 자신이 브랜드 아파트 단지에 거주하지 않는 상황에서 주로 중·상류층이 살고 있는 브랜드 아파트에서 연구 허가를 얻어내기는 쉽지 않았다. 그런데 연구대상을 물색하던 중 개인적 인맥을 통해 성일 노블하이츠 부녀회 임원진과 매우 가까운 사이의 주민을 만날 수 있었고, 이것은 그동안 아르바이트를 하며 어느 정도 익숙해 있던 성일 노블하이츠를 구체적인 연구대상으로 삼는 계기가 되었다. 이 주민을 통해 부녀회 임원들과 당시(2011년) 입주자대표회의 임원들을 소개받았고, 이들을 출발점으로 삼아 점차 관계망을 넓혀가며 주민들과 공식적·비공식적 인터뷰를 진행하려는 계획을 세웠다. 또 아르바이트를 하면서 친밀해진 가족에게도 협조를 구하고 지인을 소개받는 등의 도움을 받을 수 있으리라 기대했다.

2011년 초 예비조사를 진행하고, 2011년 5월부터는 본격적인 현장연구를 시작했다. 우선 처음 소개받은 입주민들을 인터뷰하면서 부녀회와 각종 동호회 등 아파트 자생단체에서 참여관찰을 수행했다. 하지만 작업은 같은 해 여름을 지나는 동안 교착 상태에 빠지고 말았다. 당초 한 차례씩 인터뷰한 주민들을 중심으로 관계망을 넓혀가려던 계획은 단지 안에서 더 소개해줄 사람이 없다는 반응을 얻으면서 벽에 부딪쳤다. 또 부녀회 등 자생단체들에서도 단지 생활에 관한 피상적인 이야기 이상을 듣기 어려웠고, 그 외에 뚜렷한 돌파구를 찾지 못해 더 이상 진척이 쉽지 않은 상황이었다.

이처럼 초기 계획이 벽에 부딪친 것은 이 책에서 앞으로 다룰, 브랜드 아파트 단지를 지배하는 '무관심의 문화'를 간과한 탓이었다. 사실 이것은 인류학이 전범(典範)으로 삼는 참여관찰 기법을 현대 사회의 도시공간 연구에 도입할 때 부딪치는 장애물이기도 하다. 전통적으로 인류학은 아메리카 원주민 사회나 열대 지역의 이른바 원시 부족사회 등 주로 경계가 분명한 소규모 집단을 연구해왔다. 그런데 전통적인 연구대상 집단은 대부분 외부에 대한 경계가 분명한 한편, 내부적으로는 집단 구성원 간의 상호작용이 활발히 형성되어 있다. 연구대상자들과 어느 정도 '라포(rapport)'●를 쌓을 수만 있다면 이 조건은 참여관찰을 주된 연구방법으로 활용하는 인류학자들에게 상당한 이점으로 작용했다.●● 이런 조건을 활용해 다른 분과 학문들이 얻을 수 없던 자료들을 수집하고 분석할 수 있었던 건 인류학이 갖는 분명한 강점이었다.

20세기 중반 이후, 전통적인 인류학이 다뤄온 주제를 벗어나 현대 사회의 다양한 현상을 연구하기 시작한 인류학자들 역시 이 방법에서 크게 벗어나지 않았다. 이들은 과거의 인류학자들과 마찬가지로 접근이 용이한 소규모 집단을 주된 연구대상으로 삼았으며, 시간적·공간적 배경만 현대로 옮겨왔을 뿐 주제나 소재 면에서도 주류 사회의 독자들이 생소하게 느끼는 대상을 다루는 데 주력해왔다. 어찌 보면 이는 자신의 독자적인 영역으로 삼을 수 있는 생소한 '부족집단'을 더 이상 찾기 어려워진 현실에서, 현대의 인류학자들이 선배

● '라포'란 프랑스어로 '친밀함'을 뜻하는데, 인류학에서는 연구자가 현장에서 시간을 보내며 현장 사람들과의 친밀함과 신뢰에 기초해 형성한 관계를 가리킨다(이용숙 외 2012: 89). 전통적으로 인류학이 강조하는 자료로서의 사람들이 그들의 삶과 경험에 대해 털어놓는 솔직하고 속 깊은 이야기는 라포의 형성을 기반으로 한다.
●● 현대 인류학에서 일종의 '신화'처럼 자리하고 있는 기어츠(2009)가 발리에서 경험한 내용은 이를 대표적으로 보여주는 사례다.

인류학자들처럼 각자 나름의 '부족'을 찾아 헤맨 결과일 수도 있다. 이들의 성과를 평가 절하할 생각은 추호도 없지만, 이로 인해 인류학이 현대화된 각 사회의 '중심'에 접근하지 못한 채 계속해서 '주변적 학문'으로 남게 되었음은 부정할 수 없다.●

그런데 이렇게 인류학이 강점으로 여겨온 참여관찰 기법을 현대 사회의 '중심'에 해당하는 영역, 이를테면 이 책이 다루는 주제와 같은 연구에 도입하려 한다면 이야기가 달라진다. 현대 도시에서 중산층 이상의 경제적 배경을 지닌 사람들이 살아가는 주거지라면 그 공간적 범위는 분명할 수 있으나, 집단을 구성하는 사람들의 면면은 매우 다층적이고 복합적이다. 그들은 같은 공간적 범위 안에 산다는 이유로 서로 반드시 직접적인 상호관계를 맺어야 할 필요를 느끼지 않으며, 그렇기에 그들의 인적 네트워크는 직업이나 관심사처럼 공간의 경계에 구애받지 않는 매개를 통해 형성되기 마련이다. 따라서 이들을 연구하고자 하는 인류학자의 입장에서 그들 중 일부와 관계를 맺는 것만으로는 집단 전체를 파악하는 데 한계가 있다.

또 일반적으로 현대 사회에서 '중산층 주거지'로 분류되는 공간의 거주자들은 상대가 대학에서 온 연구자라 해서 자신의 속내를 쉽

● 각 사회의 주변적인 영역과 소수자의 위치에 해당하는 집단을 대상으로, 학문적 관심 뿐 아니라 인간으로서의 애정을 갖고 접근해온 인류학이 낳은 성과는 높이 평가해야 마땅하다. 하지만 이런 연구 경향이 현대 사회의 학문체계에서 인류학을 '주변을 연구하는 학문'으로 자리하게 한 주된 원인임은 분명하며, 이는 인류학의 장점인 동시에 한계이기도 했다.

게 밝히지 않는다. 이들은 자신의 삶을 학문적 연구의 대상으로 여기지 않으며, 연구를 위해 찾아온 외부인이 묻는 질문에 답할 의무가 있다고 생각하지도 않는다. 현대 사회를 연구하는 인류학이 주로 '누군가 자신의 이야기를 들어주길 원하는 사람들'을 대상으로 다뤘다는 사실은 시사하는 바가 있다. 앞서 언급했듯이 현대 인류학의 주된 연구대상은 자신의 주변적 위치로 인해 자기를 대신해 목소리를 내줄 존재가 필요한 집단인 경우가 많다. 반면 중산층 주거지 주민들은 자신의 구체적인 삶이 사회적으로 공개되기를 원치 않으며, 굳이 다른 경로를 취하지 않고서도 충분히 그들의 입장을 표명할 능력을 갖고 있다. 이러한 상황에서는 이른바 포스트모던 인류학이 20세기 전반의 고전적 민족지들을 비판하며 문제로 제기했던 연구자와 연구대상 사이의 비대칭적인 권력관계가 전도될 수밖에 없다. 서구의 백인 인류학자가 비서구 사회를 대상으로 삼은 고전적인 인류학 연구와 달리, 자신이 속한 사회의 중상층 집단을 대상으로 하는 연구자는 양자 간의 권력관계에서 결코 우위에 서지 못한다는 것이다.

　　이처럼 전도된 권력관계는 현장연구 전반의 상황에 영향을 끼친다. 기존에 발표된 게이티드 커뮤니티 관련 연구 가운데 단행본 규모의 민족지들을 보면 그 영향력을 엿볼 수 있다. 2000년대 들어 게이티드 커뮤니티가 주목받기 시작하면서 인류학에서도 이와 관련한 세 권의 단행본 민족지[14]가 발표되었다. 먼저 테레사 칼데이라(Teresa Caldeira)의 『벽의 도시(City of Walls)』(2000)는 브라질 상파울루에서 범죄에 대한 두려움과 그 두려움에 기인한 도시 공간분리를 분석한 민족지로, 경제적 계급에 따라 셋으로 분리된 지역에서 수행한 현장연구를 바탕으로 하고 있다. 이 책에서 칼데이라는 서로 다른 경제적 배경에 따라 각기 다른 공간에서 거주하는 세 지역 거주민들이 범죄를 어떻게 인식하는지를 비교·분석하고, 구체적인 공간분리의 양상을 살펴본다. 이를 통해 브라질 대도시들이 책의 제목처럼 말 그대로 '벽의 도시'가 되어버린 사회적 맥락을 분석하여 독자에게 제공한다. 여기서 흥미로운 점은 세 지역에서 수집한 민족지적 자료의 밀도 차이다. 빈곤층 거주 지역에서 얻은 자료는 다양한 상황을 비교적 상세히 보여주는 반면, 고급 주거지에서 수집된 자료는 상대적으로 간결하게, 공식 인터뷰에 근거해 다소 피상적인 모습을 제시하는 데 그친다는 사실을 확인할 수 있다.

미국을 배경으로 하는 세타 로(Setha Low)의 『게이트 뒤에서 (Behind the Gates)』(2003)와 중국을 배경으로 하는 장리(Zhang Li)의 『파라다이스를 찾아서(In Search of Paradise)』(2010)도 비슷하다. 두 인류학자 모두 칼데이라와 달리 고급 주거지에 집중한 전략을 택했기에, 이들이 제공하는 자료는 더욱 피상적인 모습을 취하고 있다. 이런 양상은 특히 로와 장리의 전작들과 비교할 때 상당히 극적으로 드러난다는 점에서 흥미롭다. 로의 전작 『광장에서(On the Plaza)』(2000)는 코스타리카의 도심 공원을 연구하여 공공공간의 전유에 관한 밀도 있는 분석을 제공했으며, 장리의 전작 『도시의 이방인들(Strangers in the City)』(2001)은 중국 농촌에서 도시로 이주한 '유동 인구'의 공간 활용과 사회적 네트워크를 충실히 분석한 결과를 내놓았다. 하지만 게이티드 커뮤니티 연구를 표방하며 이들이 발표한 책에서는 전작에서 보여준 것과 같은 풍부한 상호작용을 찾기 힘들다. 사실 이들의 민족지가 보여주는 이러한 양상의 원인에 연구방법의 한계만 존재하는 건 아닐 수도 있다. 아무래도 개별 가구가 서로 독립적이고 개별적인 삶을 선호하는 고급 주거지의 특성상 집단 내 상호작용 자체가 거의 없을 가능성도 존재하기 때문이다. 그런 가능성에도 불구하고 이들의 연구(특히 로의 경우)에서 보여주는 자료가 대부분 개별 가구의 공식 인터뷰로 이루어져 있다는 점은 다른 지역 연구와 구별되는 분명한 차이점이다. 즉 인류학이 강점으로 삼아온 전통적 방법론이 이러한 연구대상에게는 쉽게 적용되기 어렵다는 것이다.

나의 현장연구가 교착 상태에 빠진 것도 비슷한 맥락에서였다. 처음 소개받은 주민들과의 인터뷰는 거기서 한두 가구 이상 더 확대되지 않았고, 주로 "너무 살기 좋은 곳"이라는 이야기가 중심이 된 인터뷰를 마친 뒤에는 "마땅히 더 소개해줄 주민이 없다."거나 "다른 주민이랑 얘기해봐야 이 이상 나오기 어려울 거다."라는 반응이 전부였다. 부녀회나 각종 동호회 활동에 참여하면서도 "이 좋은 동네에서 함께 모여 각자 취미생활을 즐기는 모임" 이상의 이야기는 듣기 어려웠다. 무엇보다 처음 계획에서 가장 어긋난 부분은 지인을 통해 소개받은 입주자대표회의 임원진과의 만남이 제대로 이루어지지 않았다는 점이었다. 이를테면 2011년 5월경 아파트 단지 내에서 진행된 한 행사에서 당시 입주자대표회의 회장을 처음 만난 뒤, 추후 구체적인 인터뷰 일정을 잡기로 했으나 한 차례 전화 통화 이후 더 이상 연락이 닿지 않아 인터뷰를 할 수 없었다. 그리고 다른 입주자대표회의 임원은 사전 통화를 통해 성일동 주민센터에서 열리는 모 행사에서 만나기로 약속을 잡아놓고도 정작 행사 당일 모습을 드러내지 않고 전화도 받지 않았다. 이들은 무슨 이유에서인지 나를 계속 피했으며, 수차례의 시도에도 불구하고 이들과의 인터뷰는 결국 진행할 수 없었다.

외부인으로서 한계를 절감하며 연구의 진행 여부 자체에 대해 심각한 회의에 빠져 있던 2011년 가을, 마지막 시도라 생각하고 취한 선택은 성일 노블하이츠에서 활동하던 한 자생단체와의 만남이었다. '성일노블 자율방범대'라는 이름의 이 조직은 뜻밖에도 나를 환대하며 준(準)구성원으로 받아주었고, 이들과 함께 활동하며 성일 노블하이츠의 다양한 공간적·사회적 속사정을 접할 수 있었다. 또 이들과 함께한 참여관찰을 통해 그전까지 주민들이 들려주지 않았던 많은 이야기를 들을 수 있었고, 그 후로는 왜 다른 주민들이 그런 이야기를 외부자인 내게 하지 않으려 했는지도 알 수 있었다.● 이어 2011년 겨울에는 때마침 '성일노블 자율방범대'의 구성원 중 한 명이 새로운 입주자대표회의 회장으로 당선되면서 나의 운신 폭은 더욱 넓어지게 되었다. 이들과의 관계를 바탕으로 나는 아파트 단지와 관련한 많은 민족지적 자료를 확보했으며, 2013년 봄을 끝으로 성일 노

● 그 이야기를 지금 여기서 미리 소개할 필요는 없을 것이다. 어찌 보면 성일 노블하이츠라는 아파트 단지의 '공공연한 비밀'이라 할 만한 자료들은 이 책 곳곳에 녹아들어 있다.

블하이츠에서의 공식적인 현장연구를 마무리했다.

한편 이런 우여곡절 탓에 주의해야 할 점이 있었다. 성일 노블하이츠가 수천 세대가 살아가는 대단지인 까닭에 같은 이슈를 두고 서로 다른 입장의 주민들이 존재함에도 불구하고, 한쪽에 치우친 접근 경로 탓에 일부 집단의 편향적 해석이 도드라질 수 있다는 위험이었다. 또 '연구대상 단지에 거주하지 않는 30대 남성'이라는 내 개인적 조건도 자료를 수집하는 데 제약으로 작용할 수밖에 없었다. 전반적으로 외부인에게 배타적인 브랜드 아파트 단지의 특성상 어쩔 수 없는 상황이기도 했다.

이런 조건에서 내가 중립적 입장을 취할 수 있게 하고, 직접적인 참여관찰로 얻을 수 있는 자료의 한계를 넘어 주민들의 다양한 입장을 들을 수 있도록 도움을 준 것이 바로 '온라인 커뮤니티'였다. 성일 노블하이츠의 경우, 이미 입주 3년 전인 2005년경부터 포털사이트 Z사와 Y사 사이트에 입주예정자들을 위한 인터넷 카페가 개설되어 재건축 과정과 관련한 각종 정보를 교류하는 장으로 자리해왔다. 회원 가입을 통해 입주민들만이 의견을 주고받을 수 있도록 한 인터넷 카페에서 주민들은 오프라인에서처럼 다른 사람들의 눈치를 보지 않고 자유롭게 자신의 감정과 견해를 표출할 수 있었다. 이들이 남긴 게시물과 댓글 들은 글을 쓴 당사자가 의도적으로 삭제하지 않는 이상 모두 기록으로 남아 아파트 단지 전반의 분위기를 살필 수 있는 유용한 자료로 활용되었다. 나는 2005년부터 2012년까지 약 8년 동안 게시된 수만 건에 달하는 게시물과 댓글 들을 모두 읽고 그 의미를 파악하고자 했다.

이렇듯 온라인 커뮤니티는 일종의 '사람으로 이루어진 도서관 (library-of-people)'[15]으로서, 현대 사회를 연구하는 인류학자에게 문서고(文書庫)와 같은 존재가 될 수 있다. 하지만 이 자료의 보고(寶庫)는 그다지 정리가 잘 되어 있는 상태는 아니었다. 성일 노블하이츠 입주민 카페는 세월이 흐르면서 몇 차례 게시판을 개편했던 탓에 과거의 자료가 어디에 위치해 있는지 찾는 데 꽤 애를 먹은 경우가 많았으며, 게시물의 맥락을 파악하지 못해 그 의미를 제대로 이해하기 힘든 경우도 있었다. 그럴 때마다 나는 오프라인에서 만난 주민들과의 대화를 통해 자료를 교차 검토함으로써 각 게시물에 담긴 정확한 맥락을 파악할 수 있었다.

지금까지 서술한 특징으로 인해, 이 연구가 분명한 장단점을 갖게 되었음을 짐작할 수 있을 것이다. 내가 택한 것은 단점을 보완하여 어중간한 민족지를 작성하느니, 차라리 강점을 극대화하여 나름의 색깔이 분명한 민족지를 작성하기로 한 것이었다. 이를 위해 나는 방법론 측면에서 하나의 집단으로서 아파트 단지에 집중하는 것을 선택했다. 그리하여 재건축 전후의 아파트 단지 현안과 관련된 사건의 서술과 분석을 중심으로 내용을 전개하려 했다. 이처럼 사건을 매개로 이루어진 입주민들의 집단적 실천, 그리고 '아파트 공동체'를 두고 펼쳐진 상이한 가치들의 경합과 충돌이 드러나는 방식에 주목함으로써, 브랜드 아파트 단지라는 공간이 지닌 장소성과 공동성을 규명하고자 했다.

이 경우 연구자로서 마땅히 가져야 할 객관적 시각이 문제가 될 수 있을 것이다. 이와 관련하여 내 개인적 배경을 재차 언급하는 것이 인류학 민족지인 이 책의 성격을 파악하는 데 도움이 되지 않을까 싶다. 앞서 말했다시피 나는 이 연구를 수행하기 전까지 아파트 단지에 거주한 기억이 없다. 이런 개인적인 배경 아래, 한국 사회를 살아가는 다수의 사람들에게 너무나도 익숙한 아파트 단지에 대해 늘 '외부인'이라는 생각을 갖고 있었으며, 이를 바탕으로 연구 과정 동안만큼은 내내 아파트 단지를 대하며 최대한 객관적인 입장을 유지하려 했다. 특별히 적대적인 시선을 갖고 아파트를 보지 않으려 노력했지만, 그것이 아파트 단지를 옹호하는 입장으로 이어진 것도 아니었다. 나는 그저 한국의 브랜드 아파트에서 벌어진 삶의 모습을 있는 그대로 추적하고 기록하여 분석하고자 했다. 따라서 이 책에서 아파트 단지를 바라보는 특정한 시각이 관찰된다면, 그것은 아마도 연구 과정에서 수집한 자료들이 스스로 자신을 드러낸 결과일 것이다.

2장

마포아파트에서 타워팰리스까지

한국 아파트의 역사: '아파트 단지'라는 표준의 탄생

본격적으로 이 책의 주 무대인 성일 노블하이츠로 들어가기에 앞서, 한국의 브랜드 아파트 단지가 어떤 과정을 거쳐 지금에 이르렀는지 살펴볼 필요가 있다. 한국의 아파트 도입 역사는 여타의 유형들이 탈락하고 '아파트 단지'라는 특정한 유형이 표준으로 정착하는 과정이었다. 이 과정에서 공급의 효율성과 기능성에 초점을 맞춰 건설된 한국의 아파트 단지는 획일적인 공간 배치에도 불구하고 사회 구성원 대다수가 선호하는 집단 주거지로 자리하게 되었다. 또 입지와 평수에 따라 배열된 일원적인 가치체계에 의해 아파트의 상품화가 진전되면서 아파트는 한국 사회에서 가장 일반적인 재산증식 수단과 사회적 지위 과시의 방편으로 간주되었다. 이러한 경향이 가속화된 결과 담장을 두르고 주변 지역과 차별화된 고급 브랜드 아파트라는 현대 한국 사회 고유의 산물이 등장하게 된 것이다. 이 장에서는 이러한 일련의 역사적 과정에 어떠한 사회적 배경과 맥락이 작용했는지 추적하고자 한다.

현대 사회의 아파트와 같은 고층 집합주택의 기원은 멀리는 고대 로마 시대, 조금 더 가깝게는 근대 프랑스에서 찾을 수 있다. 한국에만 국한하면 아파트라는 명칭이 최초로 붙은 회현동 미쿠니(三國)아파트(1930)나 현재 충정아파트로 불리는 도요타(豊田)아파트(1930) 등 일제 시기 건설된 사례를 시초로 볼 수 있다. 또 해방 이후 1950년대 말과 1960년대에 걸쳐 지어진 행촌아파트(1956)나 종암아파트

(1958), 혹은 지금도 남아 있는 동대문아파트(1966)나 남아현아파트 (1970) 등 '블록형 아파트'의 사례도 한국의 초창기 아파트로 검토할 수 있다. 이 아파트들은 근래 출간된 여러 책에서 충분히 다루어졌으므로, 브랜드 아파트 단지에 초점을 맞춘 이 책에서는 효과적인 논의를 위해 그 과정을 과감히 생략하고자 한다. 대신 브랜드 아파트 단지의 직계조상이라 할 만한, 국내 최초의 단지형 아파트인 마포아파트부터 이야기를 시작하겠다.

마포아파트는 1962년 12월, 같은 해 공포된 대한주택공사법에 따라 대한주택영단에서 이름을 바꾼 대한주택공사가 건립했다. 정부의 제1차 경제개발 5개년 계획(1962~1966)에 따른 주택사업 중 하나로 의욕적으로 추진된 마포아파트는 여러 측면에서 국내 아파트 도입 역사에 새로운 전기를 마련했다. 원래 계획에 따르면 마포아파트는 10층 높이 건물에 엘리베이터와 중앙집중식 난방 시스템 등을 설치해 당시로서는 매우 획기적인 시설을 갖춘 대규모 공동주택단지로 건설될 예정이었다. 하지만 당시 전반적인 사회 분위기는 마포아파트의 계획안에 상당히 비판적이었다. 언론에서는 열악한 전기 사정과 자원 부족 상황을 감안할 때 엘리베이터와 중앙난방은 무리라며 반대했고, 서울시 수도국에서는 마실 물도 귀한 판에 무슨 수세식 화장실이냐고 반대했다.[1] 결국 여론의 거센 반대로 당초 계획은 차질을 빚게 되었다. 건물 높이는 10층에서 6층으로 낮아졌고 엘리베이터 설치도 무산되었으며, 난방 역시 세대별 연탄보일러 시설로 변경되면서 최종적으로는 6층 높이의 10개 동 642세대 아파트 단지

가 마포구 도화동에 건설되었다.●

　비록 당초 계획에는 못 미치는 상태로 지어졌음에도 불구하고 마포아파트는 다른 주거지들에 비해 시설과 규모 면에서 여전히 상대적인 우위를 점하고 있었다. 여론의 반대에도 무산되지 않고 계획안대로 설치된 수세식 화장실과 입식 부엌은 서구식 생활의 편리를 상징했으며, 단지 내에 따로 마련된 놀이터와 넓은 잔디밭 조경도 사람들의 눈길을 끌기에 충분했다. 또 6층이라는 높은 층수가 만들어내는 거대한 건물의 경관은 상당히 파격적이었으며, Y자형으로 지어진 독특한 외형도 상징성을 부각시키기에 적합했다.[2] 이처럼 여러모로 기존 주거지에 비해 차별화된 시설은 마포아파트가 다분히 중산층 이상을 겨냥해 지어진, 이후 근대식 주거의 전파를 위한 일종의 모델 역할을 맡았던 주거단지임을 보여준다.

　마포아파트의 이런 설계는 당시 집권층의 생각, 그리고 기본적인 정책 추진 방향과 그대로 맞물렸다. 1961년 5·16 군사 쿠데타로 권력을 잡은 박정희 정권은 산업화와 근대화를 기치로 삼아 사회 전반에 대대적인 변화를 가져왔다. 주거 분야에서 이 변화는 아파트 중심의 공간 재조직을 통한 생활 전반의 근대화 달성을 목표로 했다.

● 마포아파트는 두 차례에 걸쳐 건설되었는데, 우선 1차로 1962년 12월에 Y자형 아파트 6개 동이 450세대 규모로 지어졌으며, 1964년 11월에는 2차로 판상형(일자형) 아파트가 4개 동 192세대 규모로 건립되었다. 건물 높이가 6층으로 정해진 것은 엘리베이터 설치가 무산되면서 당시 서구에서 엘리베이터가 없는 아파트의 최고 높이가 6층이었던 점을 참고했기 때문이었다.

마포아파트 단지 준공 당시의 모습(1963년).

마포아파트 준공식에 참석한 박정희 국가재건최고회의 의장의 치사
(致辭)는 마포아파트, 더 나아가 아파트 전반에 대해 당시 집권층이
어떤 관점을 갖고 접근했는지 드러내준다.

오늘 이처럼 웅장하고 모든 최신 시설을 갖춘 마포아파트의 준공식
에 임하여 본인은 수도 서울의 발전과 이 나라 건축업계의 전도를
충심으로 경하하여 마지않습니다. [……] 그러나 정부의 이러한 시책

도 국민의 협조 없이는 도저히 소기의 성과를 거둘 수 없는 것이며 이제까지 우리나라 의식주 생활은 너무나도 비경제적이고 비합리적인 면이 많았음은 세인이 주지하는 바입니다. 여기에 생활혁명이 절실히 요청되는 소이(所以)가 있으며 현대적 시설을 완전히 갖춘 마포아파트의 준공은 이러한 생활혁명을 가져오는 한 계기가 될 수 있다는 것이 커다란 의의라고 생각되는 것입니다.

즉 우리나라 구래(舊來)의 고식적이고 봉건적인 생활양식에서 탈피하여 현대적인 집단 공동생활 양식을 취함으로써 경제적인 면으로나 시간적인 면으로 다대한 절감을 가져와 국민생활과 문화의 향상을 이룩할 것을 믿어 의심치 않기 때문입니다. [……] 이러한 시대적 요청에 각광을 받고 건립된 본 아파트가 장차 입주자들의 낙원을 이룸으로써 혁명한국의 한 상징이 되기를 빌어 마지않으며 끝으로 이 사업을 성공적으로 완수시킨 대한주택공사 총재 이하 전 임직원과 기술자 여러분의 노고를 높이 치하하는 동시 이 자리에 입주할 문화시민 여러분의 행복을 길이 빌어 마지않습니다. 감사합니다.[3]

이 치사에서 박정희 전 대통령은 한국의 기존 생활양식을 "너무나도 비경제적이고 비합리적인", "고식적이고 봉건적인 생활양식"이라 진단하고, 이를 개선하기 위한 '생활혁명'의 계기로 마포아파트의 준공을 평가하고 있다. 아파트 단지 건설이 주택난을 해결하는 역할을 넘어 근본적인 생활양식의 변혁을 주도해야 하는 매개체로 제시된 것이다. 따라서 마포아파트는 단순히 한국에서 처음 지어진 아파트 단지가 아니라, "소위 조국 근대화의 상징이자 생활혁명의 시금석이었으며 전 국민의 문화시민화(文化市民化)를 추동하기 위한 생활혁명의 전시장"[4]으로서의 역할을 수행해야 하는 막중한 임무를 지닌 공간이었다.

하지만 최고권력자의 확고한 의지 표명을 바탕으로 한 정부의 전폭적인 지원에도 불구하고 사람들이 아파트 생활을 받아들이는 과정은 순탄치 않았다. 고층 주택에 대한 불안 등으로 여전히 아파트에 대한 인식은 그다지 좋지 않았고, 결국 마포아파트의 준공 직후 입주자는 전체의 10분의 1에도 미치지 못할 정도였다. 하지만 대한주택공사의 적극적인 홍보가 차츰 효과를 거두면서 아파트에 대한 인식도 높아져갔다.[5] 게다가 당시로서는 보기 드문 현대적인 조경 요소와 서구적인 이미지에 힘입어 마포아파트는 영화 촬영지로 많이 활용되었으며, 이것은 마포아파트의 상징적 가치를 더욱 높이는 결과로 이어졌다.

이렇게 마포아파트가 나름대로 거둔 '성공'이 본격적으로 국가가 주도하는 중산층 대상의 아파트 공급으로 이어지기까지는 과도기적 단계를 더 거쳐야 했다. 무엇보다 서울의 빈민 주거문제는 여전히 매우 심각한 수준이었기 때문에, 주택난 해소를 위해 중산층을 우선순위에 두고 아파트 건설을 지속적으로 추진할 수만은 없었다. 1950년대 후반부터 서울로 유입되는 인구가 급증했지만 주택의 수는 절대적으로 부족했고, 그 결과 1960년대 중반에 들어서는 수십

만의 인구가 10만 채 이상의 무허가 불량건물에 거주하고 있었다.[●] 이러한 상황에서, 20세기 전반 서구 사회처럼 도시 저소득층을 위한 효율적인 주거 대책으로 아파트의 대량 공급을 활용할 수 있다는 사실은 당시 위정자들도 충분히 인지하고 있었다.

마포아파트를 통해 한국에서도 아파트가 수용될 수 있는 분위기가 형성되기 시작했음을 감지한 행정당국은 마포아파트가 타깃으로 삼았던 중산층뿐만 아니라 저소득층을 대상으로 한 아파트 건설에도 본격적으로 나서기 시작했다. 우선 정부 차원의 대책이 1968년 9월 건설부에 의해 발표되었다. 공공주택자금을 빈민가와 불량주택 지구에 투입하여 세대당 5~8평 규모의 아파트를 집중적으로 건설해 서민들을 입주시킨다는 내용이었다.[6] 이를 바탕으로 당시 가장 주택난이 심각했던 서울에서는 주택 공급량 확보와 무허가 불량주택 정리라는 두 가지 문제를 해결하기 위해 '시민아파트'라 명명된 대규모 아파트 공급 사업을 펼치기에 이르렀다. 1966년 부임 이후 엄청난 수의 공사를 저돌적으로 추진해 '불도저 시장'으로 불린 김현옥 당시 서울시장은 1969년부터 1971년까지 3년 동안 총 2000동의 시민아파트를 지어 판잣집 주민 9만 호를 입주시키겠다는 건립 계획을 내놓았다. 속도와 물량 위주의 해법이 지배하던 당시 사회 분위기를 반

● 당시 서울시가 실시한 무허가 건물 전수조사에 의하면, 1966년 4월 기준으로 서울의 무허가 건물은 13만 6650동으로 집계되었다. 무허가 건물은 1960년대 내내 매년 10~15 퍼센트씩 늘어난 것으로 추정되고 있다(손정목 2005: 246~247 참조).

와우아파트 붕괴 현장.

영한 것이었다.[7]

그러나 시민아파트 건립 정책은 시행 후 불과 1년 만에 곧바로 문제를 드러내기 시작했다. 시민아파트들은 대부분 고층 건물이 들어서기 힘든 산등성이 지대, 즉 기존의 불량 주거지가 밀집해 있던 곳에 지어졌지만 공사 부지에 대한 지질검사가 제대로 실시되지 않았다. 게다가 공사비 역시 턱없이 낮게 책정되어 자재 부족과 설계 미비로 인해 부실시공이 될 수밖에 없는 상황이었다. 결국 1970년 4월,

마포구 와우산 중턱에 건립된 와우아파트 한 동이 붕괴되면서 33명이 사망하고 40명이 다치는 대형 사고가 발생하고 말았다. 뒤이은 경찰 조사를 통해 담당 공무원들이 뇌물을 받고 무면허 업자에게 공사를 맡기면서 부실공사를 눈감아주었다는 사실이 밝혀지는 등 시민아파트 건설 사업이 총체적인 부실을 안고 있었음이 드러났다. 실제로 와우아파트 붕괴 사고 직후 서울시가 '시민아파트 안전진단반'을 긴급 편성해 그때까지 1년 동안 건설된 시민아파트 405개 동의 안전도를 검사한 결과, 무려 86.2퍼센트에 달하는 349동에 대해 보수가 필요하다는 결론이 내려졌다.[8] 결국 사건에 책임이 있는 김현옥 서울시장이 경질되었고, 시민아파트 계획은 전면 백지화되었다.

압축 성장으로 대표되는 한국식 근대화의 어두운 단면을 보여준 이 사건은 한국 사회에서 아파트라는 존재가 서구와 다른 운명을 걷게 되는 하나의 계기로 작용하게 된다. 저소득층을 대상으로 한 시민아파트 건립이 중단되는 대신 중산층을 대상으로 가격은 더 높지만 더 안전한 아파트를 건립하는 것으로 주거정책의 방향이 확립된 것이다. 사회 전반에 '근대화'의 기치가 나부끼던 상황에서, 근대식 주거의 상징이던 아파트에 대한 믿음을 포기하지 않았던 정부는 아파트 자체를 포기하고 다른 대안을 모색하는 대신 더 튼튼하고 안전한 양질의 아파트를 건립하는 것으로 시책을 정했다. 따라서 이 시점에서 한국의 아파트는 서구 사회의 아파트가 가진 '저소득층 주거지'라는 이미지와는 작별을 고하게 된 셈이다. 결국 이후 한국 사회에서 아파트는 누구나 선망하는 고급 주택으로 자리 잡았고 대다수 한국인들에게 경제적 성공은 곧 아파트에 들어가기 위한 '자격'을 갖추는 것으로 여겨지기에 이르렀다.

모델의 형성: 근린주구와 모델하우스

시각문화와 세대론의 관점에서 아파트를 분석한 연구서 『콘크리트 유토피아』에서 박해천은 한국의 아파트가 "과거의 아파트와 급진적으로 단절하고 문화적 우세종으로 도약을 감행하던 특정 시점"[9]에 주목할 것을 요청한다. 그 시점은 바로 1970년대 초로, 이 시기 한국의 아파트는 이전의 다양한 '실험들'과 작별하고 현재의 대단지형 아파트에 이르는 궤도에 본격적으로 오르기 시작했다. 1970년대 초가 국내 아파트 도입 역사에서 중대한 전환점을 가져온 시기였다는 점은 분명하다. 저소득층 대상의 시민아파트 건립 사업의 백지화를 가져온 1970년 4월의 와우아파트 붕괴 사고 이후, 한국의 아파트가 본격적으로 중산층을 타깃으로 설정하고 독립적인 '단지'라는 물리적 형태를 갖추게 된 것 역시 이때부터였기 때문이다.

1970년대 이후 이어져온 '아파트 단지의 시대'에서 선봉에 선 것은 1970년 9월에 준공된 이촌동의 한강맨션아파트와 1971년 완공된 여의도시범아파트, 그리고 이후 강남 아파트 시대의 서막을 연 반포아파트(1972~1973) 등 대한주택공사가 건립한 아파트들이었다. 특히 이 가운데 본격적인 '고급 아파트'를 표방하며 건설된 최초의 아파트인 한강맨션아파트(총 700세대 규모)는 이후 아파트 단지의 분양 및 건설 방식에 표준적 모델을 제공했다. 우선 분양 방식에서 한강맨션은 국내 최초로 '모델하우스'를 도입한 사례인데, 그 배경에는 한강맨션 건설이 다소 모험적인 시도였다는 사실이 있었다. 고급 아파트 단지를 표방한 한강맨션의 건설은 주택공사 측에서도 상당한 자금 부담을 안게 되는 일이었기에 착공 이전부터 분양 광고에 돌입했고, 그 과정에서 모델하우스를 지어 대중에게 선보였던 것이다.[10] 이처럼 모델하우스를 이용해 '선(先)분양 – 후(後)건설' 순으로 건설 자금을 확보하는 방식은 이후의 민간업체 아파트 건설에서도 관행으로 자리 잡게 되었다.

또 한강맨션아파트는 단지 구성에 있어서도 본격적으로 근린주구(neighborhood unit)● 이론이 적용된 첫 번째 사례에 해당했다. 사실 근린주구 개념은 이미 마포아파트를 건설할 때부터 계획 단계에서 시도되었다. 하지만 상대적으로 협소한 단지 규모와 최종적으로 시행된 계획의 한계로 인해 이론이 제대로 구현되지 못했다. 그 후 한강맨션아파트를 비롯해 비슷한 시기 이촌동에 함께 건립된 한강외인아

● '근린주구'란 1929년 미국의 페리(C. A. Perry)가 제안한 주거단지 계획 개념으로, 어린이들이 위험한 도로를 건너지 않고 걸어서 통학할 수 있는 단지 규모(반경 약 500미터, 인구 5000~1만 명)에서 생활의 편리와 쾌적함을 제공하고 주민들 간의 사회적 교류 등을 도모할 수 있도록 조성된 물리적 환경을 말한다(김철수 2006: 111). 일반적으로 도로에 둘러싸여 구획되어 도시의 한 블록을 차지하는 형태의 근린주구는 공동체가 필요로 하는 모든 편의시설과 상점, 안전한 보행로 등을 갖추는 것을 이상으로 삼았다.

한강맨션아파트 단지 내부(1970년).

파트와 공무원아파트 등을 포함한 총 3220호 규모의 '한강아파트'
단지가 건립되면서 본격적으로 근린주구가 도입되었고, 이후 건설된
대부분의 아파트 단지들 역시 이를 받아들이게 되었다.

　한강맨션아파트 이후 아파트 단지 건설에 본격적으로 적용되기
시작한 모델하우스와 근린주구 개념은 한국의 아파트 단지에 '이중
적 폐쇄성'이 형성되는 데 지대한 영향을 끼쳤다는 점에서 주목할 만
하다. 먼저 모델하우스는 『아파트의 문화사』(2006)에서 박철수가 지
적한 대로 사람들로 하여금 방과 거실, 베란다(즉 현관문 안의 가족 중심
공간)만을 아파트의 생활공간으로 인식하게끔 유도하는 효과를 지닌

반포아파트 단지 전경(1977년).

다. 결국 모델하우스에서의 '환상'을 통해 심어진 인식은 아파트에서의 생활을 철저히 내부공간 중심으로 축소해 현관문 바깥의 공용공간을 생활공간으로 편입시키지 않는 주택관을 형성하는 강력한 동기가 되었다는 것이다.[11] 이러한 내부공간 중심의 주택관은 곧 단지 내의 이웃 관계에 무관심한 '가구 단위의 폐쇄성'으로 이어졌다.

한편 아파트 단지에 도입된 근린주구 개념은 계획의 본래 의도와는 다소 다르게 '단지 단위의 폐쇄성'을 야기했다. 근린주구 개념에 따라 대규모로 조성된 하나의 단지는 독립적인 생활환경으로서 그 안에서 최대한의 편리함을 추구하려 했다. 하지만 이러한 의도에서 학교와 상가 등 근린주구 시설을 단지 내에 집중적으로 배치하고 단지 외곽은 담으로 둘러싸는 방식은 아파트 단지를 배타적이고 폐쇄적인 공간으로 영역화하는 결과를 낳았다.[12] 이처럼 대규모로 단지를 구성하고 이것을 외부와 단절해 영역화하는 방식은 1970년대와 1980년대에 가장 각광받는 단지 구성 원칙이 되었고, 대단지와 기존의 도시조직 사이에 상당한 부조화를 초래했다.[13] 즉 한국의 아파트 거주민들은 단지 내부에서는 이웃에 대한 의식을 최소화하며 공동체 생활과 공용공간에 무관심한 가구 단위의 폐쇄성을 경험하는 한편, 단지 외부와의 관계에서는 주변 도시공간과 단절되는 단지 단위의 폐쇄성이라는 '이중적 폐쇄성'(주변으로부터 분리된, '우리 집'과 '우리 단지')에 놓이게 되었던 것이다.

물론 1970년대 초, 아파트 단지가 중산층 대상의 새로운 주거형태로 본격 도입되기 시작한 당시 시점부터 이런 폐쇄성을 의도적으로 추구했다고 보기는 어렵다. 모델하우스와 근린주구라는 두 가지 요소를 그 원인의 전부로 판단하는 것도 무리이며, 그보다는 이 요소들과 함께 다른 여러 사회·문화·경제적 요인들이 복합적으로 작용한 결과라고 보는 것이 옳을 것이다. 하지만 의도했건 의도하지 않았건 간에, 아파트 단지의 도입 및 확산 과정에서 모델하우스와 근린주구가 만들어낸 건조환경(built environment)이 한국 아파트 단지의 폐쇄성이 배태되는 데 무시할 수 없는 환경 요인으로 작용해온 것은 사실이다. 또 이 두 요소가 국내 아파트 건설의 제도적 관행과 직결된 여러 복합적 요인의 중요한 한 단면을 보여준다는 점 역시 무시할 수 없다. 주택 수가 절대적으로 부족해 단기간에 최대한 많은 물량을 공급해야 했던 시대적 상황에서, 모델하우스와 획일화된 근린주구 기반의 설계는 아파트 건설의 효율성을 제고하려는 제도적 관행이 가장 잘 드러나는 지점이기 때문이다.

이처럼 한강맨션아파트를 시작으로 도입된 '대단지 아파트' 모델은 이후 강남 개발에 때맞춰 건설된 반포아파트를 거치며 더욱 확산되기에 이르렀다. 반포아파트는 가장 작은 평수가 22평, 가장 넓은 평수는 복층 64평으로 한강맨션 이후 본격화되기 시작한 중·상류층 대상 아파트 건설의 입지를 더욱 확고히 했다. 특히 반포아파트는 1970년대 말 이후 한국 사회에서 많은 사람들이 선망하는 모델이었던 '강남 아파트' 시대의 서막을 연 아파트 단지였고, "향후 10년간 동작대교에서부터 동쪽으로 번져나가게 될 '아파트 개발 전선'의 선봉장"[14] 역할을 맡게 되었다.

뒤이어 대한주택공사가 강남 지역에 건설한 잠실 대단지 아파트(1975~1977)는 정부가 주도한 택지 개발 및 대규모 아파트 단지 건설의 대표 사례다. 1960년대 후반 이후 중산층의 주거지 확보 문제를 해결하기 위해 고심하던 정부는 강북 지역에 밀집된 서울 인구를 강남 지역으로 분산하려는 정책을 수립하게 되는데, 이를 위해 강남에 각종 특혜를 제공해 개발을 촉진했다. 우선 강북 지역의 택지 개발을 전면 금지하고 강남에는 세제 혜택을 주는 한편, 강북과 강남을 잇는 다리(1969년 12월 개통한 제3한강교, 현 한남대교)를 만들고 강북의 명문 중·고등학교들을 강남으로 이전하는 등 집중적인 강남 개발 사업에 나섰다.[15] 이 과정에서 당시 서울시 주거지 면적의 4.4퍼센트에 해당하는 총 12개 지구 1만 2000헥타르가 아파트 지구로 지정되어 개발됐다.[16] 특히 잠실 1단지는 '주택건설 180일 작전'이라는 슬로건 아래 불과 6개월 만에 1만 1800호를 건설하는 기록을 세우기도 했다.[17] 사회·문화적 제반 여건을 고려하지 않고 속도와 물량을 최우선 목표로 삼았던 당시 분위기를 그대로 반영한 결과였다.

한편 1970년대는 대한주택공사에 이어 1960년대의 대규모 인프라 건설로 성장한 민간 대기업들도 본격적으로 강남 지역의 아파트 단지 개발에 나서기 시작한 시기였다. 대표적으로 당시 급성장하고 있던 현대건설은 1975년부터 강남에 최소 32평, 최대 60평의 압구정 현대아파트를 건설하며 민간 기업에 의한 고급 아파트 시대를 열었다. 특히 이 단지는 강남 지역에 건설된 아파트 중에서도 최고의 '명품 아파트'로 인정받으며 현재까지도 상류층이 선호하는 주거단지로 인식되고 있다. 1970년대 말 이래로 이미 압구정 현대아파트는 "강남 아파트의 거주자들이 도달하고자 하는 욕망의 정점"[18]으로 자리매김해온 것이다. 이어 강남의 아파트 단지들은 1980년대 초반을 거치면서 반포-압구정-잠실로 이어지는 동서 방향의 횡축에, 압구정-대치-도곡에 이르는 남북 방향의 종축을 더해 확장되면서 아파트 숲으로 뒤덮인 서울 동남부의 경관을 완성하기에 이르렀다.[19]

하지만 이 시기에 이렇게 아파트 단지의 건설이 정책적 차원에서 적극 추진되고 사회적으로 가장 주목받는 주거양식으로 부상했음에도 불구하고 다른 주택 유형과 비교할 때 아파트 거주민은 아직 소수였다. 표 2-1에서 보다시피 1970년 통계 기준 전국에 3만 3000 여 호에 불과하던 아파트가 10년 뒤인 1980년에는 37만여 호로 10 배 넘게 증가하긴 했지만, 전국의 총 주택 수 540만여 호 중에서는 불과 7퍼센트 남짓 차지하고 있을 뿐이었다. 그러던 아파트는 1980 년대를 거치며 1990년에는 160만여 호(총 주택의 22.7퍼센트)로 증가했 고, 다시 10년이 지난 2000년에는 무려 523만여 호로 늘어나 전체 주택의 절반 가까이를 차지하게 되었다. 이처럼 1970년대에 본격적 으로 뿌리를 내리기 시작한 한국의 아파트 단지가 1980년대와 1990 년대를 거치며 엄청난 규모로 확산된 데는 무엇보다도 당시의 정치

	1970	1975	1980	1985	1990	1995	2000
단독주택	4,154,902 (95.30)	4,381,772 (92.56)	4,652,127 (87.46)	4,719,464 (77.31)	4,726,933 (66.02)	4,337,105 (47.12)	4,069,463 (37.13)
아파트	33,372 (0.77)	89,248 (1.89)	373,710 (7.03)	821,606 (13.46)	1,628,117 (22.74)	3,454,508 (37.53)	5,231,319 (47.73)
연립/ 다세대주택	146,220 (3.35)	164,718 (3.48)	161,795 (3.04)	349,985 (5.73)	602,855 (8.42)	1,070,528 (11.63)	1,265,989 (11.55)
비거주용 건물 내 주택	25,468 (0.58)	98,431 (2.08)	131,248 (2.47)	213,155 (3.49)	202,481 (2.83)	342,788 (3.72)	392,571 (3.58)
총 주택 수	4,433,962	4,816,413	5,434,176	6,271,265	7,357,287	9,570,395	11,472,401

표 2-1. 전국의 유형별 주택 수 현황 (단위: 호, %)
(출처: 윤주현 편. 2002. 『한국의 주택』. 통계청. 18쪽.)

적 배경이 작용하고 있었다.

아파트 단지 확산의 정치적 배경

1979년 박정희 전 대통령 암살 이후 또다시 군사 쿠데타로 집권한 전두환 정권은 정치·사회적 혼란기에 민심을 달랠 방편 중 하나로 대규모 주택건설계획을 수립했다. 신군부 정권은 여전히 대다수 도시 거주민이 심각한 주거난에 시달리던 상황에서, 1980년 8월 '10년 내 주택 500만 호 건설' 계획을 발표했다. 주택 부족 문제를 해소하고 사회적 안정을 꾀하고자 한 것이다.● 이 계획안은 1981년부터 1991년까지 전국에 500만 호의 주택을 건립함으로써 주택보급률을 77퍼센트에서 90퍼센트까지 높이는 것을 목표로 했다.[20] 그러나 500만 호라는 목표치는 1980년 당시 전국의 총 주택 수 543만여 호에 맞먹는 엄청난 양이었기에, 10년이라는 결코 길지 않은 기간 동안 달성하기란 현실적으로 불가능할 수밖에 없었다. 그럼에도 불구하고 '아파트 건설을 통한 공동주택의 대량 공급'이라는 1970년대의 기조를 그대

● 당시 건설계획 입안에 관계한 대한주택공사의 한 관계자의 증언에 의하면(임서환 2005: 101 참조), 신군부 지도층은 혹시라도 북한이 침공할 경우 서울 시민의 약 5분의 1이 체제에 불만을 가지고 적에 동조할지 모른다는 위기의식을 갖고 있었다고 하며, 이런 위기의식이 '10년 내 주택 500만 호 건설' 계획의 수립 배경이 되었다고 한다.

로 이어받은 정치권력의 정책은 강남을 넘어 서울의 목동과 상계동, 중계동을 비롯해 전국, 특히 수도권 각지에 엄청난 수의 아파트가 들어서는 결과를 가져왔다.

이처럼 1980년대 전반에 걸쳐 아파트 단지의 건설을 통한 주택공급 정책이 이어졌음에도 주택 수요를 공급이 따라가지 못하는 상황은 좀처럼 나아지지 않았다. 수도권으로 인구가 더욱 집중되고 1980년대 경제호황으로 시중 자금의 유동성이 증가하면서 주택 가격은 더욱 상승했다. 결국 1980년대 말에 이르러서는 수도권 아파트의 매매가와 전세가가 유례없이 급등하는 현상이 발생했다.[*] 이런 상황에서 전두환 정권의 뒤를 이어 1988년 출범한 노태우 정권 역시 아파트의 대량 공급을 통해 주택난으로 인한 위기를 타개하려 했고, 이는 서울 외곽에 '신도시'라는 이름으로 아파트 단지가 대규모로 확산되는 결과를 낳았다.

정부는 '주택 200만 호 건설계획'이라 명명된 새로운 주택건설 계획에서 1992년까지 목표치 중 절반에 가까운 90만 호를 수도권에,

● 1980년대 내내 주택 가격이 상승일로에 있던 것은 아니었지만, 전반적인 추세는 상승 기조를 유지하고 있었다. 1981년을 기준으로 서울의 주택 매매가는 1983년까지 40.6퍼센트가 오른 후, 1987년까지는 정체 상태에 있었고, 5개 직할시(부산, 인천, 대구, 광주, 대전)는 1983년까지 7.9퍼센트가 오른 후 꾸준히 상승하여 1987년에는 25퍼센트까지 올랐다(임서환 2005: 150). 그러던 주택 가격은 1980년대 말 이른바 '3저 현상(저유가, 저달러, 저금리)'에 힘입은 국내 경기의 유례없는 호황으로 1987년 이후 급등했다. 특히 서울 강남 지역 아파트 가격은 1988년에서 1989년 사이에 두 배 이상 뛰어올랐다.

나머지는 지방 도시들에 건설한다는 계획을 세웠다. 특히 국내 최초로 25만 호의 영구임대주택을 건설하기로 하여 빈곤층 주거문제를 해결하고자 하는 의지를 드러냈다. 이 가운데 수도권 90만 호 건설의 주축은 서울 외곽에 건설되는 다섯 개의 신도시였다. 1989년 4월, 분당(성남)과 일산(고양) 신도시 건설계획을 발표한 정부는 이어 1988년 말 택지개발 예정 지구로 지정되었던 중동(부천), 평촌(안양), 산본(군포)까지 포함한 5대 신도시 개발계획을 내놓고 대한주택공사와 민간 건설업체들을 총동원하여 아파트 단지를 건설하기 시작했다. 이 결과 1980년에서 1987년까지 연평균 22만 호에 그쳤던 주택 건설량이 1988년 32만 호, 1989년 46만 호로 급증했고, 1990년에는 사상 최대인 75만 호를 기록하며 결과적으로 목표 기한보다 1년 이른 1991년 8월 말까지 200만 호가 건설되는 성과를 얻게 되었다.[21]

그러나 불과 3~4년 만에 수십만 호의 주택을 수용하는 신도시가 건설되면서 생긴 부작용도 만만치 않았다. 당시 내수경기가 유례없는 호황을 누리고 있어 경기 안정화 시책이 필요했던 시점에서 건설경기가 달아오르는 바람에 경기 과열을 부채질했고, 건설 노임 인상은 제조업의 인력난과 전체 임금의 급상승을 초래했다.[22] 또 자재 부족으로 인한 불량 레미콘 사건이 불거지며 '분당의 모래성'이라는 말까지 나돌 정도로 부실시공, 부실공사가 사회적 이슈로 부각됐다. 한편 5대 신도시의 건설은 수도권으로 인구 유입을 가속화해 서울이 더욱 광역화되고 비대해지는 결과를 가져왔다. 그리고 주거 외에 도시로서의 다른 자족 요건들이 상대적으로 열악한 신도시는 수십만 인구가 거주하는 베드타운(bed town), 즉 "모든 문화와 직업 생활권은 여전히 서울에 존재한 채 서울에서 지쳐 돌아오는 사람들의 거대한 휴식처"[23]로만 기능할 뿐이었다.

그럼에도 이 건설계획의 일차적 목표였던 주택 가격 안정은 장기적 관점에서 볼 때 어느 정도 성공적이었다. 물론 수도권의 신도시 다섯 곳이 건설되던 1989년부터 1991년 초까지는 신도시에 대한 환상이 역설적으로 부동산 열풍을 더욱 부추겨 주택 가격이 급등하는 결과를 낳기도 했다(그림 2-1 참조). 하지만 여러 비난에도 불구하고 신도시 아파트 단지의 입주가 시작되면서 1991년 4월을 고비로 급등하던 가격이 하락하기 시작했고, 주택 가격의 하향 안정세는 이후 1997년까지 이어졌다.[24] 이는 다섯 개 신도시 건설 이후 자리 잡은 주택의 대량생산 체제 때문에 연간 주택 건설량이 60만 호 수준으로 유지되면서 아파트 단지의 공급이 꾸준히 지속되었기 때문이다. 하지만 주택시장의 이런 안정세, 그리고 수십 년 동안 이어져온 아파트 건립 관행은 1997년 말 한국을 덮친 외환위기로 큰 폭의 변화를 맞이하게 된다.

'신중산층'의 형성

1970년대와 1980년대를 통틀어 수도권을 중심으로 늘어난 아파트 공급과 관련해 놓쳐서는 안 될 지점이 있다. 바로 이 시기 많은 한국

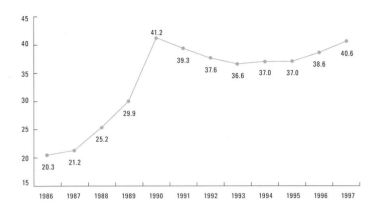

그림 2-1. 서울 지역 아파트 가격지수(1986~1997년, 2008년 12월 = 100.0)
(출처: 남우현. 2011. 『아파트의 몰락』. RHK. 51쪽.)

인들에게 아파트가 실제로 선망의 대상이 되기 시작했다는 사실이
다. 일례로 통계청이 집계한 사회조사의 '원하는 주택 형태' 항목을
보면, 1979년 6.5퍼센트에 불과했던 아파트에 대한 선호가 1987년
18.3퍼센트를 거쳐 1992년 34.2퍼센트로 꾸준히 증가했음을 알 수
있다.●25 특히 아파트에 대한 젊은 층의 선호는 더욱 높아서, 1992년

● 한편 같은 시기 단독주택에 대한 선호는 1979년 92.5퍼센트에서 1987년 79.3퍼센트,
1992년 63.3퍼센트로 감소했다. 이는 전국 단위의 조사 결과로, 도시 지역만을 놓고 보
면 아파트에 대한 선호도는 더욱 높아진다. 결국 2004년에 이르러서는 전국 단위에서
도 선호도 차이가 단독주택 48.6퍼센트, 아파트 47.9퍼센트로 좁혀졌고, 도시 지역에서
는 아파트에 대한 선호가 전체 인구의 절반을 넘어 53.6퍼센트에 달하게 되었다(통계청
2006: 366).

기준으로 30세 미만의 경우 절반 이상(52.8퍼센트)이 원하는 주택으로 아파트를 꼽기도 했다. 또 표 2-2의 '희망 주택 유형'에 대한 통계조사에서 확인되듯, 주택금융 수요자들 사이에서 아파트에 대한 선호는 이미 1980년대 말부터 급증했으며 1990년을 전후해 단독주택을 누르고 가장 선호하는 주택 형태로 단연 아파트가 꼽히게 되었다.*

　　한국인들이 아파트를 점점 더 선호할 수밖에 없었던 이유 중 하나는 아파트가 제공하는 생활양식이 기존의 주거형태에 비해 상대적 우위를 지녔다고 인식되었기 때문이다. 입식 부엌과 수세식 화장실, 중앙난방 등 아파트를 통해 국내 소개되기 시작한 서구적 생활양식은 한국인들이 직·간접적으로 체감할 수 있는 실생활의 편리로 다가왔다. 또 산업화로 대규모 인구 이동이 일어나면서 가족 형태가 핵가족으로 변화한 점도 아파트의 수용을 더욱 용이하게 만들었다.[26] 1980년대 이후 발표된 대중소설에 묘사된 아파트의 부정적 속성을 수집하여 분석한 박철수도 아파트에서의 구체적인 생활조건에 대한 비판이나 비난을 발견하기 어렵다는 점에 주목한다.[27] 박철수

● 한국인들의 엄청난 아파트 선호에 관한 사회적 통념을 감안하면, 통계청이 집계한 '원하는 주택 형태' 결과에서 아파트 선호도가 생각보다 낮게 나온 것처럼 보이기도 한다. 하지만 여기서 놓치지 말아야 할 점은 연령별 선호도 차이다. 조사 결과를 보면 50대, 특히 60대 이상에서 아파트에 대한 선호가 매우 낮고 이는 그대로 평균값 하락에 반영된다. 주택시장에서의 실수요자라 할 수 있는 30~40대는 비교적 이른 시기부터 아파트에 대한 선호가 높다. 이 점을 감안하면 표 2-2의 주택금융 수요실태조사 결과가 주택시장에 대한 사회 전반의 분위기를 더 분명히 드러낸다고 봐야 할 것이다.

현주택	단독주택 거주자			아파트 거주자		
희망주택	단독주택	아파트	기타	단독주택	아파트	기타
1975	95	3.9	0.8	63.0	35.0	2.0
1976	93.1	6.4	0.5	52.0	47.5	0.5
1977	92.3	6.8	0.9	58.2	41.4	0.4
1978	92.3	7.0	0.7	49.0	50.7	0.3
1979	93.6	5.7	0.7	51.0	48.0	1.0
1980	92.9	6.5	0.6	60.0	39.4	0.6
1982	91.8	8.0	0.2	59.3	40.4	0.3
1983	93.7	6.3	0.0	57.0	42.7	0.3
1984	89.0	10.3	0.7	47.7	51.6	0.7
1985	87.8	11.7	0.5	55.4	43.9	0.7
1986	85.4	12.6	2.0	54.4	43.6	2.0
1987	86.9	12.6	0.5	48.5	50.1	1.4
1988	74.6	23.3	2.1	32.6	66.2	1.2
1989	60.2	35.7	4.1	26.2	71.9	1.9
1990	61.5	34.0	4.5	26.9	71.2	1.9
1991	52.5	45.4	2.1	33.9	62.6	4.5
1992	53.8	38.2	8.0	29.2	66.3	4.5
1993	28.8	68.9	2.3	26.2	71.7	2.1
1994	33.4	62.6	4.0	25.6	72.6	1.8
1996	36.7	58.5	4.8	39.6	57.3	3.1

표 2-2. 희망 주택 유형(1975~1996년, 단위: %)
(출처: 한국주택은행, 『융자주택실태조사』(강인호 외, 1997: 105에서 재인용))

는 한국 사회에 아파트가 확산되면서 여러 문제점이 지적되어왔지만 주택 내부의 생활조건 자체에 대한 부정적 인식은 찾을 수 없다는 사실을 발견한다. 그리고 이는 아파트가 제공하는 안락함과 편리함이 한국인들에게 절대적이자 보편적인 가치로 수용되었다는 추측을 가능하게 한다는 것이다. 하지만 권현아의 지적대로 한국의 도시화 과정에서 사실상 주거 선택의 폭이 상당히 제한되어 있었다는 사실을 감안할 때,[28] 아파트에 대한 선호는 수많은 단독주택의 절대적 열악함에 근거한 상대적 우위에 불과하다고 평가할 수도 있다.

아파트에 대한 선호 이면에 주거 선택의 폭 자체가 제한되어 있었다는 사실은 한국 사회에서 아파트의 확산이 갖는 또 다른 중요한 의미를 상기시켜준다. 표 2-1에서 확인할 수 있듯이 한국에서 총 주택 수의 증가는 대부분 아파트 건설을 통해 달성되었고, 그 중심에는 주로 중산층을 대상으로 한 아파트 위주의 주택공급 정책이 있었다. 아파트 단지를 대량 건설해 주거문제를 해결하고자 했던 국내 주택 정책은 사실상 중산층 이상의 계층만을 수혜 대상으로 했으며, 1970년대 말 이후 정립된 한국의 독특한 아파트 시장은 일정 수준 이상의 경제적 자본을 갖추지 못한 저소득층이 참여하기에는 진입장벽이 너무 높았다. 게다가 수요에 못 미치는 공급량과, 한국 사회에 도입되던 때부터 형성된 서구식 생활양식과 근대성의 상징이라는 이미지는 아파트를 단순한 주거공간 이상의, 높은 교환가치를 지닌 상품이자 일종의 위세재(prestige goods)로 인식하게 만들었다. 즉 한국 사회에서 아파트는 입지와 평수에 따라 소유자의 사회적 지위를 결정하는 신분의 상징으로 자리매김했던 것이다. 이런 배경 아래 아파트는 이미 1970년대 초 반포아파트 분양 때부터 투기 대상이 되기 시작했다. 1970년대 중반을 지나면서 서울의 아파트 분양 신청률은 40·70 대 1에 이르는 과열 양상을 보이기 시작했으며 가격은 날이 갈수록 급등했다.[29]

치솟는 집값을 해결하기 위해 정부는 1977년 주택청약제도와 함께 분양가 상한제를 시행했지만 아파트 가격을 잡기에는 역부족이었다. 도리어 분양가가 시장 거래 가격의 3분의 1 정도로 책정되면서 경제적 여유가 있는 고소득층에게 싼 분양가의 아파트는 얼마든지 사서 되팔 수 있는 교환가치재로 부각됐고, 투기는 더욱 기승을 부리게 되었다.[30] 이처럼 한동안 상승일로에 있던 아파트 가격이 안정세로 돌아선 건 앞서 언급했듯이 1990년대 초 주택 200만 호 건설이라는 단기간에 걸친 대량 공급 이후였는데, 이 과정에서도 적지 않은 시세차익을 남긴 사람들이 많았다. 결국 수십 년에 걸쳐 직·간접적인 경험을 통해 많은 한국인들이 아파트 매매를 통한 재산증식의 '성공담'을 접해왔고, 아파트 매매는 한국인들에게 가장 일반적인 재산증식 모델로 각인되기에 충분했다.

이처럼 아파트를 중심으로 한 한국인들의 자산 축적 방식과 생활양식의 재조직에 국가권력이 적극적으로 개입했다는 사실은 한국의 아파트 수용 과정을 다룬 연구자들이 공통으로 지적하고 있다.[31] 그리고 그 이면에는 아파트 공급을 통해 중간계급, 즉 중산층을 양성하여 지지기반을 확충하고자 한 정치적 의도가 깔려 있었다는 점도 부인하기 어렵다. 줄레조에 따르면 이 과정은 권위주의 국가가 가격이 통제된 아파트를 대량 공급함으로써 이루어졌다. 그 결과 중간계급을 대단지 아파트로 결집시킬 수 있었던 한편, 이들에게 주택 소유와 자산 소득 증가라는 혜택을 주어 그들의 정치적 지지를 획득할 수 있었다는 것이다.[32] 더 나아가 전상인은 의도였든 아니든 한국 자본주의의 압축적 성장 과정에서 아파트가 한국 사회의 구조적인 모순과 병리를 어느 정도 호도하고 은폐하는 이데올로기적 기능을 수행한 측면이 있었다고 주장한다. 산업화의 과실이 아파트에 집중된 한국의 특수한 상황에서 개인적 기회이자 성취의 대상이던 아파트를 획득한 중간계급이 한국 사회의 "이념적 좌경화를 막는 결정적인 방파제 역할"[33]을 맡았다는 것이다.•

　이와 관련해 박해천은 주체화(subjectification)를 수행하는 '장치'로서의 아파트라는 흥미로운 관점을 내놓는다.[34] 박해천에 따르면 한국 현대사의 특수한 산물인 아파트가 갖는 의미는 대량 복제를 통한 특정 주거모델의 확산뿐만 아니라, 그 모델에 내재한 새로운 습속의 확산까지 포함하는 것이었다. 즉 한국의 아파트는 "감각의 생산양식을 구축해 거주자들이 특정한 시각성의 논리를 체화하

● 일견 지나친 주장처럼 보이기도 하지만, 아파트에 거주하는 중산층의 정치적 보수화는 현실정치 측면에서 결과로 드러났던 것이 사실이다. 이미 1980년대 말에 일련의 인류학자들이 수행한 경험적 연구(문옥표 외 1992)에서 나타난 아파트 거주 중산층의 정치의식(임봉길 1992 참조)과 1990~2000년대를 통틀어 보수정당을 선호하는 것으로 나왔던 아파트 밀집 지역의 투표 결과는 이들의 성향을 잘 보여준다.

도록 독려했고, 일상성의 프로그램을 제공해 독특한 구별짓기의 인지적 알고리즘을 내면화하도록 만들었다."[35] 박해천은 이를 설명하기 위한 이론적 틀로 철학자 조르조 아감벤(Giorgio Agamben)의 '장치(dispositif)' 개념을 끌어와서 "장치로서의 아파트"에 주목한다.

아감벤은 「장치란 무엇인가?」라는 에세이에서 "생명체들의 몸짓, 행동, 의견, 담론을 포획, 지도, 규정, 차단, 주조, 제어, 보장하는 능력을 지닌 모든 것"[36]이 바로 '장치'이며, 장치는 항상 특정한 주체화 과정을 내포한다고 보았다. 그리고 이러한 장치들의 무한한 증가와 그에 따른 주체화 과정의 무한한 증식, 즉 "장치들의 거대한 축적과 증식"에서 현대 자본주의 사회의 특징을 찾았다. 아감벤의 논의에서 중요한 점은 이 모든 장치의 근원에 '인간적인 존재'에 대한 욕망이 존재하고 있다는 사실이며, 그 욕망을 포획하여 주체화하는 것이 장치가 지닌 잠재력이라는 것이다. 이를 "장치로서의 한국의 아파트"라는 박해천의 명제와 연결해보면 한국의 근대화 과정에서 아파트라는 '장치'의 주체화 기제를 이해할 수 있다. 박해천에 따르면 지금까지 제시된 아파트에 대한 많은 비판처럼 사람들의 욕망이 일방적으로 아파트에 투영되어 아파트 숲으로 뒤덮인 지금의 도시경관을 만들어낸 것이 아니다. 거꾸로 어느 시점에서부터 아파트가 거주자들로 하여금 특정한 일상의 논리를 체화하도록 했고, 그 결과 1970년대 말 이후 한국 사회에 새로 등장한 '신(新)중산층'의 정체성을 생산해내는 데 적지 않은 기여를 했다는 것이다.

여기서 '장치'로서의 아파트라는 역할에 관한 논의를 단순히

'권력에 의한 인간의 수동적 주체화'로 받아들여 비판하는 것은 그다지 생산적이지 못한 접근이다. 실제 한국에서 아파트는 많은 사람들이 선망하는 주거양식으로 자리 잡았고, 이것은 어떠한 물리적·법적 강제력에 의한 것도 아닌, '자유로운' 선택에 의한 것임은 분명하다. 그런데 장치로서의 아파트와 관련하여 이 '자유'를 이해하려면 앞서 언급한, 장치가 지닌 역할의 기저에 위치한 '인간적인' 욕망에 주목할 필요가 있다. 아감벤에 따르면 인간이 지닌 욕망을 포획하고 가공하여 권력의 목표에 맞게 제공하는 것이 바로 장치에 의한 주체화의 핵심이다. 즉 아파트라는 장치가 아파트 거주민들을 대상으로 한 주체화에 성공했다는 것은 그만큼 한국에서 아파트가 사람들의 욕망을 효과적으로 포획했다는 의미다. 다시 말해 서구식 생활방식에 대한 욕망, 이를테면 현대식 부엌, 핵가족 생활에 적합한 공간 배치, 이웃의 시선으로부터 상대적으로 자유로운 도시 생활에 대한 갈망 등 산업화 이전의 전통적인 생활방식으로부터 구별되는 여러 욕망을 충족시켜주는 매개물로 아파트만큼 효율적인 존재가 없었다는 것이다.

　이런 관점은 한국 사회에서 아파트라는 존재가 갖는 '특별한' 지위와 관련하여 주로 정책적 혹은 경제적 측면에서 접근해온 지금까지의 방식과는 다른 분석을 가능케 한다. 이와 관련하여 한국의 아파트 문제에 관한 박해천의 논의를 첨언하면, 아파트를 둘러싼 상품화의 논리를 제도적으로 교정(이를테면 소유 중심에서 거주 중심으로의 주택정책 전환, 부동산 관련 세제 정비, 임대주택 공급 확대 등과 같은)하자는 민음, 즉 단순히 '나쁜' 아파트의 자리를 '착한' 아파트로 대신하자는 아파트 비판자들의 논리만으로는 해결책이 나올 수 없다.[37] 무엇보다 아파트와 관련한 각종 문제들을 이해하려면 아파트 고유의 공간 논리가 그 거주자들과 맺고 있는 일련의 관계를 파악하는 데에서 출발해야 한다. 한국의 근대화가 낳은 독특한 '한국적 산물'로서 아파트 단지는 대다수 한국인의 욕망이 투영된 결과물인 동시에, 현대 사회를 살아가는 한국인의 의식과 생활 전반의 구성에 관여하는 매개물이기도 하다. 바로 그 양방향의 과정을 파악함으로써 지금 이 시점에서 아파트 단지가 한국 사회에서 차지하는 위치와 의미를 더 정확히 이해할 수 있다. 그런데 본격적으로 이 작업에 들어가기에 앞서, 지금까지 논의한 아파트의 국내 도입과 아파트 단지의 확산 이후의 변화 양상을 더 살펴봐야 한다. 2000년대 이후 아파트 단지가 추가로 이루어낸 '도약'은 '브랜드 아파트'라는 또 다른 층위에 대한 설명을 요구하기 때문이다.

브랜드 아파트 시대

1990년대 초 주택 200만 호 건설계획 실행기를 거치며 자리 잡은 주택 대량생산 체제는 그 뒤로도 한동안 지속되어 60만 호 수준의 연간 주택 건설량이 유지되는 결과로 이어졌다.[38] 그런데 이 시기 건설된 아파트는 주로 고가의 중·대형 아파트들이었으나 그에 걸맞은 구매력을 갖춘 수요층의 증가는 공급량에 미치지 못했다. 이 때문에 결국 1990년대 중반에 이르러서는 수도권 각지에 미분양 아파트가 속출하게 되었다. 그러던 와중인 1997년 말, 한국 사회 전반을 강타한 외환위기의 발발은 미분양 사태로 고전하던 대다수 건설업체들을 더 큰 위기로 내몰았다. 한국 경제가 엄청난 침체의 늪에 빠진 상황에서 건설경기 활성화를 위해 정부가 내놓은 몇 가지 정책들, 특히 주상복합건물 관련 규제 완화와 아파트 분양가 상한제 폐지는 한국의 아파트 변천사에 커다란 변화를 야기했다.

우선 정부는 주상복합건물의 주거면적 비율을 최대 70퍼센트에서 90퍼센트로 상향 조정(1998년 6월)하고, 상업용지 내 공동주택의 일조권 기준을 폐지(1999년 2월)하면서 도심 각지에 초대형·초고층의 주상복합아파트가 건설되는 길을 열었다.[39] 본래 '주상복합건물'이란 "단일기능의 건축물이 가지는 문제점을 해결하기 위해 주거기능을 중심으로 업무, 상업, 위락, 쇼핑, 문화 등의 다양한 활동이 가능하도록 복합된 건축형식"[40]으로, 한국 사회에서 주거양식으로 선호되는 건물 형태는 아니었다. 하지만 1990년대 말에 이르러 앞서 언급한 규제 완화 정책들의 도움을 받아 대기업 건설사들이 차별화 전략을 구사하면서 최고급 주거형태로 재탄생한 것이다. 대우건설이 여의도에 건설한 41층 높이의 트럼프월드(1999)를 시작으로, 삼성물산의 타워팰리스(2002), 현대건설의 하이페리온(2003) 등 2000년대 초반에 지어진 초고층 주상복합아파트들은 각종 첨단 설비와 다양한 부대시설, 차별화된 입주자 관리를 도입하면서 편리함에 고급화

이미지를 더했다.[41]

　초고층 주상복합아파트의 성공은 아파트의 '고급화' 경향을 본격적으로 가속화했다는 점에서 다른 아파트들에도 영향을 주었다. 안전 시스템이라는 미명하에 초고층 주상복합아파트에 도입되어 주거지의 폐쇄성을 강화한 전자 보안 장치들은 이후 일반 아파트 단지에도 보편적으로 설치되었으며, 초고층 거주가 주는 기존의 불안감 역시 마케팅 과정에서 조망권과 특권의식의 강조를 통해 희석되면서 고층 아파트에 대한 인식을 전환할 수 있었다. 또 초고층 주상복합아파트는 2000년대 초중반 각 건설사들의 아파트 브랜드가 우후죽순처럼 생겨나기에 앞서 '타워팰리스'처럼 고유한 브랜드에 부여된 특권적 상징성을 구현하는 데 성공했다. 이에 힘입어 다른 일반 아파트에도 브랜드가 도입되기 시작하면서 결국 초고층 주상복합아파트는 이후 본격적인 '브랜드 아파트' 시대를 여는 시초가 되었다.•

●미국 트럼프그룹에서 상표권을 구입해 이름을 붙인 '트럼프월드'를 예외로 친다면, 국내 아파트 가운데 처음 브랜드를 사용한 예는 초고층 주상복합아파트가 아니라 1999년 롯데건설이 서초동에 분양한 '롯데캐슬 84'와 삼성중공업이 구의동에 분양한 '쉐르빌'이었다. 하지만 본격적으로 한국에서 브랜드 아파트 시대를 연 것은 2002년을 전후한 시기에 TV 광고 공세를 통해 인지도를 쌓은 삼성물산의 '래미안'과 GS건설(당시는 LG건설)의 '자이'가 가진 사회적 파급력이었다고 봐야 할 것이다. 그리고 여기에는 대표적인 초고층 주상복합아파트인 '타워팰리스'가 선취한 특권적 상징과 관련한 일종의 학습효과(특정 주거단지에 부여된 차별적 요소를 하나의 특정 브랜드로 표상해내는)가 작용했다는 사실을 무시할 수 없다.

특히 아파트의 '브랜드화(化)'는 외환위기 이후 2000년을 전후해 한국의 아파트가 정치·사회·경제·문화적 맥락에서 겪은 다양한 변화를 무엇보다 잘 드러내는 현상이라 할 수 있다. 사실 1960~70년대에는 아파트 자체가 드물었기에 단순히 지역명(마포아파트, 종암아파트 등)을 앞에 붙이는 것만으로도 식별하는 데 문제가 없었다. 이후 민간 건설사들의 아파트 건설이 확대된 1970년대 중반 이후에는 시공사명(대우아파트, 쌍용아파트 등)이 활용되었고, 여기에 지역명을 함께 부르는 정도(압구정 현대아파트 등)가 아파트 이름의 전부였다. 그러던 아파트 이름에 각 건설사별 고유의 브랜드가 붙기 시작한 것은 1998년 분양가 자율화로 기존의 아파트 시장이 완전경쟁 체제로 전환되면서부터였다. 분양가 상한제는 1977년 부동산 투기 규제를 목표로 도입된 이후 1981년 한시적으로 폐지되었을 뿐, 20년 넘게 유지되면서 한국 주택시장의 특징을 만들어왔다. 그런데 분양가 상한제의 폐지는 건설사들이 판매가를 자유로이 책정할 수 있게 함으로써 건설업체들 간의 치열한 생존경쟁을 촉발하는 결과를 낳았다. 특히 각 건설사들은 고유의 브랜드를 도입해 마케팅 차원에서의 고급화·차별화 전략에 주력했다. 아파트 시장에 참여하는 거의 대부분의 건설업체들은 거액의 브랜드 개발비와 광고비를 책정하고 톱스타들을 동원해 TV와 신문지상에서 치열한 광고전을 펼쳤다.

총 64개 건설사들의 브랜드를 정리해 소개한 책『대한민국 아파트 브랜드 전쟁』(2007)에서 흥미로운 사실을 확인할 수 있다. 2000년대를 통틀어 국내 연예계에서 제법 인지도를 쌓았다 싶은 인물이라면 연령대가 어린 연예인을 제외하고는 거의 대부분 아파트 광고모델을 거쳤다는 사실이다. 단일 품목(아파트)의 광고로서는 가장 짧은 시기 동안 가장 많은 수의 광고모델이 동원되지 않았나 싶을 정도였다. '아파트 광고' 하면 쉽게 떠오르는 톱스타 모델(이영애, 김남주 등)을 비롯해 일일이 언급할 수 없을 정도로 많은 영화배우와 탤런트, 그리고 영화감독(임권택), 록스타(윤도현)에 이르기까지 그 범위도 다양했다. 또 각각의 브랜드 이름 역시 차별화와 고급 이미지를 강조하기 위해 난해한 한글 음차와 온갖 외래어 조합으로 만들어져 작명자의 설명 없이는 그 의미를 파악하기 어려울 정도였다.● 이처럼 주택이라는 상품의 실재적 가치를 넘어 '상징적 이미지와 기호의 논리'[42]를 바탕으로 탄생한 수많은 아파트 브랜드들은 광고를 통해 소비자들의 '명품'에 대한 선망 심리를 자극하고, 한국 사회에서 아파트가 지닌 기존의 사회적 구별짓기 기제를 더욱 강화해갔다.

이처럼 정부의 개입이 상대적으로 축소되고 아파트 시장이 민간 주도의 자율시장으로 변화하면서 2000년대 초·중반 아파트 가

● 'e-편한세상'(대림건설)이나 '푸르지오'(대우건설)처럼 의미를 어느 정도 파악할 수 있는 브랜드도 있는 반면, '래미안'(삼성물산)이나 '자이'(GS건설), '위브'(두산건설)처럼 대부분의 아파트 브랜드는 보는 것만으로는 뜻을 파악하기 어렵다. 참고로 '래미안'은 미래(來), 환경(美), 사람(安)을 뜻하는 각각의 한자를 합쳐 외래어 느낌을 낸 이름이며, '자이(Xi)'는 eXtra Intelligent(특별한 지성)의 약자이고, 'We've'를 발음대로 적은 '위브'에서 '-ve'는 Live, Have, Save, Solve의 끝음절이자 ValuE의 처음과 끝 글자를 딴 것이라 한다(고영환 외 2007; 채완 2004: 242 참조).

격은 천정부지로 치솟았다. '명품 느낌'을 주는 난해한 이름의 브랜드를 도입한 건설사들은 그에 걸맞게 고급 실내 마감재와 첨단 설비를 도입하여 아파트라는 상품의 고급화를 추구했는데, 그 비용은 결국 소비자에게 전가되어 분양가가 갑자기 상승하는 결과를 가져온 것이다.[43] 표 2-3에서 확인할 수 있다시피 2000년에서 2005년까지 불과 5년 사이에 아파트 가격은 두 배 내외로 뛰어올랐으며, 그 상승폭은 특히 강남권에서 더욱 컸다. 이 표에서 주목할 만한 내용은 5대 브랜드 아파트(래미안, e-편한세상, 아이파크, 자이, 푸르지오)와 기타 아파트 사이의 가격 차이다. 강남권의 경우 2000년 평균 평당 134만 원이던 가격 차이가 5년 뒤에는 289만 원으로 두 배 이상으로 벌어졌으며, 비강남권의 경우 가격차가 8만 원에서 257만 원으로 무려 30배 이상 벌어졌음을 알 수 있다. 이 기간 동안 아파트 가격 자체가 크게 오르기도 했지만, 일부 대형 건설사들의 브랜드 아파트로 쏠리는 현상이 더욱 심해졌던 것이다.

상황이 이렇다 보니 같은 대기업 건설사가 지은 아파트 단지라 하더라도 브랜드 도입 이전에 건설되어 브랜드가 없던 단지들 사이에 개명 열풍이 불었다.[44] 그리고 재건축 시공사를 선정하는 과정에서는 입찰한 건설사의 브랜드 파워가 결정적 요인으로 작용하기도 하는 등 아파트 시장은 바야흐로 본격적인 '브랜드 아파트 시대'에 접어들게 되었다. 1960년대 도입 초기부터 사회적 구별짓기의 기제로 활용되어 온 한국의 아파트는 이제 브랜드라는 새 이름을 달고 고급·첨단 설비로 무장한 채 그 역할을 이어가게 된 것이다.

	아파트	2001년 1월	2005년 7월	상승률
강남권	5대 브랜드 아파트	1,147	2,845	148%
	기타 아파트	1,013	2,550	152%
	가격 차이	134	289	216%
비강남권	5대 브랜드 아파트	543	1,182	118%
	기타 아파트	535	924	73%
	가격 차이	8	257	**3,213%**

표 2-3. 브랜드 아파트 평당 가격 변화(단위: 만 원)
(출처: 2005년 부동산뱅크 9월 21일 보도자료(이보라·박승국 2012: 2에서 재인용))

성일 노블하이츠의 경관

특히 2000년대 이후 국내 아파트의 고급화와 관련하여 주목할 만한 변화는 브랜드 아파트 단지의 게이티드 커뮤니티화 현상이다. 타워 팰리스로 대표되는 초고층 주상복합아파트가 본격적인 브랜드 아파트 시대를 여는 시초가 된 것처럼, 초고층 주상복합아파트의 장점으로 부각된 외부로부터 차단된 공간 배치와 단지 내 커뮤니티 활성화를 위한 부대시설들은 2000년대 지어진 브랜드 아파트 단지들에도 대부분 적용되었다. 외부 차량과 외부인의 진입 차단을 위한 전자 출입 시스템이 도입되어 일반화되었으며, 이는 주변 도시공간으로부터 단절된 측면이 강했던 아파트 단지들의 배타적 폐쇄성을 더욱 강화했다. 또 단지 구석구석마다 CCTV가 설치되어 24시간 동안 단지 내부를 감시하게 되었고, 필요한 경우 신속히 관리상황실과 연결할 수 있는 전자 경비 시스템도 구축되었다. 이렇듯 빗장지르기(gating)의 측면에서 볼 때, 주거단지의 폐쇄성은 초고층 주상복합건물에만 국한되지 않고 한국 사회의 가장 일반적인 주거양식인 아파트 단지로 확대되어왔다. 김석경[45]의 지적대로, '인텔리전트 아파트'라는 단어의 보급과 더불어 도입된 각종 보안 장치들은 어느새 한국 사회 전반에 게이티드 커뮤니티의 보급을 촉진해온 것이다.

아파트 단지의 역사를 간략히 돌아본 이번 장의 내용을 마무리하는 차원에서, 이제 이 책의 주 무대인 성일 노블하이츠의 물리적 특징과 입주민 활동을 개관하여 최근 브랜드 아파트 단지에서 관찰되는 게이티드 커뮤니티화의 구체적인 양상을 살펴보고자 한다. 1장에서 밝혔듯이 2007년 완공된 성일 노블하이츠는 수도권 소재 도시인 연주시 성일동에 위치해 있던 성일주공아파트를 재건축해 지어진 단지다. '노블하이츠'는 대한건설협회가 매년 발표하는 국내 건설사 시공능력 평가 순위에서 최상위권에 위치해온 스타건설이 2000년대에 론칭한 브랜드이며, 다른 유명 건설사 브랜드와 마찬가지로 톱스타 모델을 활용한 적극적인 광고 전략으로 인지도를 높여왔다.

성일 노블하이츠가 위치한 성일동은 연주시 전체를 통틀어 입

차단기와 경비초소가 설치된 어느 아파트 단지의 지하주차장 출입구. 2000년대 이후 한국 브랜드 아파트 단지의 일반화된 풍경이다.

지가 가장 좋은 곳에 해당한다. 도보로 갈 수 있는 거리에 시청과 시립도서관, 예술회관 등 주요 공공시설이 위치해 있고, 백화점과 대형마트 등 쇼핑시설과 근린공원, 멀티플렉스 극장, 종합버스터미널, 금융기관, 대형병원 등 각종 편의시설도 단지 주변에 밀집해 있어 이른바 '연주의 강남'으로 불리기도 한다. 교통 면에서도 서울로 향하는 지하철역이 가깝고 주요 고속도로에 쉽게 진입할 수 있어서 자가용이나 광역 시외버스를 타고 서울로 편리하게 오갈 수 있다. 이처럼 브랜드 아파트 단지가 도시 중심부의 가장 '노른자위 땅'에 들어서는 경향은 연주시뿐만 아니라 한국의 많은 도시에서 관찰되는 사실이다. 이는 도심 개발 과정에서 행정, 소비, 교통, 주거, 교육 등과 관련한 자원이 특정 지역에 편중되어온 한국의 도시화가 낳은 결과이며, 한국 사회의 전형적인 '중심에 대한 욕망'을 반영하는 현상이기도 하다.

좋은 입지에 더해, 게이티드 커뮤니티로서 브랜드 아파트 단지가 지닌 특징은 무엇보다도 주변 지역으로부터 시각적으로 차별화된 영역성의 확보라 할 수 있다. 다른 많은 브랜드 아파트 단지들처럼 성일 노블하이츠도 단지 외곽에서 바라보았을 때 이 점이 극명하게 드러난다. 최저 15층, 최고 35층의 약 60개 동으로 구성된 초고층 대단지인 성일 노블하이츠는 높이와 넓이에서 주위를 압도하는 경관을 과시한다. 또 대로에 인접한 단지 외곽에는 약 10미터 높이의 방음벽이 단지를 둘러싸고 있어서 가시적·상징적 장벽 역할을 수행한다.● 그리고 단지로 들어오는 차량 출입구마다 게이트를 설치하여 외부 차량의 출입을 제어하고 있다.

브랜드명이 표기된 화려한 장식의 정문을 지나 단지 내부로 들

● 많은 국내 아파트 단지들, 특히 2000년대 이후 지어진 브랜드 아파트 단지들은 일반적으로 도로와 인접한 단지 외곽에 높은 방음벽을 설치하는 경우가 많다. 일차적으로는 소음 차단이라는 기능적 목적을 위해 설치되지만, 그 높이와 규모가 주는 위압감은 아파트 단지를 주위로부터 물리적·심리적으로 차단하는 효과를 지니기에 충분하다. 이와 관련하여 이경훈은 국내 아파트 단지의 방음벽을 도시에서 타인과 스스럼없이 지내는 생활에 대한 막연한 두려움에 기인한, 자발적 게토의 징표로 해석한다. 소음뿐 아니라 사람과 풍경을 모두 막아서는 거대한 방음벽은 도시의 혜택을 누리면서도 사적인 공간만은 자연의 고요함을 간직하길 바라는, 이기적이며 모순적인 '한국형 쾌적함'의 표상이라는 것이다(이경훈 2011: 96).

어서면 외부로부터 완전히 격리된 듯한 인상을 주는 경관이 펼쳐진다. 게이트를 통과한 차량은 지하로 이어진 차도를 따라 단지 전체의 지하 1층과 2층에 걸쳐 건설된 주차장으로 진입하게 되는 반면, 도보로 단지에 들어선 사람들은 마치 공원처럼 조성된 지상의 조경공간을 거닐게 된다. 거대한 아파트 건물 사이로 강원도 등지에서 옮겨 심은 고급 수목이 어우러져 있고, 각지에 산책로와 분수대, 인공 실개천 등이 조성된 지상공간은 방음벽 바깥에서 보는 것과는 완전히 다른 인상을 제공한다. 밖에서 볼 때는 단지가 방대해도 엄청난 수의 고층 건물들 탓에 답답해 보이지만, 안으로 들어서면 아늑하기까지 한 느낌을 받는다.[•] 조경 덕분에 단지 내부의 미관을 살리면서 주민들의 보행 편의도 향상되었는데, 실제로 단지를 거닐다 보면 자동차와 오토바이 걱정 없이 공놀이를 즐기는 아이들과 산책 나온 주민들을 쉽게 볼 수 있다.

단지와 바로 인접한 곳에는 초등학교와 중학교가 하나씩 위치해 있으며, 단지 중심부에는 유치원과 피트니스센터, 도서관, 에어로

[•] 성일 노블하이츠는 건폐율 약 20퍼센트, 용적률 약 350퍼센트로, 비교적 낮은 건폐율(대지면적에 대한 건축면적의 비율)에 비해 용적률(대지면적에 대한 건축물의 바닥면적을 모두 합친 면적의 비율)은 매우 높은 편이다. 이런 경향은 근래 지어진 브랜드 아파트 단지들의 전형적인 특징으로, 단지 내에서 녹지와 외부공간을 많이 확보할 수 있다는 장점 때문에 나날이 선호되고 있다(전남일 2010: 294~295 참조). 실제 주민들의 이야기를 들어보면 처음 단지를 찾는 방문자 대부분이 "밖에서 보는 것보다 훨씬 넓고 아늑하다."는 반응을 보인다고 한다.

빅실, 골프연습장, 입주자회의실, 부녀회실, 탁구장 등을 자체적으로 갖춘 '커뮤니티센터'가 자리 잡고 있다. 노블하이츠를 위시한 최근의 브랜드 아파트들은 공통적으로 단지 중심부에 '커뮤니티센터'라 이름 붙인 별도의 건물을 만들어 법으로 설치가 의무화된 각종 시설을 배치하고 있다. 이는 과거와 달리 아파트 건축 과정에서 입주민들의 커뮤니티, 즉 '공동체' 구현을 위한 공간 배치에 주안점을 두는 최근의 경향과 무관하지 않다.

한편 이러한 편의시설을 바탕으로 주민들이 직접 조직한 골프 동호회, 헬스동호회, 볼링클럽, 축구클럽, 탁구클럽, 등산동호회, 노래교실 등 여러 친목모임이 활동 중이다. 오프라인 공간뿐 아니라 온라인상에도 입주민들을 위한 공간이 마련되어 있으며, 이미 입주 전부터 대형 포털사이트에 입주민만 가입할 수 있는 온라인 카페가 만들어져 각종 정보를 교류하는 장으로 활용되어왔다. 입주민만을 위한 온라인 커뮤니티도 대부분의 브랜드 아파트들이 갖추고 있는데, 입주 이전 공사가 진행되는 단계에서부터 만들어지는 온라인 커뮤니티는 주로 아파트 시세 정보를 공유하고 단지 내 각종 현황에 대해 주민들이 의견을 표하는 공간으로 활용된다.

단지 전반의 관리는 각 분야별 외주업체들이 맡고 있으며, 업체와의 계약은 2년에 한 번씩 주민 투표로 구성되는 입주자대표회의를 통해 체결된다. 특히 경비업체는 단지 외곽 담장에 해당 업체의 로고를 부착해 전문 보안업체가 이 단지의 경비 일체를 맡고 있음을 알리고, 각 게이트와 요소마다 설치된 통합관제실 초소를 관리하는 역할을 맡는다. 또 단지 내부와 외곽에는 1000여 대에 달하는 CCTV가 설치되어 구석구석을 감시하고 있다. 단지 중심부 커뮤니티센터 지하 1층에 위치한 '생활문화지원실'에는 경비업체와 다른 관리업체 직원들이 근무하면서 과거 아파트 단지의 '관리사무소'에서 행하던 각종 관리 업무를 담당하고 있다.

전체적으로 성일 노블하이츠는 겉으로 보기에 대단히 평온한 공간이다. 단지 내부에 들어서는 사람들은 게이트와 담장 바깥의 온갖 소음으로부터 차단된 고요함이 단지를 가득 메우고 있음을 인지하게 된다. 물론 출퇴근 시간대에는 인파의 움직임이 활발하고, 저녁 8~9시 즈음에는 단지 전체에 조성된 보행로를 따라 트레이닝복 차림으로 걷고 있는 주민들을 흔히 볼 수 있지만, 기본적으로 아파트 단지가 시끄러울 일은 거의 없다. 단지 내부가 고요한 것은 무엇보다 지상공간에서 차량 소리를 들을 일이 매우 드물기 때문이다. 간혹 이삿짐 차량이나 쓰레기 수거 차량이 도보 통행로로 조성된 지상 데크 위로 올라올 때에나 자동차 소리가 들릴 뿐, 단지 내 소음은 놀이터에서 노는 아이들의 소리가 전부다. 사람들은 각기 제 갈 길을 갈 뿐이며 전자장치가 자동으로 열어주는 차량 출입구와 주동 출입구를 지나 각자의 집으로 발걸음을 재촉한다. 한국의 도시에 위치한 브랜드 아파트 단지라면 어디든 비슷하게 볼 수 있는 풍경이다.

하지만 이런 묘사는 단순히 겉으로 보이는 단지의 모습에 관한 것일 뿐이다. 성일 노블하이츠의 속사정은 또 다른 층위의 서술을 필요로 한다. 과거 같은 자리에 있었던 성일주공아파트에서 지금의 성일 노블하이츠에 이르기까지는 재건축이라는 격변의 과정이 있었고, 이 과정은 그 이전과 이후로 확연히 구분되는 장소성의 단절을 불러왔다. 이 책이 다루는 본격적인 이야기는 바로 이 지점에서 출발한다.

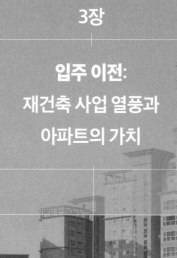

3장

입주 이전:
재건축 사업 열풍과
아파트의 가치

다양한 욕망의 경합과 충돌

일련의 역사적 과정을 통해 한국의 대도시들은 불과 수십 년 사이에 아파트 단지로 뒤덮이는 변화를 겪게 되었다. 특히 2000년대 들어서는 과거 1970~80년대 지어졌던 아파트 단지의 상당수가 재건축을 거쳐 새로 도입된 브랜드 아파트로 탈바꿈했다. 그런데 신규 건설과 달리 재건축은 사업 방식에 따라 정부 혹은 자본이 일방적으로 주도하는 게 아니라 입주예정자들이 적극적으로 개입해 진행된다. 아파트 재건축에서는 사업 시행 주체가 정부나 건설사가 아니라 입주예정자들로 이루어진 '조합'이라는 조직이기에 전문가가 아닌 일반인의 개입이 상대적으로 자유롭기 때문이다. 그렇다 보니 재건축 과정은 여기에 개입하는 다양한 행위자들 간의 욕망이 경합하고 충돌하는 갈등의 장이 된다. 게다가 그 과정에서 완전히 청산되지 않은 욕망의 잔존물들은 재건축이 완료된 이후에도 남아 거주자들의 삶에 지속적인 영향을 끼치기도 한다.

지금부터 성일 노블하이츠의 전신인 성일주공아파트 재건축 과정을 통해 아파트 재건축에 관여하는 행위자들, 특히 입주예정자들의 욕망과 갈등이 드러나고 해소되는 방식을 살펴보려 한다. 성일주공아파트 재건축은 조합과 건설사, 그리고 입주예정자들 사이의 엇박자로 순탄하지만은 않은 과정을 겪으며 진행됐다. 내 집 마련의 꿈, 재산증식의 기회 모색 같은 이유로 재건축 아파트를 분양받은 사람들은 큰돈을 투자한 아파트가 부동산 시장에서 제대로 평가받을 수 있도록 건설 중인 단지의 경제적 가치를 높이기 위한 실천에 나섰다. 그들은 아파트 단지를 구성하는 각종 공간 요소들을 뜻대로 배치하고자 목소리를 높이고 집단행동에 나서기도 했다. 이 움직임들을 상세히 살피려면, 우선 그 배경이 된 2000년대 초 아파트 시장의 분위기를 먼저 파악해야 한다.

2000년대 초 아파트 시장과 재건축 열풍

[1. 급락과 급등]

1997년 말 IMF 외환위기 이후 원화 가치 폭락과 실업률 증가, 고금리 등 악화 일로로 치달은 국가 전반의 경제 여건은 주택시장에도 큰 영향을 미쳤다. 경기가 얼어붙으면서 주택 수요가 급감하고 주택 가격도 급락했으며 결국 IMF 경제위기 첫 해인 1998년 말, 전국 아파트 가격의 바로미터라 할 서울 지역 아파트 가격이 전년 고점 대비 20퍼센트 가까이 하락하기에 이르렀다(그림 3-1 참조). 지속적인 상승 추세에 있던 아파트 가격이 이 정도로 하락한 것은 1960년대 이후 이때가 처음이었다. 그리고 이는 무엇보다도 한국의 산업화 과정에서 가장 확실한 재산증식 수단으로 위치해온 이른바 '부동산 불패 신화'의 종식을 뜻하는 것처럼 보였다. 적어도 1999년 전후의 시점에서는 그렇게 보이는 것이 당연했다.

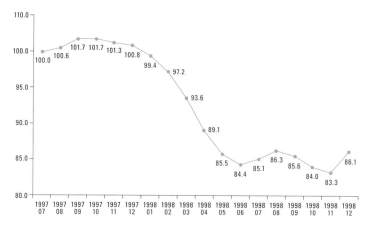

그림 3-1. 서울 지역 아파트 가격지수(1997년 7월~1998년 12월, 기준: 1997년 7월 = 100.0)
(출처: 국민은행 주택 가격지수를 바탕으로 구성.)

이런 상황에서 1998년 정권 교체를 통해 새로 들어선 김대중 정부는 경기를 살리기 위해 전방위적인 부동산 시장 활성화 정책을 추진했다. 그 결과 분양가 자율화와 분양권 전매(轉賣) 허용, 소형 평수 의무 비율 완화, 취·등록세와 양도세 완화, 대출이자에 대한 소득세 감면 등 각종 부동산 관련 규제들이 완화 혹은 폐지됐다. 특히 그동안 음성적으로 거래돼온 분양권 전매의 전면적인 허용은 유동성과 환금성 확보가 용이한 분양권을 합법적인 재테크 수단으로 부상시켜 주택시장의 분위기를 되살리는 데 크게 일조했다. 또 1999년을 전후한 시기부터 저금리 기조가 유지되면서 은행권을 벗어난 시중 자금이 주택시장으로 유입되기 시작했고, 여기에 건설경기 침체로 초래된 주택공급 부족 상태가 맞물리며 아파트 가격은 상승세로 전환되기에 이르렀다.

결국 2000년 하반기 들어 경제가 외환위기 이전 수준으로 어느 정도 회복되었고, 2001년 하반기부터는 부동산 시장이 급속히 과열되기 시작했다. 서울의 평당 아파트 분양가는 2001년 초 693만 원에서 2001년 말 765만 원으로 올랐고, 평당 분양권 시세 역시 734만 원에서 827만 원으로 상승했다.[1] 2002년 1월부터는 불과 3개월 만에 평당 가격이 105만 원이나 오르는 등 아파트 가격은 다시 급등세로 돌아섰다. 게다가 외환위기 극복 과정에서 가계 부문에 대한 은행권의 대출 규제가 풀려 주택담보대출을 통한 자금 유입이 큰 폭으로 확대되면서 아파트 시장의 분위기는 더욱 과열 양상을 보였다.

이런 상황에서 2003년 들어선 노무현 정부는 5년의 재임 기간 동안 모두 합해 서른 차례 이상 부동산 관련 대책을 내놓으며 과열된 주택시장을 잡고자 노력했다. 분양권 전매 제한과 재건축 규제 완화 등을 골자로 한 5·23 대책(2003년)을 필두로, 종합부동산세 도입(2005년 시행)과 다주택 보유자에 대한 양도소득세 강화, 투기과열지구 확대, 주택담보대출 축소 등의 내용이 담긴 10·29 대책(2003년)의 발표 및 시행은 2003년 하반기부터 2004년에 걸쳐 한동안 주택시장을 안정시키는 데 성공했다. 그러나 잠시 주춤했던 아파트 가격은 2005년 들어 수도권 중·대형 아파트를 중심으로 다시 급등하기 시작했다. 이에 '부동산 투기와의 전쟁'을 선포한 노무현 정부는 다시 8·31 대책(2005년)이라 이름 붙인 부동산 종합대책을 통해 부동산 실거래가 신고의무제와 다주택자 양도세 강화, 분양가 상한제 확대 실시 등의 정책을 내놓았고, 이어 재건축 개발이익의 환수를 위한 3·30 대책(2006년)을 발표하며 시장에 대응했다. 하지만 같은 기간 내내 아파트 가격은 발표된 각종 대책에 맞추어 단기적인 안정세만을 보였을 뿐, 정부의 정책을 비웃기라도 하듯 곧바로 급등세로 돌아서는 양상을 되풀이했다.

오히려 정부가 추진한 강력한 규제 정책들은 별다른 효과 없이 상대적으로 부동산 가격을 더 올려놓는 결과를 낳았다. 권문찬의 지적대로,[2] 노무현 정부는 아파트 가격 급등의 원인을 악의적인 투기세력의 개입에서 찾고 개발이익 환수 강화나 보유세 부담의 증가 등 주택 구입자들의 수익을 낮추기 위한 수요 억제 정책을 많이 사용했다. 하지만 이런 대책들은 2000년대 초 주택시장의 급등을 야기한 복합적인 원인들(저금리 기조의 불가피한 지속, 소득 양극화 심화, 중·대형 아파트에 대한 베이비붐 세대의 구매력 및 수요 증가 등)을 제대로 파악하지 못한 채, 대부분 '강남 대 비(非)강남' 혹은 '소수의 부자 대 다수의 서민' 등 단순한 이분법적 구도에 기대고 있었다. 또 행정복합도시 및 기업도시 건설 등 지방 균형발전을 천명하며 추진한 개발 정책들은 지방의 지가 상승을 야기하는 한편, 임동근의 지적대로 "강남대체지라고 하여 발표한 여러 신도시들 역시 강남의 외곽을 더욱 확대시켜 강남의 중심성만 강화하는 등"[3] 노무현 정부의 주택정책은 모순적이고 혼란스러웠던 것이 사실이다.

결국 2007년 들어 서울 지역 아파트 가격이 외환위기 이전에 비해 무려 2.5배 가까이 급등하면서(그림 3-2 참조), 2000년대 초·중반의

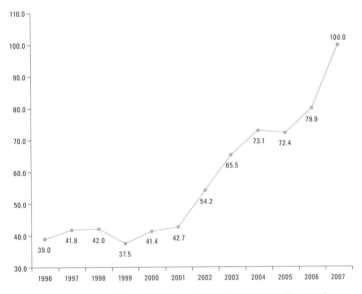

그림 3-2. 서울 지역 아파트 가격지수(1996~2007년, 기준: 2007년 1월 = 100.0)
(출처: 국민은행 주택 가격지수를 바탕으로 구성.)

아파트 시장은 이전의 그 어느 시기와 비교해도 밀리지 않는 엄청난 상승세를 보였다. 그리고 이는 곧 대다수 한국인에게 '부동산 불패 신화'의 귀환으로 받아들여지기에 충분한 분위기를 낳았다. 게다가 금융시장 규제 완화로 주택담보대출이 용이해졌기 때문에, 조금 부담스러워도 대출을 받아 일단 아파트를 구매하는 것이 장기적으로 이득이 되리라는 생각이 팽배했다. 이 시기 아파트 가격 상승에 대한 기대감에 비추어보면 이런 판단은 당연했다.

IMF 외환위기로 인한 하락세를 딛고 2000년대 초반 아파트 가격이 큰 폭으로 오르게 된 배경의 중심에는 노후 아파트 재건축 열풍이 있었다. 앞서 살펴보았듯이 1970년대 이후 한국의 주택공급 정책은 아파트 위주로 진행됐으며, 이는 아파트 단지의 대량생산으로 이어졌다. 하지만 단기간에 많은 건물을 짓다 보니 각종 시설과 건물이 빠르게 노후화했고, 2000년 전후로 해서 건축 후 불과 20년 남짓 지난 다수의 아파트 단지들이 재건축 대상으로 판정받았다. 그런데 이때 재건축 가능 판정을 받은 아파트 단지들이 모두 재건축을 시급히 요할 정도로 노후화한 것은 아니었다. 그럼에도 불구하고 이 시기 수도권을 중심으로 아파트 시장의 중심에 재건축이 놓이게 된 데는 경기부양을 위한 규제완화 등 제도적 측면의 변화가 뒷받침하고 있었다.

1987년 주택건설촉진법에 재건축에 관한 조항이 도입되면서 처음 제도화된 재건축 사업은 도입 초기만 하더라도 엄격한 제한 규정에 근거해 실시됐다. 당시 도입된 주택건설촉진법 시행령 제4조 2항에 의하면, 준공 후 20년이 경과된 건물 가운데 유지관리비가 과다하게 소요되거나, 주거환경이 불량하여 재건축을 시행했을 때 소요 비용에 비해 현저한 효용 증가가 예상되거나, 구조적으로 안전사고의 우려가 있는 경우에 한해서만 재건축이 허용되었다. 하지만 엄격한 규정이 재건축 사업 자체를 제한한다는 비판에 밀려 1993년 3월에 개정된 주택건설촉진법은 건물이 준공된 지 20년이 경과하지 않았더라도 도시 미관을 저해하거나 구조적 결함 및 부실시공 등으로 인해 불가피한 경우에는 재건축이 가능하도록 대상 범위를 확대했다. 특히 개정된 법은 일반주거지역을 1~3종으로 나누면서 각각 200퍼센트, 300퍼센트, 400퍼센트까지 용적률을 허용했는데, 정작 종별 지정을 따로 하지 않는 바람에 결과적으로는 일반주거지역 전체의 용적률을 400퍼센트로 완화한 셈이 되었다. 이로 인해 결국 용적률 300퍼센트 이상의 고밀도 개발을 본격화하는 결과를 낳았던 것이다.[4]

그 뒤 몇 차례 규정 변화를 거친 재건축 규제는 IMF 경제위기 이후 건설경기 부양이라는 명목 아래 대폭 완화됐다. 소형주택(전용면적 18평 이하) 건설 의무비율 폐지와 양도소득세 완화, 용적률 관련 건축법 완화 등 각종 제도 변화가 이어졌고 재건축에 장애가 되는 규제들이 대거 사라지거나 크게 완화되었던 것이다. 따라서 낡고 오래됐지만 입지가 좋은 저밀도 아파트 단지들이 각광받으며 아파트 재건축 사업이 급증했다. 그 시작은 용적률이 100퍼센트 내외에 불과하던 서울 강남 지역의 저밀도 소형 아파트 단지들이었고, 점차 다른 중·대형 아파트들과 수도권 전체로 재건축 바람이 번지기 시작했다.

이런 재건축 열풍은 소형 평형대의 감소로 전셋값 폭등을 야기했을 뿐만 아니라,● 용적률 증가로 창출된 개발이익의 불평등한 배분,

---

● IMF 경제위기 직후인 1998년에 시행된 소형주택 건설 의무비율의 폐지는 재건축 사업이 대형 아파트 위주로 진행되도록 만들어 전셋값 폭등 같은 사회문제를 초래했다. 결

아직 충분히 거주 가능한 아파트 단지의 재건축으로 인한 주택 수명 단축[●] 같은 여러 문제를 낳았다. 그럼에도 불구하고 정부가 규제를 완화한 것은, 수도권 지역에 더 이상 택지로 개발 가능한 토지가 많이 남아 있지 않은 현실에서 재건축을 통한 건설경기 부양 기대가 그만큼 컸기 때문이었다. 실제로 2000년대 초 수도권 재건축 시장은 7조 원 규모로까지 확대되어 침체된 건설경기를 끌어올렸고, 신규 아파트 분양 시장에서도 재건축 아파트가 상당한 비중을 차지하기에 이르렀다. 당시 동시분양에 들어간 서울 지역 아파트 가운데 60퍼센트 이상이 재건축 아파트로 집계될 정도였다.[5]

하지만 아파트 재건축 열풍의 가장 큰 문제는 무엇보다도 2000년 이후 아파트 값이 다시, 아니 오히려 1990년대 이전보다 더욱 큰 폭으로 상승하는 데 주도적인 역할을 했다는 것이다. 앞서 살펴본 것처럼 2001년 이후 회복세를 되찾은 아파트 가격은 2003년 참여정부

국 정부와 정치권, 건설업계의 공방 끝에 2001년 12월 1일자로 이 제도는 재도입되었다 (최근희 2004: 155).

● 1990년대 이후의 재건축과 재개발 붐은 한국 주택의 평균 수명을 단축시키는 주요인으로 작용했다. 박철수의 지적에 따르면, 한국의 주택 수명은 14.8년으로 일본의 2분의 1, 독일의 4분의 1, 프랑스의 6분의 1, 미국의 7분의 1, 영국의 10분의 1에 불과했다(박철수 2006: 70). 여기서 문제는 단순히 주택 수명이 짧다는 사실 자체가 아니라 이런 결과가 용적률 증대로 인한 개발이익을 노린 일부 주민과 건설사의 사적 이익 추구에 기인한 것이며, 이것이 곧 주거 안정성 악화 등의 사회적 문제를 야기하는 주된 원인으로 작용한다는 점이다.

가 들어서면서 다시 치솟았다. 그 원인에는 시중의 자금 흐름을 재건축 아파트로 유도한 정부의 정책 실패와 함께, 지역주민의 표를 의식해 재건축 투기를 부채질한 지방자치단체들의 집단 이기주의가 있었다.[6] 일례로 2003년의 첫 번째 부동산 대책인 '5·23 주택가격 안정대책'에서 정부는 분양권 전매 금지 대상을 300가구 이상 주상복합아파트로까지 확대했는데,[●] 이 과정에서 재산권 침해 소지를 근거로 재건축 아파트의 분양권 전매는 계속 허용하겠다는 방침을 고수했다. 이처럼 재건축 아파트로 몰리는 시중 자금을 규제하기는커녕 오히려 유도하는 정책을 펼쳤던 것이다.

무엇보다 재건축 열풍이 아파트 가격 상승으로 이어질 수 있었던 이유는 재건축 사업 자체에 상당한 시세차익을 기대할 수 있는 가격 상승 기제가 존재하기 때문이었다. 늘어난 세대수와 평형만큼 아파트 단지 전체의 자산가치가 높아지게 되고, 거기서 오는 개발이익을 건설사와 재건축조합이 나누어 가질 수 있다는 것이다. 일단 아파트 재건축이 확정되면 기존 주민들은 재건축조합의 조합원 자격을 취득해서 수익을 얻을 수 있었기에 재건축 대상 아파트 단지들은 재건축 추진 소식만으로도 가격이 뛰어올랐다. 아래의 인용문은 당시 분위기를 적나라하게 보여준다.

● IMF 경제위기 극복 과정에서 정부는 부동산 경기를 살리기 위해 분양권 전매를 전면 허용(1999년 3월)했으나 점차 분양권 전매가 투기 수단으로 오용되면서 2002년 9월 '투기과열지구'로 지정된 지역에서의 분양권 전매를 금지한 바 있다.

며칠 전, 강남의 어느 아파트 앞을 지나가다가 참 이상한 풍경을 보았다. 번듯번듯한 강남 거리에 좀 덜 어울리는 허름한 그 아파트 단지 입구에는 이런 플래카드가 가을바람을 타고 화사하게 휘날리고 있었다.

"경축, ○○아파트, 안전진단 통과! 21세기형 주거공간, ○○○"

건설회사 이름을 붙인 경축 플래카드, 꽉 막힌 도로 위, 버스 창에 턱을 괴고 무심하게 쳐다보다 보니 문득 이상한 것이 있었다.

'안전진단을 통과했다면, 안전성이 입증되었다는 말일 텐데, 그게 그렇게 경축까지 할 일인가? 그건 그렇고 건설회사는 뭐가 좋다고 자기네가 짓지도 않은 아파트에 경축 플래카드를 걸어놓은 것일까?'

아하, 그러고 보니 그게 아니었다. 안전진단 통과란, 합격이 아니라 불합격을 의미하는 말이었다. 다시 말해 이 아파트가 안전하다는 것이 입증되었다는 것이 아니라, 매우 안전하지 못하다는, 그래서 어서 허물고 다시 지어야 한다는 것을 의미하고 있는 것이었다. 안전진단 불합격을 놓고 통과라는 말을 붙여 가며 아파트 입구에 경축 플래카드를 붙인 것은, 그 아파트 주민들이 드디어 재건축 프리미엄을 붙여서 아파트를 비싸게 팔 수 있게 되었기 때문이었다. 그리고 그것을 허물고 다시 짓는 일을 맡게 된 건설회사는, 또 그 틈에 일거리를 맡아 돈을 벌게 되었기에 경축을 하고 있었던 것이다.[7]

이런 분위기 속에서 2003년 8월에는 마침내 서울 강남구의 아파트 평균 평당 가격이 2000만 원을 돌파했으며, 이어 2003년 9월에는 과천과 송파구의 아파트들도 '2000만 원 클럽'에 합류했다.[8] 이에 정부는 재건축 관련 용적률 강화와 기준시가 인상이라는 규제를 들고 나왔고, 뜨겁던 재건축 열기를 어느 정도 진정시킬 수 있었다. 용적률 강화에 따라 재건축 이후 저밀도지구(5층 이하 단지)의 용적률은 270퍼센트 안팎, 저층택지지구는 180~200퍼센트, 중층단지(3종 주거지역)는 250퍼센트 이하, 기타 2종 주거지역은 200퍼센트 이하로 규제되었다.[9] 용적률을 하향 조정해 재건축 사업의 수익성을 떨어뜨리고자 했고, 이것이 어느 정도 효과가 있었던 것이다.

성일주공아파트 재건축이 진행된 배경에는 지금까지 살펴본 사회·경제적 여건들이 놓여 있었다. 성일주공아파트가 재건축 건축 심의를 통과하고 지방자치단체로부터 사업 승인을 획득한 2000년대 초는 IMF 외환위기 극복 이후 아파트 값이 천정부지로 치솟기 시작한 때였다. 즉 부동산 불패 신화의 귀환과 함께 한국 사회의 가장 일반적인 재산증식 모델로 부동산 투자가 일체의 의문 없이 다시 굳어져가던 시기였다. 그리고 2장에서 살펴봤듯 한국의 아파트 단지는 상징적 측면에서는 브랜드화를, 물리적 측면에서는 게이티드 커뮤니티를 완성해가며 새로운 형태로 진화하고 있었다. 한국의 아파트가 이처럼 여러 측면에서 '절정기'를 향해갈 무렵, 성일주공아파트의 재건축이 결정된 것이다.

성일 노블하이츠는 국내 건축 사상 최대 규모의 아파트 단지 중 하나인 연주시 성일주공아파트를 재건축해 건설되었다. 10만여 평 이상 되는 넓은 대지면적의 이 지역은 1978년 말 연주시 강산구 성일지구라는 명칭의 아파트 지구로 지정됐고, 약 2년간의 공사 끝에 1980년 5000여 가구가 입주 가능한 5층짜리 아파트(10~17평) 120여 개 동 규모로 준공되었다. 이후 20여 년 뒤인 2003년부터 재건축 공사에 들어가 90여 개 동 약 9000가구를 수용하는 아파트 단지를 지어 2007년 완공되었다.

수도권에서도 손꼽힐 정도의 대규모 재건축 사업이던 성일주공아파트 재건축은 추진 과정이 순탄하지만은 않았다. 1998년 말 전체 주민의 87퍼센트로부터 동의를 받아 설립된 성일주공 재건축조합은 1999년 11월 조합설립인가를 받은 뒤 곧바로 시공사 선정에 돌입해 재건축을 추진할 예정이었다. 하지만 IMF 외환위기로 많은 건설사들이 어려움을 겪던 상황에서 네 개 건설사로 구성된 단일 컨소시엄만이 시공사 선정에 참가했고, 복수업체의 응찰을 원했던 조합이 반대하면서 시공사 선정은 무산되고 말았다.

이후 재건축조합의 사업 추진 방향에 이의를 제기한 일부 주민들과 조합의 갈등으로 더 큰 난항을 겪게 되었다. 재건축 사업에는 시공사와 조합의 책임 범위에 따라 '도급제'와 '지분제(확정지분제)'라는 두 가지 방식이 있는데, 어떤 방식을 택할 것인가를 두고 갈등이 생겼던 것이다. 도급제는 사업에 필요한 공사비를 계약 시점 기준으로 책정하여 계약하는 방식이다. 시공사는 공사비만 받아 건축 공사에 대해서만 책임을 지고 나머지 공사 간접비용과 공과금 등은 조합이 부담하는 대신, 사업으로 발생한 이익금 역시 모두 조합이 가져가게 된다. 반면 지분제는 계약 시 조합원의 무상지분을 미리 확정하여 계약하는 방식이다. 시공사가 재건축 제반 과정과 전체 경비 등 모든 책임을 지고 사업을 수행하는 대신, 계약 시 확정된 조합 지분 이외의 모든 이익금을 시공사가 가져간다. 장단점이 뚜렷한 만큼[*] 도급제를 주장한 조합과 지분제를 주장한 다른 주민들 간의 입장 차는 좁혀지지 않았고 그런 가운데 시공사 선정은 점차 늦어지게 되었다.

표류하던 성일주공 재건축 사업은 2001년 6월 개최된 총회에서 스타건설과 로열건설로 구성된 컨소시엄이 시공사로 선정되면서 다시 추진되었다. 도급제와 지분제를 놓고 쉽게 해법을 찾지 못하던 조합이 일단 시공사 선정부터 하기로 방향을 정한 것은 재건축 용적률을 하향 조정하기로 한 연주시의 방침 때문이었다. 앞에서 살펴보았듯이 재건축을 중심으로 아파트 가격 상승 조짐이 심상치 않자 연주

● 재건축 사업은 규모가 크고 시일이 오래 소요되기에 공사 기간 동안 많은 변동 요인이 등장할 가능성이 높다. 도급제의 경우 조합이 모든 것을 책임지는 만큼 사업의 수익성이 높다고 판단될수록 조합 입장에서는 도급제가 유리하다. 반면 지분제의 경우 사업 과정에서 발생하는 이익과 위험 요소를 모두 시공사(건설사)가 떠안게 되기에 조합 집행부의 사업 수행 능력이 미심쩍고 사업성이 의심된다면 주민들 입장에서는 안정적인 지분 확보가 가능하면서 추가분담금 위험이 없는 지분제가 유리하다.

시는 당초 최대 350퍼센트에 달하던 재건축 용적률을 2002년 1월부터 250퍼센트로 대폭 낮추기로 했다. 결국 2001년 안으로 시공사를 선정하여 사업 승인을 받지 않으면 용적률 하락에서 오는 사업성 악화를 피할 수 없었던 것이다. 조합은 도급제에 반대하는 주민들을 설득해 우선 사업 승인부터 받는 쪽으로 합의했다.

하지만 사업 방식의 결정을 둘러싼 갈등의 소지는 여전히 남아 있었다. 조합이 추진한 도급제에 반대하는 주민들은 비상대책위원회를 결성해 계속 조합을 압박했다. 비상대책위원회는 공사 과정에서 발생할 수 있는 각종 의사결정 사항에 대해 조합 집행부가 전문적인 지식을 가지고 있는지, 그리고 각종 이해관계와 관련해 투명한 처리가 가능한지 의문을 제기했다. 또 부동산 시장이 앞으로 어떻게 변할지 모르는 상황에서 일반분양이 조합의 의도대로 성공하지 못하면 추가분담금을 지불해야 하는 위험성도 우려했다. 반면 조합 입장에서는 수익이 제한적인 지분제 대신, 다소 위험이 있더라도 도급제를 채택해 수익성을 극대화하자고 주장했다. 양측의 대립은 법정 소송으로까지 번졌고, 비상대책위원회가 매도청구 소송[10]에서 패하자 사업 방식은 도급제로 최종 결정되었다.

뜻대로 사업 방식을 결정한 조합은 2001년 12월, 최고 35층짜리 아파트 95개 동에 약 1만여 가구를 짓기로 계획한 성일주공 재건축 사업안을 연주시에 제출했다. 하지만 사업안을 심의한 연주시 건축위원회는 이 안을 보류했다. 해당 부지에 계획대로 초고층 아파트 단지가 들어서면 인구 과밀에 따른 교통난이 예상될 뿐 아니라 인근

조합방식	공공방식	처리사항
기본 계획 수립		특별시장, 광역시장, 대도시의 장이 10년마다 수립하고 5년마다 타당성 검토(인구 50만 미만 시는 도지사가 인정하는 경우 수립)
안전진단		시장·군수기 정비계획 수립 시기가 도래한 경우 또는 건축물 등의 소유자가 요청하는 경우 실시
정비구역 지정		○ 기본계획의 범위 내에서 개별 구역을 대상으로 수립하는 계획 ○ 시장·군수가 수립해 시·도지사에게 신청, 승인 ○ 구역 지정시 건축물 건축, 공작물 설치, 토지의 형질 변경 등 행위제한의무 발생
정비구역 동의		
추진위원회 승인	주민대표회의 승인	토지소유자 과반수 동의를 먼저 얻은 기구를 시장군수가 승인
조합설립 인가	설명회	조합설립인가: ○ 동별 구분소유자 2/3 이상 + 토지면적의 1/2이상의 토지소유자의 동의 ○ 전체 구분소유자 3/4 이상 + 전체 토지면적의 3/4 이상의 토지소유자의 동의
시공사 선정	시행자 지정	시공사 선정: 경쟁입찰의 방법으로 선정 시행자 지정: 토지 등 소유자 2/3 이상 동의 + 토지면적의 1/2 이상의 토지소유자의 동의
사업시행인가		착공에 필요한 계획도서가 적절한지 심사
관리처분계획인가		○ 조합이 조합원에 대한 분양분을 확정하고 이를 기초로 추가분담금 등 권리관계를 확정
이주, 철거, 착공, 일반분양		
준공인가	자체 준공검사	
입주, 이전고시		
청산		추가분담금 등 권리관계를 정산하고 사업 종료

그림 3-3. 재건축 추진 절차(출처: 닥터아파트 www.drapt.com)

주민들의 조망권을 침해할 우려가 크다는 이유였다. 용적률 하락을 피하기 위해 빨리 사업 승인을 받아야 했던 조합은 곧바로 가구수를 1000가구 가까이 줄이고, 초등학교와 중학교 부지를 각각 약 1만여 제곱미터씩 단지 내에 확보하는 내용을 포함한 계획서를 다시 제출해 통과시켰다. 그리하여 용적률 350퍼센트를 확보하면서 동시에 사업성도 최대로 높일 수 있게 되었다.

새로 짓는 아파트 단지의 명칭은 '베스트시티'로 정해졌다. 당시 건설사들 사이에 고유한 아파트 브랜드를 부여하는 유행이 한창이었는데도 별도의 단지명이 붙게 된 데는 이유가 있었다. 우선 재건축 사업이 스타건설과 로열건설의 컨소시엄이 수주하는 바람에 어느 건설사의 브랜드를 따를 것인가의 문제가 있었고, 이미 고유 브랜드를 보유하고 있던 로열건설과 달리 스타건설은 아직 브랜드를 론칭하지 않은 상태였기 때문이었다. 이후 주민 이주와 철거 과정을 거쳐 2004년 여름에 시행된 동시분양(일반분양 약 3500가구)은 평균 2.2 대 1의 청약 경쟁률을 보이며 성황리에 진행됐다. 평당 분양가는 평형에 따라 650만 원에서 700만 원 사이로 정해졌으며, 워낙 대규모의 분양이었던 탓에 주변에서 건설 중인 다른 아파트 단지들이 베스트시티와 겹치지 않도록 분양을 연기할 정도였다.

3년간 공사를 거친 베스트시티는 2007년 여름, '성일 노블하이츠'와 '성일 로열카운티'라는 두 개의 대단지로 나뉘어 완공되었다. 봄이면 벚꽃이 만발하여 연주시 전체에서도 손꼽히는 벚꽃놀이 명소였던 성일주공아파트는 최고 35층의 초고층 건물들과 함께 높은 아름드리 소나무를 비롯한 고급 식재로 조경된 아파트 단지로 거듭 나게 되었다. 하지만 이 과정은 지금까지 간략히 정리한 일련의 전개 만으로는 모두 포착해내기 힘든 공간과 장소의 재구성을 수반했다. 성일주공아파트 재건축의 동학은 다양한 힘과 욕망, 그리고 사물들 의 배치 과정이 개입한 복합적인 의미를 내포하고 있다. 이제 그 속을 좀 더 자세히 들여다보고자 한다.

성일주공아파트 재건축의 동학

【 1. '장소'의 해체 】

1980년 성일주공아파트 단지가 처음 건립됐을 때만 하더라도 이 단 지는 연주시에서 손꼽히는 주거지였다. 연주에서 가장 규모가 큰 단 지인 동시에 아파트라는 서구식 주거공간의 첨병으로서 성일주공아 파트의 상징적 의미는 컸다. 하지만 점차 시간이 흘러 연주의 다른 지 역에도 양질의 주거환경을 갖춘 아파트 단지들이 들어서면서 성일주 공아파트가 지닌 상징성은 점차 퇴색됐다. 오히려 단지가 건립된 지 십수 년이 지난 1990년대 중반에 들어서자 성일주공아파트는 더 좋 은 주거지로 가지 못한 가난한 사람들이 살고 있는, 낡은 저층 아파 트가 밀집한 노후 단지라는 오명마저 얻었다.

그런 상황에서 재건축 추진 소식과 함께 아파트 가격이 꿈틀대기 시작하자 5000여 가구에 달하는 기존의 성일주공 입주민들은 선택의 기로에 놓이게 되었다. 재건축이 진행되어 더 넓은 평수의 아파트로 단지가 탈바꿈하면 기존 입주민들, 즉 재건축조합원들은 미리 산정된 무상지분율을 바탕으로 확보된 평수에 더해 어느 정도 추가 분담금을 지불하면 새로 지어진 아파트에 그대로 입주할 수 있다. 여기서 문제는 기존 입주민 가운데 신규 아파트에 입주할 수 있었던 경우가 별로 많지 않았다는 것이다. 그 이유는 기존 아파트 단지의 평형별 세대수와 새로 지어지는 단지의 평형별 세대수에 차이가 있었기 때문이었다.

이 차이가 갖는 의미를 좀 더 자세히 살펴보자. 우선 기존 조합원들이 인정받게 되는 무상지분율은 다음 공식에 의해 결정된다.

무상지분율 = (총수입 − 총지출) ÷ 평균분양가 ÷ 대지면적 × 100
총수입 = 대지면적 × 용적률 × 평균분양가
총지출 = 공사비 + 부가가치세 + 제경비

공식에서 확인할 수 있다시피 무상지분율은 용적률과 평균분양가, 지출비용 등에 의해 결정되는데, 일반적으로 100~170퍼센트 사이로 책정된다. 조합원이 받을 수 있는 무상지분은 기존 대지지분에 무상지분율을 곱한 값이 된다. 만약 무상지분율이 150퍼센트로 정해졌다면, 20평의 대지지분(아파트 단지 전체의 대지면적을 세대수로 나누어 등기부에 표시되는 면적)을 소유한 조합원은 30평의 면적을 무상으로 보장받게 되는 것이다. 성일주공아파트의 경우 보통 18~21평 정도의 대지지분을 소유하고 있었고, 재건축 사업 승인 당시 건설사가 제시한 무상지분율은 약 110퍼센트였다. 따라서 성일주공 조합원들이 확보할 수 있는 무상지분은 20평에서 23평 정도가 일반적이었다.

그런데 표 3-1°에서 재건축 이후 지어진 성일 노블하이츠와 로열카운티의 평형별 세대수를 보면 30평 미만은 약 800세대에 불과했다. 결국 약 5000세대에 달하는 기존 성일주공아파트 입주민 가운데 무상지분만으로 입주할 수 있는 이들은 소수였고, 나머지는 적지 않은 추가분담금을 지불해야만 했다. 새로 지어진 아파트에서 가장 많은 부분을 차지한 30평형대에 입주하려면 대략 6000만 원에서 7000만 원가량의 추가분담금을 내야 했는데, 기존 입주민 가운데 이 정도 비용을 추가로 부담할 수 있는 사람은 많지 않았다.

이처럼 재건축 이후 재입주 가능성이 높지 않은데도 재건축 추진이 가능했던 것은 기존 입주민 입장에서도 얻는 것이 있기 때문이었다. 특정 아파트 단지에서 재건축 사업이 추진된다는 소문이 퍼지면 재건축 이후 시세차익을 노린 투자 수요로 아파트 가격이 상승한다. 이는 추가분담금을 지불하기 어려운 형편의 입주민들이 기존 시세보다 비싼 값에 집을 팔 수 있는 기회이며, 이들로부터 아파트를 구입한 외부인들은 주로 전세를 놓는 방식으로 소유권과 조합원 자격

●다른 수치 정보들과 마찬가지로 아파트 단지의 정보 보호를 위해 정확한 평형별 세대수는 표기하지 않았다.

평형	세대수	비율
19평형	약 200세대	2.2%
26평형	약 600세대	6.7%
30평형	약 6000세대	66.7%
40평형	약 1800세대	20.0%
50평형	약 400세대	4.4%
합계	약 9000세대	100.0%

표 3-1. 성일주공아파트 재건축 이후 평형별 세대수

을 유지한다. 결국 이런 과정을 거쳐 기존 입주민들의 조합원 지분은 시세차익을 노리고 투자한 서울과 연주시 일대의 중산층 일원의 몫으로 돌아갔다. 일반분양 이후 조합원 지분을 매수하여 입주에 성공한 한 입주민의 인터뷰 내용은 조합원 지분 변화를 둘러싼 제반 상황을 잘 보여준다.

일반분양 때, 그러니까 재건축하면서 추가적으로 한 3000세대를 더 짓고 원 조합원들은 선택을 미리 했어요. 조합원 5000명이 먼저 선택을 하시고, 옛날 아파트가 십 몇 평형대였는데 그분들이 일단은 거기서 토지보상비를 받고, 내가 34평을 가든지, 25평을 가든지에 따라 추가분담금이 다르기 때문에 선택을 하고 고르는 거죠. 그래서 거기서 다 빼고 남은 3000세대 정도를 갖고 일반분양을 하는 거예요. 그때 일반분양자들은 선택에 제한이 있었어요. 이미 조합원들이 좋은 층과 좋은 동은 다 가져간 상태에서, 저층이랑 시끄러운 도로변 쪽 거기만 일반분양을 한 거죠. [……] 당시는 부동산이 호황이었어요. 그래서 일반분양을 하자마자 P[프리미엄]가 3000만 원 정도 붙었죠. P가 3000, 많은 건 5000, 7000까지도 갔어요. 저희 같은 경우도 먼저 일반분양을 노렸었는데 결국은 안 했어요. [……] 그런데 바로 조금 지나서 부동산이 침체가 되면서 가격이 떨어지기 시작했어요. 분양가보다도 더, 그때 부동산 규제가 확 되면서 쭉쭉 떨어지기 시작했죠. 2004년 말, 2005년 초 그즈음이었어요.

처음에 일반분양 때 모델하우스 보니까 여기 [지금 살고 있는] 34평형이 정말 마음에 들었어요. 그런데 저는 지금은 부동산이 호황이니 조금만 기다리자, 겨울에 비수기가 올 것이다, 그리고 지금 일반분양 받아서 안 좋은 층 살 바에는 기다렸다가 조합원분을 매수하자, 그렇게 생각을 했어요. 그리고 그해 겨울이 와서 부동산을 돌아다니기 시작했어요. 일반분양은 전매가 안 됐으니 제외하고, 일반분양 받으면 그걸로 끝이에요. 그 사람들은 그대로 입주를 해야 해요. 그런데 조합원은 전매가 가능했죠. 그래서 조합원이 내놓은 걸 노렸어요. 조합원 중에서 동호수를 선택하는 게 제일 중요했어요. 그때만 해도 전매가 한 번이었거든요. 그런데 일반분양했을 때, 그러니까 2004년 여름에, 그때는 부동산이 호황이었으니까 P가 막 붙고 서로 너도나도 사고 해서 많이 리사이클이 됐죠. 5000세대 원 조합원 중에서 60퍼센트 정도가 그때 리사이클이 됐던 거 같아요. 좀 지난 상태에서, 겨울 되니까 비수기 되고 이런저런 규제가 시작돼서 가격 떨어지고 손해 보는 사람들이 많아지기 시작할 때였어요. 그래서 저희는 겨울에 다니면서 부동산을 돌았죠. 보니까 이미 조합원들 빠질 거 다 빠졌다, 남은 거 별로 없다 했는데 원 조합원 한 분이 내놓은 걸 저희가 사게 되었어요. 우리가 운이 좋았던 게 그분이 할아버지셨는데, 딸들이 내놓지 말라는 걸 할아버지가 내놓았던 거예요. 부동산 규제 시작되고 프리미엄이 떨어지기 시작하니까 두려우셨던 거죠. 더 떨어질까 봐. 그럴 바에야 프리미엄이라도 약간 있을 때 팔자, 일반분양보다 500 정도 더 받고. 저는 그런 분들 나올 거라 예측을 했고, 그걸 노렸던 거죠. 그래서 여기 분양권을 사게 됐어요.(박용진, 30대 남성, 2007년 입주)

2004년 여름 진행된 성일주공 재건축 '베스트시티' 동시분양은 시세 상승에 대한 기대감 속에 성황리에 마감되었다. 그러자 전매가 금지된 일반분양권 외에 조합원 분양권들이 이른바 '프리미엄' 혹은 'P'라고 불리는 웃돈 수천만 원이 더해진 채 거래되기 시작했다. 6000~7000만 원에 달하는 추가분담금을 지불할 수 없었던 기존 조합원에게는 좋은 기회였고, 당시 부동산 호황 속에 1억 이상의 시세 차익을 기대하던 수요자에게도 합리적인 투자 기회였다. 결국 일찌감치 재건축 추진 소식을 접하고 2000년 전후부터 성일주공아파트를 구매한 '외부인'들과 함께, 재건축 분양 과정에서 프리미엄을 주고 조합원 자격을 취득한 또 다른 '외부인'들이 더해지면서 입주 이전에 성일주공에서 삶을 영위했던 '원주민'의 4분의 3가량은 분양권 전매를 마치고 성일주공 재건축 무대에서 완전히 퇴장하게 되었다.

재건축 과정에서 단지를 떠나간 사람들과 함께, 성일주공아파트 단지라는 '장소'의 해체를 상징적으로 보여주는 것은 '벚꽃의 상실'이다. 특정한 장소의 이미지와 그에 대해 인간이 인식하는 장소감각(sense of place)의 구성에서 '나무'라는 사물의 역할은 중요하다. 나무와 인간의 삶은 서로 밀접한 관계를 맺으며 장소성의 형성에 기여하기 때문이다.[11]● 재건축을 앞둔 성일주공아파트의 장소성에서 가장 중요했던 것도 벚나무라는 존재였다. 재건축 이전 성일주공아파트를 소개한 신문기사들을 보면 벚꽃에 대한 언급이 빠지지 않는다.

성일주공아파트: 전국 아파트 단지 중 가장 아름답게 벚꽃이 핀 동네. 벚나무 1000여 그루의 화려한 자태가 극치를 이룬다.(중앙일간지

● 아파트 단지의 '콘크리트 덩어리' 이미지를 생각하면 다소 의외일 수 있지만, 아파트 단지와 관련한 최근 사례는 나무와 장소성 사이의 관계를 잘 보여준다. 바로 이른바 '아파트 키드'들이 근래 보여주는 오래된 아파트 단지에 관한 향수다. 1980년대 이후 아파트에서 자란 많은 20~30대에게 아파트 단지는 구석구석 추억이 묻은 고향 그 자체다. 2017년 현재 서울 둔촌주공아파트(강동구)를 필두로, 재건축을 앞둔 일부 단지에서는 과거의 추억을 정리하고 현재의 모습을 사진으로 남기려는 실천이 전개되고 있다(이인규 2013-2016 참조). 흥미로운 점은 이들이 가진 향수의 중심에 단지의 노후화와 함께 나이를 먹어간 나무들이 놓여 있다는 사실이다. 수십 년 전부터 아파트 단지 내에 뿌리를 내리기 시작해 단지를 뒤덮은 나무들은 '아파트 키드'들에게 자신의 고향이 지닌 장소성을 상징한다.

《A일보》2001년 4월 ○일 기사 중에서. 인터넷 검색 결과 노출 방지를 위해 기사의 표현 일부를 수정했다.)

연주 지역 아파트 녹지 중 으뜸은 역시 강산구 성일주공아파트 단지다. 5000여 세대가 사는 성일주공은 9000여 세대의 서울 잠실주공 등에 이어 국내에서 ○번째로 큰 아파트 단지다. 물론 연주에서 최대 규모다. 규모만큼이나 성일주공의 녹지 또한 탁월하다. 가히 "연주의 자랑거리"라 해도 크게 틀린 말이 아닐 것이다. [……] 시늉만 내듯 단지 외곽에만 녹지를 갖춘 대부분의 다른 아파트와 달리 성일주공은 단지 안이 울창한 숲과 같다. 수령 30년 이상의 벚나무 등 여러 수종이 단지를 화려하게 장식하고 있다.(지역신문 《연주일보》 2000년 10월 ○일 기사 중에서. 역시 기사의 표현 일부를 수정)

건설된 지 20년 가까운 세월이 지나면서 성일주공아파트는 어느덧 가난한 사람들이 삶을 영위하는 쇠락한 아파트가 되어갔지만, 단지와 함께 나이를 먹은 벚나무들은 성일주공의 장소성을 다른 방향으로 다듬어냈다. 단지 곳곳을 채운 수백 그루의 벚나무들 덕에 매년 봄마다 만개한 벚꽃이 만들어낸 장관은 성일주공을 "전국 아파트 단지 중 가장 아름답게 벚꽃이 핀 동네"로 자리매김하게 한 것이다. 그리고 이렇게 벚꽃으로 아름다웠던 성일주공 단지에 대한 인상은 과거 그곳에 살았던 사람들의 기억 속에 여전히 남아 있다.

재건축하기 전에는 연주의 벚꽃놀이 명소라 불릴 만큼 정말 예뻤어요. 연주 사시는 분들은 성일주공 벚꽃이 어땠는지 잘 아실 겁니다. 대공원보다 예쁜 마을이라니…… 전 그런 곳에 살았어요.(인터넷 카페 게시물)●

가장 내 기억에 남는 벚꽃축제로는, 어릴 적 우리 옆 단지인 성일주공에서 거리에 가득 청사초롱을 밝혀두고 길게 포장마차를 세우던 나날들이 있었다. 음식 연기가 퍼져나가 꿈결처럼 벚꽃들이 되어간 기억을 아름답게 그려본다.(인터넷 블로그 게시물)

연주 성일동 B시장 앞에 있었던 성일주공 아파트……
이제는 몇 년 전에 지어진, 이름도 기다란 아파트들로 숲을 이루었다.
봄이면 커다란 벚꽃이 너무 멋졌었는데……
가끔 그 주변을 지나갈 때마다 드는 생각……
그 많던 벚나무는 다 어디로 갔을까?(인터넷 블로그 게시물)

의도적으로 녹지를 배제한 공간이 아닌 이상, 장소는 나무와 함께 모습을 드러낸다. 이것은 장소의 시간성과도 관계가 있다. 특정한 장소가 나무의 등장과 함께 장소성을 획득한다면, 나무가 변화하면

● 신문기사와 마찬가지로 인터넷 검색 결과 노출 방지를 위해 모든 게시물의 표현 중 일부를 수정했다.

서 장소성도 변화하게 된다. 성일주공아파트의 장소성도 마찬가지다. 입주 초기 근대적 주거공간이라는 장소성은 차츰 퇴색한 대신, 같이 나이를 먹어간 벚나무들이 아파트 건물들의 쇠락을 상쇄하며 '벚꽃놀이 명소'라는 장소성을 만들어낸 것이다. 그렇기에 재건축으로 사라져간 벚꽃은 성일주공이라는 장소의 해체를 가장 극명하게 상징하는 것이었다. 예전 성일주공에 살았던 사람들에게도, 직접 살지는 않았지만 벚꽃 구경 삼아 단지를 찾았던 사람들에게도 재건축 이후 벚나무가 사라진 성일 노블하이츠는 더 이상 성일주공과 동일한 '장소'가 아니었다.

재건축 이후 성일 노블하이츠에 입주한 사람들도 성일주공 벚꽃에 대한 향수를 갖고 있는 경우가 많았다. 그런데 그들도 재건축 과정에서 사라진 벚꽃들을 그리워하고 단지 안에 예전의 벚꽃들이 있었으면 하고 생각하면서도, 바로 그 벚꽃을 매개로 한 벚꽃놀이에 대해서는 다르게 생각했다. 재건축 이전에 성일주공을 구매해 전세를 놓았고 그 결과 조합원 자격을 취득해 재건축 완료와 동시에 입주한 가족의 말은 예전 벚꽃과 벚꽃놀이에 관한 현 입주민들의 생각을 보여준다.

아들 예전에 [성일]주공은 안에 벚꽃이 많았는데 이제는 안에 벚꽃이 없으니까 조금 아쉽다는 느낌은 들어요. 예전에 여기서 했던 벚꽃축제를 아니까 말이죠. 그런데 그런 아쉬운 느낌도 들면서, 한편으로는 그때 벚꽃축제 때 주공이 쓰레기 판이 되는 걸 봤거든요. 그

걸 보니까 한편으로는 지금이 더 낫다는 생각도 들고.

어머니 단지 안이 다른 나무로 깨끗하게 채워졌잖아. 대신 벚꽃은 밖에서, 밖으로 내보내서 너무 좋잖아. 모든 사람들이 즐길 수 있도록. 얘 초등학교 때 친구가 여기 살아서 벚꽃축제 때 놀러오고 그랬었거든요. 지금 만약 이 안에 벚꽃이 그대로 있다 그러면 우리만 즐기게 되는 거겠죠.

아들 그럼 [바깥] 사람이 안으로 들어오겠지. 벚꽃 때문에 막 들어오겠지.

어머니 지저분해지는 게 있어요. 사람이 많다보면 관리가 안 되니까.

재건축 이전 성일주공아파트 벚꽃축제는 입주민뿐 아니라 외부인도 단지 안에 들어와 즐길 수 있었고, 단지 차원에서 포장마차들을 들어오게 해 방문객들에게 술과 고기 등을 팔았다. 이처럼 많은 사람들이 다 같이 즐길 수 있었던 벚꽃축제는 과거 성일주공아파트에 거주했던 일부 입주민들에게 단지가 시끄럽고 지저분해졌던 부정적인 기억을 남기기도 했다. 일례로 성일 노블하이츠 입주 이후 입주민 동호회 카페에 예전 벚꽃축제가 그립다는 내용의 게시물이 올라오자 한 입주민은 "나는 우리 아파트 벚꽃이 없어서 너무 좋아요. 꽃구경만 하는 게 아니라 술 마시고 쓰레기 아무 데나 버리고 술주정뱅이들만 보이는 곳보다는 지금같이 깨끗하고 쾌적한 우리 아파트가 더 좋아요."라는 댓글을 달기도 했다.

그리고 성일 노블하이츠 단지 안에 벚나무가 많다 해도 예전처럼 모두가 즐기는 벚꽃축제를 열 수 있다는 뜻은 아니다. 동일한 공간이 '아파트 단지'라는 같은 역할을 수행하고 있지만, 현재 단지 안에 설령 벚꽃이 존재하더라도 그것은 "우리만 즐길 수 있는" 벚꽃이 된다. 성일주공이라는 아파트 단지와 성일 노블하이츠라는 아파트 단지는 주민들에게 기본적으로 성격이 다른 공간으로 인식되는 장소다. 외부인이 출입해 벚꽃놀이를 즐길 수 있는 주공아파트와 달리 브랜드 단지인 노블하이츠는 외부인의 조경 구경이 용인되지 않는 장소인 것이다.

기존 주민 상당수가 추가분담금이 부담스러워 단지를 떠나고, 매년 봄마다 사람들을 불러모으던 벚나무들이 단지를 떠나고, 5층짜리 건물이 수십 층의 고층 건물로 탈바꿈하면서 성일주공아파트라는 장소는 해체되었다. 같은 자리에는 성일 노블하이츠라는 이름의 새로운 장소가 재건축 과정에서 작용한 동학에 의해 만들어지게 되었다. 이 동학을 통해 아파트 재건축에 개입한 여러 주체들의 욕망이 구체화되었고, 그 속에서 사람과 사물은 새로이 배치되는 국면에 접어들었다.

【 2. 커뮤니티의 힘 】

2004년 여름 성공적으로 마무리된 동시분양 이후 재건축 공사가 한창이던 2005년 말, 성일주공아파트 재건축 단지('베스트시티') 입주예정자들이 인터넷 포털 Z사이트에 개설한 온라인 카페에 이런 게시물이 올라왔다.

제목: 베스트시티를 바라보며······
어제 업무 차 베스트시티 공사 현장 근처를 지나게 되었는데요.
고속도로를 타려고 보니 베스트시티가 눈에 딱! 들어옵니다.

왼쪽에서 오른쪽으로 아파트 건물이 보이는 걸 보니 나중에 입주하면 연주에서 우리 아파트 모르면 간첩이라는 소리를 들을 것 같더군요. 27층이 가장 높게 올라간 골조인데 단지 앞에 고층 건물이 없는 관계로 전반적으로 눈에 들어오는 것이 연주의 랜드마크 역할을 하리라 봅니다.

베스트시티 입지가 좋은 것은 온 국민이(?) 다 아는 사실입니다. 입지 좋은 곳, 비싼 땅에 올라가는 아파트인 만큼······ 연주의 명품을 기대해 봅니다. 여러분들의 노력으로 살기 좋은 단지를 만든다면 만족감도 더하리라 생각됩니다.

이제 입주까지 21개월 남았습니다. 조금만 참으시면 명품아파트에서 거주할 수 있습니다. 그날이 내일이었으면 좋겠네요.(2005년 11월 게시물)

입주 이후를 바라보는 이런 기대와 설렘은 이 글을 올린 회원뿐 아니라 대부분의 입주예정자들이 공통적으로 갖고 있는 감정이었다. 여러 모로 연주의 중심에 해당하는 좋은 입지, 대단지의 장점을 누릴 수 있는 엄청난 규모,[•] 서울로 향하는 교통 편의성 등은 이들이 베스트시티를 선택한 주요 이유였고, 베스트시티가 연주시를 대표하는 랜드마크가 되리라는 기대 속에 공사는 예정대로 진행되어갔다. 그런데 이 게시물에는 주목할 만한 문구가 하나 있다. "여러분들의 노력으로 살기 좋은 단지를 만든다면"이라는 문구가 바로 그것이다. 건설 전문가도 아닌 일반 입주자들이 아파트 단지 건설에서 도대체 어떤 역할을 할 수 있기에 이 글의 게시자는 이런 표현을 사용한 것일까.

사실 베스트시티 입주예정자들에게 2005년은 입주에 대한 기대만큼 컸던 각종 근심거리로 골머리를 앓던 시기였다. 그 중심에는 공사 현장을 지켜본 사람들의 막연한 판단에 근거한 부정적인 소문들이 자리하고 있었다. 10만여 평에 이르는 대지에서 터파기 공사가 끝나고 본격적인 골조 공사가 진행되기 시작한 2005년 초, 공사 현장 외곽을 두른 펜스 너머로 차츰 모습을 드러내기 시작한 수십 동의 고층 건축물은 주변을 압도하는 한편 다소 괴기스러운 분위기를 연출하고 있었다. 아무런 장식도 없이 수직으로 솟아오른 시커먼 시멘트 덩어리들은 공사장을 바라보는 사람들에게 촘촘하게 배치된 고

● 일반적으로 1000가구 이상의 대단지 아파트는 넓은 주차공간, 풍부한 녹지공간과 조경시설, 잘 갖춰진 편의시설을 보유하고 있기에 선호된다. 또 2500가구 이상의 단지는 초등학교를 의무적으로 지어야 한다는 점, 그리고 방대한 건설 규모 탓에 믿을 만한 대형 건설사들이 공급을 담당한다는 점도 대단지를 선호하는 이유 중 하나다.

층 아파트 수십 동이 시내 한복판에 들어앉아 엄청난 교통체증을 야기하는 끔찍한 상상을 하게끔 만들었다. 또 높은 용적률 탓에 동간 거리도 얼마 되지 않아 단지 내부 분위기가 답답하기 그지없을 것이라는 소문도 퍼지기 시작했다. 그리고 공사 현장에서 보이는 동간거리에 대한 우려는 카페 게시판에서도 심심찮게 나오고 있었다.

요 며칠 전 지나가다 잠깐 내부를 볼 기회가 있었습니다. 전 그날 밤 마누라한테 말도 못하고 잠도 안 오고 밥맛도 없습디다. 왜냐고요, 너무 빡빡하게 지었어요. 내가 죽기 전에 자식에게 유언장에 이렇게 남길까 합니다. 죽는 한이 있더라도 재건축 아파트는 분양받지 말라고 말입니다.(2005년 12월 말 게시물)

휴~ 답답해지려 하네요. 건너편 건물 8층서 내려다보고 너무 우거진 숲 같다 싶은 생각에 착잡했는데…… 그래도 밖에서 보는 거랑 안에서 보는 거랑은 다르겠지 하고 집에 와서 팜플렛 보고 길이 한 번 재보고 덮었는데…… 같은 생각인 분이 계시다니…… 더욱 답답해지네요.(2005년 12월 말 게시물에 달린 댓글)

문제는 이런 우려가 단순히 입주 이후 생활여건에 관한 것에만 국한되지 않았다는 사실이다. 2억 원이 넘는 적지 않은 비용을 들여 장만한 '내 집 마련'의 즐거움이 크다면, 혹은 부동산 '투자수익'이 충분하다면, 교통체증이나 좁은 동간거리로 인한 불편함 따위는 충분히 견딜 수 있을 터였다. 하지만 2005년과 2006년 당시의 부동산 시장 상황은 아파트 매입자들에게 그다지 우호적이지 못했다.[•] 여기에 더해진 부정적인 소문은 입주예정자들의 밤잠을 설치게 만들기에 충분했다. 비슷한 시기, 역시 Z사이트 카페에 올라온 아래 게시물은 당시 입주예정자들이 갖고 있던 구체적인 고민의 내용을 잘 보여준다.

제목: 힘 빠져요…… ㅜㅜ

어차피 입주할 거니까 별거 아니다 생각하지만…… 맘이 답답해질 때가 많네요.

지난 주말에 중학교 동창들을 만났어요. 이제 서른 갓 넘은 나이인지라 서로 재산 형성이 많이 안 되어 있긴 하지요. 그래서 재산증식에 더 많은 관심들이 있고, 의견 교환을 해봤더니…… 우리 아파트를 아주 많이 저평가하는 분위기더라고요. [……] 오늘 글 올라온 거 보니 34평을 3억 정도 보던데……

제가 계산해보니 저 같은 사람들은 33평 분양가 약 2억 3000만 원, 중도금 대출이자 약 1000만 원, 취득세 및 소득세가 1000만 원

[•] 넓게 보면 2000년대 초중반의 전체적인 상황은 아파트 가격이 지속적으로 상승한 시기였지만, 2005년만 놓고 보면 아파트 가격이 일시적인 하락 혹은 정체 상태에 놓여 있었다. 그림 3-2에서도 볼 수 있다시피 2004년에서 2005년으로 넘어가는 시기는 정부가 내놓은 여러 가지 강력한 부동산 대책들로 가격 상승이 주춤하던 때였으며, 따라서 거금을 투자하여 아파트를 분양받은 이들은 상당히 불안해할 수밖에 없었다.

이 약간 넘고, 샤시 하는 데 300만 원 등…… 다 따지면 순수 매입금 액만 2억 5000이 넘는데……

그리고 입주할 때 또 대출을 받는다면 그 이자도 만만치 않을 텐데…… 연주의 강남이라는 곳이…… 국내 최대 단지라는 곳이…… 3억 나간다면 금융이자보다 약간 더 오른다는 소리밖에 안 되잖아요……ㅜㅜ 제발 내가 분양받은 게 실수한 게 아니기를 아침부터 간절히 바라봅니다.(2005년 8월 게시물)

임동근이 지적했듯이 2000년대 초중반은 1990년대 말 IMF 외환위기 이후 대량생산·대량고용·고임금을 바탕으로 한 포드주의 경제체제가 붕괴되면서 한국 사회에서 이른바 '중산층'으로 불리던 이들이 각자의 경제 전략을 통해 '자산계층'으로 전환하기 위한 대책을 모색하던 시기다.[12] 고금리를 배경으로 안정적인 고용 환경에서 급여를 아끼고 모아 열심히 저축하여 자산을 불리던 시대는 끝나고, 주식·채권·연금·부동산 등으로 이루어진 복합적인 자본 포트폴리오를 잘 구성하여 기존 자산을 유지·확장하는 것이 중산층이라는 지위를 유지하는, 혹은 중산층 진입을 위한 '막차'에 올라타기 위한 필수조건이 된 시대가 열린 것이다. 이른바 '주식과 부동산 지식의 대중화'가 전개되면서 재테크 관련 서적에 대한 관심이 증대했고, 상대적으로 적은 종잣돈을 가진 이들은 인터넷 주식거래 사이트로, 더 많은 자본을 소유한 이들은 부동산으로 몰려갔다. 2000년대 이후 저금리 시대에서의 이러한 각종 '투자 열풍'을 박해천은 다음과 같이 복잡한 수학문제 풀이에 비유하기도 했다.

여태껏 고도성장 시대의 산수와 수학 문제를 풀어온 사람들에게 이 자율 4퍼센트는 외계인의 암호나 다름없는 수치였다. 중산층 아버지들이 받아들던 수학 문제도 이전과는 완전히 달라질 수밖에 없었다. 분양가 자율화와 저금리 시대의 수학 문제는 확률과 성장률과 금리, 코스피 지수와 평당 분양가, 아파트 시세를 동시에 고려해야 하는 다변수 방정식이었기 때문이다.[13]

이런 분위기, 이를테면 "부자 되세요."라는 명제를 따르고 실천하는 일이 이제는 더 이상 남부끄러운 일이 아니게 된 분위기 속에 30~40대 직장인들의 일상적인 대화에서도 부동산이나 주식이 주된 소재가 됐다. 앞서 인용한 "힘 빠져요……."라는 게시물을 올린 입주예정자도 친구들과의 모임에서 부동산 관련 이야기를 주로 나눴고, 이미 분양받은 베스트시티에 대한 부정적인 평판 때문에 낙담했다. 워낙 대규모로 진행된 터라 성일주공 재건축은 연주 일대에서는 큰 이슈였으며, 좋든 싫든 이 지역에서 부동산에 조금이라도 관심을 갖고 있던 이라면 누구나 성일주공 재건축 소식에 귀를 기울이지 않을 수 없었다. 그런데 공사 현장만 보고 내린 막연한 판단과 거기서 파생된 안 좋은 소문에 근거해 성일주공 재건축은 대체로 저평가됐다. 그리고 이런 저평가 분위기는 당시 인근 부동산에서 거래되던 조합원 분양권에 붙은 '프리미엄'이라는 구체적 실체에 반영되었고, 일부는 '마이너스 프리미엄', 즉 분양가보다도 낮은 가격으로 거래되면서 입주예정자들의 불안을 부채질했다.

이에 일부 입주예정자들은 자신들의 경제적 이익이 위협받는 상황('프리미엄 하락'으로 대표되는)을 극복하기 위한 행동에 나섰다. 이들이 기대한 것은 베스트시티가 가진 가장 큰 장점인 대단지 아파트의 힘, 즉 머릿수의 힘이었다. 2005년 9월 중순, 연주시 근방의 각 지역별 부동산 전망을 분석하여 카페에 올린 아래의 게시물에서 한 입주예정자는 '커뮤니티'의 힘을 강조했다. 물론 이때의 '커뮤니티'는 전통적 의미에서의 '공동체'를 가리키는 것이 아니다. 동일한 아파트 단지 입주예정자로서, 유사한 경제적 이해관계를 지니고, 활동의 구심점이 되는 인터넷 카페의 힘이 강한 집단, 그것이 바로 '커뮤니티의 힘'이었다.

다들 아시다시피 우리 아파트는 가장 큰 핸디캡이 용적률과 교통문제입니다. 하지만 어느 지역을 막론하고 재건축치고 용적률 낮은 곳은 없으며, 대단지치고 주변 교통량이 적은 곳은 없습니다. 우리 아파트가 답답하다는 소리를 자주 듣는데 그건 완공 후에 한번 사진으로 찍어서 판정을 받고 싶습니다. 연주시에서 실 거주와 투자가치 조건을 이렇게 완벽히 갖춘 곳은 없습니다.

단, 어느 지역이 커뮤니티가 탄탄하여 가치 상승을 일으키느냐가 관건입니다. 예전에도 말씀드렸듯이 우리만의 성역을 쌓으며 입소문이 난다면 두 마리의 토끼를 잡을 수 있을 겁니다. 제가 말씀드리는 내용에 거부감을 갖는 분들도 계시겠지만 없는 말 쓴 것도 아니고 사실을 그대로 올린 겁니다. 누가 아무리 뭐라고 하든 우리만의 노력으로 성을 쌓아가면 됩니다. 흔들리지 마시고 최고 단지의 탄생을 위해서 관심과 애정을 주시기 바랍니다.(2005년 9월 게시물)

2000년대 이후, 부동산 관련 지식과 정보에 대한 대중적 관심이 그 어느 때보다도 높아지면서 사람들의 평판은 아파트 단지라는 상품의 경제적 가치에 직접적이고 즉각적인 영향을 미치게 되었다. 게다가 1990년대 말 이후 전국적 인프라를 거의 완벽히 갖춘 한국의 인터넷 환경은 각종 정보와 관심사를 쉽고 빠르게 온라인에서 교류할 수 있게 하는 배경으로 작용했다. 이런 상황에서 9000세대에 가까운 성일주공 재건축 입주예정자들이 주변의 소문에 휩쓸리지 않고, "관심과 애정"을 갖고 베스트시티의 단점보다 장점 위주로 적극적인 홍보에 나선다면, 단지를 향한 부정적 평판을 극복할 수 있으리라는 것이 그들의 판단이었다.

그리고 이들은 단순히 온라인상의 홍보전에 그치지 않고 아파트 단지를 구성하는 공간 요소들과 관련한 각종 의사결정에도 직접적인 실력 행사에 나섰다. 입주 이전 공사 과정에서 쟁점이 된 문제들은 지하철 환승역 위치, 보일러 및 엘리베이터 업체 선정, 조경 문제 등이었다. 이 쟁점들은 성일주공 재건축에서 핵심 요인으로 작용했다. 먼저 지하철 환승역은 새로 지어질 베스트시티라는 장소가 다른 공간과 어떠한 연계를 맺을지에 관여하는 중요한 문제이자, 입주 이후 집값에 직접적인 영향을 줄 것이라 전망하던 문제였다. 2005년 당시 연주시를 지나는 새로운 지하철 노선의 건설이 이미 결정된 상태에서 구체적인 개별 역사 위치가 시와 정부 차원에서 논의되던 중이었다. 그런데 이 과정에서 당초 베스트시티와 인접한 구역에 들어서기로 했던 환승역의 위치가 변경될 가능성이 있다는 보도가 나왔다. 이에 베스트시티 입주예정자들은 지속적으로 시청과 해당 지역구 국회의원에게 민원을 넣었고 하루에도 수십 차례씩 항의 전화를 해 정책 결정자들을 압박했다. 결국 이들의 여론몰이에 굴복한 연주시는 원안대로 환승역을 짓기로 입장을 선회했다.

또 다른 주요 쟁점은 보일러 및 엘리베이터 시공업체 선정이었다. 지하철 환승역 위치 문제로 시끄러웠던 2005년 여름 무렵, 조합과 시공사 측에서는 건설 중인 단지에 A업체의 보일러와 B업체의 엘리베이터가 설치될 것이라는 안내문을 올렸으나 다수의 입주예정자들이 이 결정에 강하게 반대했다. 보일러 업계에서 가장 평판이 좋은 C업체의 보일러를 놔두고, 그리고 엘리베이터 업계에서 최고급으로 인정받는 D업체의 엘리베이터를 놔두고 왜 하필 A업체와 B업체의 제품을 선정했느냐는 것이었다. 여기에는 A업체와 B업체가 베스트시티 시공을 맡은 스타건설과 로열건설의 계열사라는 사실이 자리하고 있었다. 입주예정자들의 눈에 이 결정은 재벌 건설사들의 계열사 밀어주기로 보일 수밖에 없었다. 가능한 한 최고급 설비를 갖추어 단지 평판을 끌어올려도 경제적 가치가 어느 정도 올라갈지 불확실한 판국에, 이런 결정은 점점 쌓여가던 입주예정자들의 불만에 기름을 붓는 격이었다.

게다가 재건축조합의 무능이 이런 결정의 배경이 되었을 수도 있다는 우려가 더해지면서 입주예정자들, 특히 Z사이트에 개설된 인터넷 카페에서 활동하던 이들의 불만은 더욱 커져갔다. 이미 2004년 말, 아파트 난방 방식을 정하는 과정에서 개별난방에 비해 난방비를 절감할 수 있는 지역난방 시스템의 도입이 좌절되자 조합의 대응 능력이 도마 위에 오른 적이 있었다. 보일러와 엘리베이터 업체 선정 과정에서도 조합이 계속 시공사에게 끌려다니는 모습을 보이자 조합 지도부에 대한 불신은 극에 달했다. 특히 지분제가 아닌 도급제로 공사가 진행되어왔고, 재건축 초창기에 도급제를 반대한 이들의 주된 논리 중 하나가 조합의 무능에 대한 우려였음을 감안하면 이들의 공격은 당연한 것이었다.

제목: 지금 우리가 가고 있는 이 길이……

우리 카페에서 누누이 예전부터 강조해온 입주민의 마지막 자존심인 보일러 기종 선택 문제는 어찌 되어가는 걸까요? 조합이 지금에 와서는 시공사가 최종 결정할 문제라고 책임을 전가하고 있는 중입니다. 아니, 여기가 택지개발지구도 아니고 그렇다고 지분을 보장받는 재건축 확정지분제 사업장도 아닌데 공사 중의 모든 권한을 조합원에게 불리하도록 안내하고 있으니 참으로 어이가 없습니다. [……]

우리는 도급제 사업장입니다. 즉 공사 중에도 조합의 의지에 따라 일반 택지개발지구보다 더 좋은 단지, 또는 더 낙후된 단지를 만들 수 있다는 겁니다. [……] 갑의 입장인 조합원들이 여러 가지 이유로 A보일러만은 안 된다고 사업 초기부터 그렇게 주장했음에도 불구하고 을인 건설회사의 입장은 요지부동인 듯합니다. 이유를 따지자면 많습니다만 조합의 무능이 우선 첫 번째 이유입니다.(2005년 9월 게시물)

이들은 이번에도 시공업체 변경을 위해 조합원을 대상으로 설문조사를 실시하고 조합 및 건설사에 항의 전화를 하면서 대응했지만, 결국 원하는 성과는 얻어내지 못했다. 주민 여론에 민감할 수밖에 없는 시 관계자들과 달리 계열사의 이익을 우선적으로 고려하는 시공사의 의지를 꺾지 못했던 것이다. 조합 지도부의 대응이 미온적인 상황에서 일반 조합원들의 항의만으로는 한계가 있었다. 그리고 뒤에서 다시 살펴보겠지만, 이러한 일련의 사건은 2006년 이후 본격적으로 전개된 대(對)조합 투쟁의 직접적인 단초가 되었다. 재건축 과정에서 확인된 조합의 무능에 대한 불만이 조합의 비리 의혹으로 확대됐기 때문이었다.

한편 교통체증과 좁은 동간거리에 대한 우려로 저평가된 베스트시티의 위기를 극복하기 위해 입주예정자들이 또 하나 초점을 맞춘 문제는 조경이었다. 어차피 아파트 단지의 규모를 줄일 수도 없고, 전반적인 설계 구조를 바꿀 수도 없는 상황에서 이러한 단점을 극복하려면 단지 내의 조경을 최대한 아름답게 꾸미는 것이 상책이라는 인식이 퍼졌다. 일반적으로 아파트 단지 공사에서 입주예정자들의 의사가 직접 반영되지는 않지만, 성일주공 재건축 사업은 조합을 통해 조합원들이 개입할 수 있는 도급제 사업장이었다. 따라서 입주예정자들은 조합의 적극적인 의지만 있다면 얼마든지 단지 내 조경을 아름답게 꾸밀 수 있다고 봤다.

> 제목: 울 아파트 소문이……
>
> 우리 아파트 대외적으로 소문이 어찌 났는지…… 영 안 좋은 거 같네요. 부동산의 '부' 자에도 관심이 없고 모르시는 양반들도 성일동은 너무 좁아 사람 살기 힘들 거라고 생각하고 있다니…… 어떻게 하면 인식전환이 될까요? 아이고 머리야ㅜㅜㅜ(2005년 12월 게시물)

위 게시물처럼 베스트시티의 부정적인 소문에 대한 걱정은 종종 인터넷 카페를 통해 표출됐다. 이에 대해 카페에서 적극적으로 활동하면서 일종의 오피니언 리더 역할을 하던 회원들이 대책으로 내놓은 방안은 대부분 조경에 관련된 내용이었다. "우리 단지는 주차장이 지상에 없고 지하에 위치하여 그만큼 지상공간 활용이 효율적이라는 사실을 강조해야 한다."거나, "쾌적한 단지를 만드는 방법밖에 없으므로 많은 분들이 동참하고 적극적으로 협조해야 한다."고 하는 등 단지 내 녹지 조성을 어떻게 하느냐가 관건이라는 의견이 주를 이뤘다. 그리고 이 과정에서 사람들은 자연스레 과거 성일주공아파트 시절 단지를 가득 채웠던 '벚꽃'의 행방을 묻기 시작했다.

A 우리 단지에 있던 그 수많은 벚나무들의 행방이 정말 궁금해요.

B 아주 예리한 지적이십니다. 저도 많이 궁금했던 내용입니다. 그리고 나무들이 제대로 살아 있는지도……

C 음…… 저도 항상 궁금증이…… 그 많던 벚나무들이며, 울창했던 수목들…… 일부 매각되고 작은 수목들은 옮겨 놓았다는데 모두 잘 자라고 있는지 궁금해요.

D 제가 예전에 지나다닐 때 성일주공에선 그 아름드리 벚나무들이 제일 부러웠습니다. 필히 잘 살려서 옮겨 심어야죠.(조경과 수목 이식에 관한 2005년 12월 카페 게시물에 달린 댓글 중에서)

성일주공아파트는 벚꽃으로 유명한 단지였고, 따라서 이 단지를 재건축해 지어지는 베스트시티에서도 추억을 살려 다시 벚꽃을 아파트 단지의 명물로 삼자는 움직임이 일었던 것이다. 일부 입주예정자들은 벚꽃을 다시 옮겨 심는다면 "프리미엄이 1500에서 2000만 원은 오를 것"이라며 기대감을 표했고, 다른 일각에서는 "꼭 집값과 연관짓지 않더라도" 좁은 동간거리에서 오는 답답함을 해소할 수 있는 좋은 수단이 벚꽃이라 보았다. 문제는 재건축 과정에서 수백 그루에 달하는 왕벚나무들의 행방이 묘연해졌다는 사실이었다.

당초 성일주공아파트 단지에서 자라던 벚나무를 비롯한 수십 종의 나무들은 연주 시내 대형 공원과 공사 현장 근방에 옮겨 심기로 되어 있었다. 재건축 공사 직전이던 2003년 9월 한 지역신문에 보도된 기사에 따르면, 재건축조합이 단지 안에 있던 수목 약 4000그루 전량을 연주시에 기증하여 조경수로 재활용하기로 하고, 대신 연주시에서는 약 3억 원에 달하는 이식 비용을 대기로 했다고 한다. 그런데 벚나무는 고목이 많아 이식하면 고사할 우려가 있고, 또 이식 비용이 워낙 비싸기도 해서 시에서 기증받지 않았다는 사실이 나중에 밝혀졌다. 문제는 1000여 그루의 벚나무 중 약 300그루는 공사 현장 인근에 옮겨 심었지만, 나머지 수목의 행방에 대해서는 누구도 시원한 답을 내놓지 못했다는 것이다. Z사이트 카페 입주민들을 중심으로 의혹이 일자, 조합은 나무를 옮기는 과정에서 고사하여 베어버린 경우는 있어도 따로 판매해 이득을 챙기지는 않았다고 주장했다. 사라진 벚나무들의 소재에 대해서는 조합도 모른다는 것이었다.

결국 사라진 벚나무 수백 그루의 행방은 여전히 묘연한 채, 2007년 여름 완공된 아파트 단지 내부에서는 단 한 그루의 벚나무도 찾아볼 수 없게 되었다. 한동안 시끄러웠던 벚나무 관련 논의가 사라진 것은 비슷한 시기에 훨씬 더 큰 이슈가 모두의 주의를 끌었기 때문이었다. 보일러나 엘리베이터 업체 선정, 벚나무의 행방 등의 문제를 단번에 덮어버린 이 초특급 이슈는, 바로 '베스트시티'라는 기존의 단지 이름을 각 건설사의 고유 브랜드로 변경하는 문제였다.

[3. 베스트시티에서 노블하이츠로]

앞서 살펴봤듯 단지 이름이 '베스트시티'라는, 건설사와 무관한 명칭으로 정해진 데는 몇 가지 이유가 있었다. 재건축 사업을 스타건설과 로열건설 컨소시엄이 수주하면서 어느 한쪽의 브랜드를 따르기가 곤란했고, 아직 스타건설이 브랜드를 론칭하지 않았다는 문제도 있었다. 그래서 조합이 정한 '베스트시티'라는 명칭에 건설사와 입주예정자 모두 이의를 제기하지 않은 채 통용될 수 있었다. 그런데 차츰 공사가 진행되고, 아파트 외벽의 색상이나 문양에 대한 관심이 생기기 시작하면서 베스트시티라는 이름에 대해서도 추가 논의가 필요하다는 움직임이 조금씩 일어났다. 당시 게시물과 댓글 들은 2005년경 Z사이트 카페에서 논의되기 시작한 단지명과 관련한 고민을 잘 보여준다.

제목: [질문] 우리 아파트 외부 벽체 페인트 마감색은 정해졌나요?
베스트시티 페인트 색깔이나 외벽 문양이나 심벌마크 정해진 거 있나요? [⋯⋯] 문양에 ○○마을, □□마을 하는 것도 정겹다기보다는 왠지 우리 베스트시티와는 어울리지 않는 것 같고요. 멋진 문양과 페인트 색으로 마감될 수 있도록 의견을 모으는 것도 필요하다는 생각이 불현듯 떠오르네요.(2005년 7월 게시물)

A 개인적으론 이렇게 했으면 좋겠습니다. '스타 베스트시티/로열 베스트시티' 로고를 타 아파트처럼 건물 상단 옆에 표기했으면 좋겠네요. 멀리서도 스타, 로열인 걸 확인할 수 있도록요. 베스트시티만 표기한다면 어느 건설사가 만들었는지 모를 수도 있고, 브랜드 가치가

높다는 걸 알리려면 브랜드명도 넣어주는 것이 좋다고 생각합니다.

B 제 생각에는 베스트시티 문구를 기본으로, 스타/로열을 영문으로 넣는 게 낫다고 보입니다. 1, 2단지 나누자는 게 아니고, 브랜드 가치를 극대화시키기 위한 거죠. 베스트시티 로고만 넣으면 ○○마을, □□마을 하는 거와 다를 게 없다고 생각합니다. 그냥 덩치만 큰 대단지로 남기보다는 가치를 업그레이드하려면요.

C 저도 같은 생각입니다. 1, 2단지를 나누자는 게 아니라 브랜드 가치를 극대화하자는 겁니다. 될 수 있으면 1, 2단지 모두 스타, 로열의 브랜드를 영문으로 넣으면 좋고요. 베스트시티는 마을 개념으로 보고, 베스트시티를 스타와 로열에서 지었다는 광고를 직접적으로 해야 합니다.(댓글 중에서)

입주예정자들은 모두 어떤 식으로든 스타건설과 로열건설이 베스트시티를 지었다는 사실을 알려야 한다고 보았다. 베스트시티가 대형 건설사들이 시공하는 '고급' 아파트 단지인 만큼, 1기 신도시(1980년대 말에 건설된 분당, 일산, 평촌, 중동 등)에서 시도된 '○○마을'처럼 이제는 다소 촌스러운 느낌을 주는 단지 명명은 지양해야 한다는 입장이었다. 하지만 이때까지만 하더라도 시공사인 스타건설과 로열건설의 사명을 병기해야 한다는 정도의 논의만 있었을 뿐, 각 건설사의 고유 브랜드를 도입해야 한다는 주장은 찾기 힘들었다. 그보다 중요한 것은 베스트시티라는 이름 아래 9000세대가 하나로 뭉친 거대한 단지가 지닌 규모의 위력이었다. 이는 베스트시티를 1단지와 2단지로 나누자는 것이 아니라는 언급이 반복적으로 등장하는 것에서도 드러난다.

그런데 2006년 초, 스타건설에서 새로 아파트 브랜드를 론칭한 준비에 돌입했다는 소식이 전해지면서 분위기는 바뀌기 시작했다. 스타건설의 브랜드가 없던 상황일 때는 외벽에 건설사 마크만 표기해도 충분하다고 여겼지만, 스타건설이 새 브랜드를 론칭하면 문제는 달라질 수밖에 없었다. 기존에 브랜드를 운영해온 다른 건설사들의 경우를 볼 때, 각 건설사들이 가장 공을 들여 짓는 '고급' 아파트 단지에 해당 건설사가 심혈을 기울여 홍보 중인 브랜드를 부여해왔다는 것은 부동산에 조금이라도 관심 있는 이라면 누구나 다 아는 사실이었다. 만약 베스트시티에 스타건설의 신규 브랜드가 부여되지 않는다면 그건 곧 베스트시티가 스타건설이 시공한 단지들 중에서도 상대적으로 '급'이 떨어지는 단지로 보일 수 있다는 의미였다. 게다가 언론을 통해 브랜드 도입 이전에 건설된 단지들도 브랜드 도입을 추진하는 경우가 제법 많다는 사실을 접해온 입주예정자들은 베스트시티에도 브랜드를 도입해야 한다고 생각하게 되었다. 그리고 상황이 이렇게 바뀌자 로열건설이 시공을 맡은 구역의 입주예정자들도 뜻을 같이하여 로열건설의 기존 브랜드인 '로열카운티'를 도입할 것을 주장하게 되었다. 인터넷 카페에서도 일부 회원들을 중심으로 브랜드 도입이 갖는 의미를 설파하는 게시물들이 등장하기 시작했다.

제목: 짝퉁

여러분은 제품을 구입하실 때 메이커를 중요하게 생각하시나요? 시장에서 판매되는 제품은 짝퉁이든 보세든 'Made in China'든 상관이 없습니다. 하지만 백화점에서 판매하는 명품은 메이커, 브랜드 네임, 마킹이 절대적으로 가격을 좌우합니다. 만일 백화점에서 명품이라고 하면서 브랜드 마킹이 없는 제품을 고가에 사라고 한다면 여러분은 사시겠습니까? 절대로 사는 사람 없습니다. 그 이유는 실제 제품이 명품이라 하더라도 무언가 남들에게 보여줄 수 있는 메이커, 마킹이 필요하기 때문입니다.

스타, 로열 분양받으신 분들과 조합원들은 단순히 시공사만 보고 아파트 재건축을 추진한 것이 아니라고 생각합니다. 든든한 시공사에, 이에 걸맞은 브랜드 네임을 기대하고 분양에 참여한 겁니다. 개인적으로 베스트시티란 이름을 아파트 단지 명으로 확정한 거라고 생각하지 않습니다. 가칭이라고 생각합니다. 베스트시티라는 이름은 입주민들의 의사가 충분히 반영된 이름이라고 생각하지 않기 때문입니다.

우리의 요구가 조합과 시공사에 관철될 수 있도록 스타, 로열 건설사 이름과 브랜드 마크를 아파트 외벽 및 붙일 수 있는 모든 곳에 붙여야 하며, 여기에 추가로 아파트 외벽 색상에 대해서도 협의가 이루어져야 한다고 봅니다. 적어도 스타나 로열카운티로 보이려면 기존의 스타아파트 이미지에 맞는 색상으로, 기존의 로열카운티 이미지에 맞는 색상으로 칠해져야 한다고 봅니다.

브랜드 네임도 당연히 이에 따라야 하구요. 베스트시티를 이도 저도 아닌 제3의 단지로 구분한다면 이는 소비자를 기만하고 우롱하는 행동이라고 봅니다. [……] 브랜드 가치는 보일러나 엘리베이터에 비교할 수 없을 정도로 중요한 사안이며 꼭 시행되어야 하는 내용입니다. 짝퉁아파트…… 생각만 해도 끔찍합니다.

짝퉁보다는 명품에서 살고 싶습니다.(2006년 2월 게시물)

이 게시물을 올린 입주예정자는 대형 건설사가 지은 아파트임에도 브랜드가 없는 아파트를 '짝퉁', 그리고 브랜드 아파트를 '명품'에 비유하면서 브랜드 도입을 관철해야 한다고 주장했다. 2000년대 중반에 이미 한국의 아파트 구매자들에게 아파트 선택 기준 1순위로 '브랜드'가 자리 잡은 현실에서,[14] 건설사들의 사정을 고려하여 정했던 베스트시티라는 기존의 이름은 이젠 걸림돌이 될 수밖에 없었다. 아파트의 브랜드화는 상층의 과시욕을 부추길 뿐 아니라 그렇지 않은 다양한 계층에게도 신분상승의 욕망과 과시의 욕구를 불러일으킨다.[15] 현대 자본주의 사회에서 소위 '명품'을 소비하는 행위가 사회적 지위를 과시하는 주된 수단인 것처럼, 한국 사회에서 상품체계의 정점에 위치한 아파트라는 상품, 그중에서도 '명품' 브랜드 아파트를 구매하는 것은 그 어떤 소비 행위보다도 자신의 지위를 잘 드러내는 수단인 것이다.

브랜드 아파트가 실제로 그만한 가치를 지닌 '명품'인지 여부는 또 다른 문제지만, 그럼에도 불구하고 2000년대 중반 대부분의 아파트 구매자들이 브랜드에 집착할 수밖에 없었던 것은 브랜드 아파트가 실질적인 이득을 가져다주리라는 믿음을 갖고 있었기 때문이었다. 실제로 2000년대 후반의 어느 순간, 대략 2008년 금융위기 이전까지는 무리 없이 작동하던 지속적인 가격 상승 기제가 이 믿음을 뒷받침하고 있었다.● 브랜드 아파트를 구매하는 경우, "적어도 구매자의 이자 비용은 분양가 대비 입주 시 가격 상승분으로 충분히 보상받을 수 있다."[16]는 믿음은 곧 현실이었다.

그런데 문제는 이 기제가 작동하기 위해서는 아파트에 부여된 브랜드의 인지도가 어느 정도 높아야 한다는 사실이었다. '베스트시티'라는, "다른 사람들은 아무도 모르는" 단지 이름만 갖고서는 입주 이후 가격이 충분히 상승할지 알 수 없는 일이었다. 게다가 가뜩이나 교통체증과 동간거리 문제 등으로 부정적 소문에 시달리던 입주예정자들에게 브랜드 도입은 최후의, 그리고 가장 강력한 희망이었다.

● 박해천은 아파트 브랜드를 구매자와 판매자 간의 '신용'을 금전적으로 거래하기 위해 설계된 것으로 본다. 분양가 상한제 폐지 이후에도 완성되지 않은 상품에 먼저 비용을 지불하는 선분양제라는 기형적인 제도가 여전히 남아 있는 상황에서, 이러한 일종의 '신용 거래'를 뒷받침하는 중요한 장치가 아파트 브랜드라는 것이다. 박해천에 따르면, "건설업체는 지속적인 광고를 통해 브랜드의 광휘를 선사하고, 구매자는 모델하우스를 방문한 뒤 그 광휘를 미래의 자산 가치에 대한 보증으로 착각하고 상품 대금 일부를 미리 지급하는 것"(박해천 2013: 110)이야말로 이 거래의 핵심이다. 덧붙여 그 중간 장치로서 모델하우스가 갖는 '마법과도 같은 힘'에 대해서는 박철수(2013: 161~192)의 논의를 참조할 수 있다.

지하철 환승역이나 보일러와 엘리베이터, 벚나무 이식 등 그들이 지금까지 논의해온 많은 요소들은 브랜드 도입과 비교하면 하찮은 문제에 불과했다. 아파트 브랜드야말로 성일주공 재건축 과정에서 가장 핵심적인 요인이었던 것이다.

제목: [고민] 진정한 아파트 가치 상승……
각설하고, 지금 우리 아파트에 있어 가장 가치를 상승시켜줄 요인이 어디에 있겠습니까? 주변에서 보는 분양아파트…… 사실 어떤 보일러를 쓰는지 어떤 엘리베이터를 설치하는지 모르는 분들이 다반사일 것입니다. 그런데 왜 우리는 보일러에 이렇게 민감해야 될까요? 대기업 보일러와 엘리베이터를 설치했다고 한들 우리 아파트 가치 상승에 큰 영향을 미칠 수 있을까요?

하지만 브랜드며 단지 조경은 다릅니다. 브랜드 네임에 따라서 그리고 단지 조경에 따라서 1억 차이 나는 거 우습습니다. 우리 현장은 강남 재건축 현장이 아닙니다. 현재 고전을 면치 못하는 연주 성일 재건축 현장입니다. 무엇보다 초반 상승세가 중요하다는 생각이 듭니다. 처음에 그저 그런 단지로 전락하면 치고 올라갈 여력에 한계가 있습니다. 이런 요소를 미연에 방지코자 스타건설의 뉴 브랜드를 적용하고 로열카운티의 호랑이 마크를 부착해 단지의 차별화를 기해야 한다는 것입니다. 다른 분들이 말씀하셨듯이 달고 안 달고 1~2억 차이 충분히 날 수 있다는 생각을 합니다. 안일하게 생각했다가 입주시에 매물이 넘쳐나고 수요자가 없어 가격이 하락하면 주위에서는 이런 말들을 하겠지요? 역시 성일은 교통 막히고 용적률 높아 발전가능성이 떨어진다고…… 이런 소문들이 꼬리에 꼬리를 물어 퍼진다면 우리 아파트의 장밋빛 미래는 약속할 수가 없을 것입니다.(2006년 2월 게시물)

위 게시물에 언급된 '단지 조경'은 단순히 아파트 단지 안에 어떤 나무를 옮겨 심고, 조경을 어떻게 꾸미느냐 하는 일반적인 문제가 아니었다. 새로 도입할 브랜드를 최대한 밖으로 드러낼 수 있게끔 로고를 아파트 외벽에 표시하고, 단지 정문과 각 주동 출입구에도 브랜드를 부각해 차별화하는 것이야말로 새로운 '조경 문제'의 핵심이었다. "강남 재건축 현장이 아니라 연주 성일 재건축 현장"이라는 점도 베스트시티 입주예정자들이 브랜드 도입에 필사적이었던 주된 원인이었다. 앞서 확인했다시피 강남이 아닌 지역에서는 브랜드에 따른 가격 민감도가 더욱 높았기 때문이었다. '강남'이라는 지역 프리미엄이 없는 연주시 같은 수도권 도시의 아파트 시장에서 브랜드는 더욱 중요한 이슈로 작용할 수밖에 없었다.

대다수 의견이 브랜드 도입 쪽으로 굳어지자 이들은 곧바로 지하철 환승역이나 보일러 건에서 그랬던 것처럼 직접적인 행동에 나서기 시작했다. 그런데 스타건설과 로열건설 측은 "베스트시티와 자신들의 브랜드는 '컨셉'이 다르다."는 이유를 들어 요청을 거부한다는 뜻을 밝혔다. 그리고 이 소식을 접한 입주예정자들은 강하게 반발했다. 건설사들이 브랜드 변경 요청을 거부한다는 소식이 전해진 게시물에는 아래와 같은 댓글들이 달렸다.

A 컨셉이 다르다는 것은, 즉 너네는 우리 전력의 30퍼센트 정도만 투입했기 때문에, 그리고 대충 만들었기 때문에 호랑이[로열카운티 브랜드의 상징] 마크가 들어가기에는 무리가 있다는 것인데…… 고양이라도 달고 싶으면 함 의견을 모아보라고밖에 들리지 않는군요.

B 정답이네요. 너네는 강남도 목동도 아니니, 애초에 꿈도 꾸지 말라는 건가? 그 많은 분양수익금을 꿀꺽 삼키고 연주 떠나면 그만인가?

C 호랑이 마크가 왜 중요한지! 살아가는 데는 아무 문제 없습니다. 하지만 브랜드 가치를 생각한다면…… 조형물 및 내부, 외관 디자인을 생각한다면 꼭 필요한 마킹입니다. 우리가 건설사 보고 선택한 단지입니다. 그런 단지에 인정을 못 받는다면 이 또한 넌센스이지요.

D 로열, 스타는 울 아파트 시공하면서 자부심을 느낄 만큼의 단지가 될 수 없다는 판단이죠. 그렇다면 내 것이 아닌데 심혈을 기울여 시공하려 하겠습니까. 처음부터 조합이 생각을 잘했어야 했는데…… 스타, 로열이 우리 아파트 잘 시공할 수 있도록 스타·로열로 아파트명 했어야…… 발을 못 빼게!

건설사 입장에서는 처음부터 베스트시티라는 별도의 프로젝트로 시작한 사업에 자신들의 브랜드를 부여하는 것이 꺼려질 수밖에 없었다. 기존에 높은 지명도를 자랑해온 로열건설의 '로열카운티' 브랜드와 스타건설이 야심차게 준비하고 있던 신규 브랜드를, 지금까지 크게 신경 쓰지 않았던 베스트시티에 부여한다면 브랜드 이미지가 훼손되지 않을까 우려했던 것이다. 결국 공은 재건축 사업 시행자인 조합으로 넘어갔다. 조합 측은 당초 브랜드 이슈에 미온적이었지만, 조합원과 일반분양자 여론이 브랜드 변경으로 들끓자 총대를 메고 건설사들과 재협상에 나섰다. 결국 협상 끝에 2006년 3월, 기존 베스트시티에서 로열건설의 로열카운티와 이후 '노블하이츠'(가명)로 정해진 스타건설의 신규 브랜드로 단지 이름을 변경하기로 최종 합의했다. 대신 브랜드 도입으로 인해 적용되는 변경 사항 일체의 비용은 조합 측이 부담하는 것으로 결정됐다. 그리하여 기존에 약 60개 동 5000여 세대로 이루어진 베스트시티 1단지는 '성일 노블하이츠'로, 약 40개 동 3000여 세대로 이루어진 베스트시티 2단지는 '성일 로열카운티'라는 이름으로 불리게 되었다.[•]

일각에서는 원래 하나로 묶여 있던 베스트시티가 '성일 노블하이츠'와 '성일 로열카운티'로 분리되면서 9000세대에 달하는 성일주공 재건축 단지가 지닌 '대단지의 힘'이 약화되는 것 아니냐는 불만이 나오기도 했다. 한동안 의견이 분분했지만, "우리밖에 모르는 베스트시티라는 이름에 비해 온 국민이 다 아는 브랜드의 힘"을 내세운 다수의 주장 앞에 이런 목소리는 소수 의견으로 묻혔다. 설령 단지가 둘로 나뉜다 하더라도, 지금까지의 재건축 과정에서처럼 입주

[•] 엄밀히 말하면 이런 단지 구성은 연구 대상지의 실제 현실과는 다소 차이가 있지만, 연구 대상 아파트 단지의 정보 보호 차원에서 약간의 변형을 가했음을 밝혀둔다.

민들이 결속하여 뜻을 모은다면 9000세대 대단지가 갖는 위력은 사라지지 않는다는 주장도 지지를 받았다. 브랜드 변경은 성일주공 재건축 과정에서 그만큼 중요한 문제였던 것이다.

이처럼 지하철역과 보일러 업체 선정, 조경 문제 등을 거쳐 브랜드 변경에 이르는 여러 쟁점들은 성일주공아파트라는 장소가 해체되고 성일 노블하이츠라는 또 다른 장소가 생겨나는 데 영향을 미친 핵심적인 요인들이었다. 이 요인들은 재건축에 개입한 다양한 주체들의 욕망을 특정한 방향으로 결집시켜 성일 노블하이츠가 지금의 모습을 갖추는 데 직접적인 영향을 미쳤다. 그런데 여기서 간과할 수 없는 것은 이 과정에서 주도적으로 의견을 개진하고 입주예정자들의 여론을 끌어내어 조합과 건설사 측에 자신들의 뜻을 관철시킨, 일종의 오피니언 리더들이 존재했다는 사실이다. 지금부터는 아파트 재건축이 마무리되고 본격적으로 입주가 시작된 시기에 이 오피니언 리더들이 다음 타깃, 즉 재건축조합의 비리에 맞서 펼친 활동을 살펴볼 것이다.

재건축조합 비리와 입주자협의회 활동

[1. 비리 의혹과 조합 특별감사 추진]

입주예정자들은 재건축 과정에서 각종 쟁점들이 처리되어온 방식을 보면서 조합의 대응 능력에 점차 의구심을 갖기 시작했다. 사업 방식을 정하느라 논란이 일었던 당시 우려했던 점들(조합의 무능, 추가분담금 발생 등)이 현실화될 수도 있겠다는 걱정이 커진 것이다. 일례로 2005년 초부터 조합원들 사이에서는 기존 공사대금 외에 추가분담금을 지불해야 할지도 모른다는 소문이 퍼졌으며, 조합은 절대 그럴 일이 없다고 부인했지만 조합원들의 근심은 쉽게 가라앉지 않았다.

사실 추가분담금 발생보다 더 큰 문제는 앞에서 살펴본 대로 조합이 난방 방식, 보일러와 엘리베이터 업체 선정, 브랜드 변경 등의 문제에서 조합원 다수가 원하는 방향으로 제대로 일처리를 하지 못했다는 사실이었다. 지역난방 문제야 어쩔 수 없었다 해도, 2004년 여름의 일반분양을 통해 조합이 상당한 수익을 올려 예산을 충분히 확보했는데도 평판이 더 좋은 업체의 보일러를 채택하지 않았다는 것은 이해할 수 없는 일이었다. 이런 상황에서 2005년을 전후로 다수의 재건축 사업 현장에서 불거진 각종 비리 의혹이 사실로 밝혀졌다는 언론 보도가 잇따르면서,[•] 성일주공 재건축 역시 조합과 건설사 간의 비리가 존재하는 게 아닌가 하는 의혹이 일파만파로 퍼져갔다. 성일주공 재건축 과정에서 나온 각종 잡음들이 조합의 무능이 아닌 조

• 「수백억대 재건축 비리 적발」, SBS 뉴스(2005년 4월 12일), 「경찰, '재건축 비리' 서울 전 지역 수사 확대」, 《연합뉴스》(2005년 4월 25일), 「잠실 재건축 비리 사실로 드러나」, YTN(2005년 6월 22일) 등 2005년은 2000년대 초반부터 진행된 재건축 사업장 각지에서 발각된 비리로 시끄러웠던 시기였다.

합 지도부의 부패 탓일지도 모른다는 의혹이었다. 특히 일부 조합원 사이에 조합장 이인임과 부조합장 염흥방이 비리에 직접 연루되어 있다는 소문이 퍼지면서 논란은 더욱 커졌다.

급기야 2005년 여름부터 Z사이트 입주예정자 카페 게시물을 통해 몇몇 입주자들이 조합에 대한 외부 회계감사가 필요하다고 주장하기에 이르렀다. 주택건설촉진법 제44조 제9항에 의하면 주택조합의 비리 예방과 감독을 위해 조합에 대한 회계감사가 법으로 보장되어 있다. 이 조항을 근거로 조합원 노영환이 공식 제안해 2005년 10월부터 조합에 대한 특별감사추진위원회 구성이 논의되었고, 2005년 11월 말 조합원 이민상을 위원장으로 한 특감추진위원회가 공식 발족했다. 그리고 어느 정도 조직을 정비한 2006년 초, 특별감사의 공식 제안자이자 특감추진위원회 부위원장을 맡게 된 노영환은 카페에 올린 아래 글을 통해 입주예정자들의 협조를 호소했다.

제목: [알림] 조합 특별감사 이제 시작입니다.

조합특별감사 추진위원회는 이러한 일들을 하고자 합니다.

　1. 우리 조합 규약에 의거, 조합특별감사 요청 성원인 조합원 10분의 1, 약 600명의 서면동의서 접수 운동을 전개합니다.

　2. 서면동의서 작업과 병행하여, 현재 이슈화되고 있는 발코니, 보일러, 조경 등 전 입주예정자 모두가 관심을 갖고 있는 사항에 대한 문제점을 심도 있게 검토하여, 우리의 의견을 끊임없이 제기할 것입니다. 또한 정기적인 공사 현장 방문 등 입주예정자의 기본적인 권

리 확보 운동을 전개할 것입니다. [……]

다시 한 번 말씀드리지만 본 특별감사는 조합을 교체하고자 함이 아니며, 과거를 단죄하고자 함도 아닙니다. 다만 과거를 다시 한 번 점검하여 우리의 소중한 재산과 권리를 수호하고, 성일주공 재건축을 성공적으로 마무리하고자 함입니다.

입주예정자님 모두의 적극적인 협조와 관심 부탁드립니다. 감사합니다.(2006년 2월 게시물)

그러나 특별감사 요청 성원인 600명의 동의서를 채우는 것은 쉬운 일이 아니었다. 특별감사가 법적 효력을 발휘하려면 특감동의서 외에도 인감증명서와 함께 인감도장으로 날인한 위임장을 제출하는 등 번거로운 절차가 필요했는데, 대다수 조합원의 무관심과 개인정보 유출 우려로 시일이 늦어질 수밖에 없었다. 그러나 특감추진위원회 구성원들이 1년 이상 꾸준히 노력한 끝에 마침내 2007년 7월, 600명의 동의서를 확보한 특감추진위원회는 재건축조합 측에 공식으로 특별감사 실시 요구서를 발송했다.

하지만 수차례의 특감 요구에도 불구하고 조합은 고문 변호인단을 통해 계속해서 특감 거부 의사를 밝혔다. 그 사이 드디어 성일노블하이츠가 완공되어 2007년 8월부터 입주가 시작되었고, 입주 이후 속속 드러난 아파트 단지 내의 각종 하자들은 특별감사에 무관심했던 다른 주민들까지 조합에 등을 돌리고 특감을 지지하게 만들었다. 지하주차장 일부 구역에서는 물이 차오르고 벽면에 물기가 생겨 곰팡이가 피었고, 특히 특정 하청업체가 창호 시공을 맡은 3000여 세대에서는 창호가 제멋대로 설치되어 창문이 제대로 여닫히지 않는 등 생활에 큰 불편을 주는 하자가 발생했다. 실생활의 불편은 특감추진위원회의 단지 내 홍보전과 맞물리며 조합 측에 점차 거센 압박으로 작용했다.

이처럼 여러 번거로운 절차에도 불구하고 특감 요청 성원수를 확보하고 입주를 전후한 시점에 반(反)조합 정서가 단지 안에서 우위를 점할 수 있었던 배경에는 재건축 비리를 파헤치기 위해 나선 사람들의 열성적인 활동이 있었다. 이들은 특별감사추진위원회와 별도로 입주예정자 전체를 대표하고자 했던 '입주자협의회'를 만들어 시공사와의 협상에 지지부진했던 조합에 압력을 행사하고 직접 협상에도 나서는 등 다방면에서 적극적으로 활동했다. 이후 전개된 상황이 보여주듯 조합이 재건축 과정 전반의 관리·감독에 상당히 소홀했음을 감안할 때, 이들의 활동이 없었더라면 성일 노블하이츠의 모습은 지금과 크게 달라졌을 가능성이 높았다.

【 2. 입주자협의회 설립과 활동 】

입주를 한 해 앞두고 조합 특별감사추진위원회의 활동이 한창이던 2006년 여름, 포털사이트 Z사에 개설된 카페 회원들을 중심으로 '성일스타·로열 입주자협의회'(이하 '입주자협의회')가 발족했다. 입주자협의회는 성일주공 재건축 과정에서 조합원뿐 아니라 3000여 세대에 달하는 일반분양자들의 권익도 대변할 수 있는 정규 조직이 필요하다는 판단에 의해 구성된 단체였다. 기존에 활발히 활동해온 특별감사추진위원회는 규정상 조합원만 참가 자격이 있기 때문에 입주예정자 전체를 대표하려면 더 광범위한 조직이 필요했던 것이다. 특별감사추진위원으로 활약해온 김도진이 제1대 입주자협의회 회장을 맡았고, 조합원 대표 노영환과 일반분양자 대표 강성구로 구성된 복수 부회장 체제가 출범했다. 그리고 Z사 카페를 처음 만들고 카페지기 역할을 해온 최윤지가 총무를 맡게 되었다.

입주자협의회는 특감 준비 외에도 2006년 3월에 확정된 브랜드 적용과 관련해 구체적인 변경 사항(재건축 과정에서 '브랜드 특화'라는 이름으로 논의되었다.)을 점검하고자 했다. 브랜드 론칭 이전에 완공된 아파트 단지들이 다른 변경 없이 단지 이름만 새 브랜드로 바꾸는 사례가 심심찮게 있었기 때문이었다. 입주자협의회 입장에서 무엇보다 중요한 것은 아직 완공 전인 ㈜베스트시티의 이름만 '성일 노블하이츠·로열카운티'로 바꾸는 것이 아니라, 실제 외관 역시 누가 보더라도 스타건설과 로열건설이라는 굴지의 대기업 건설사가 지은 아파트라는 사실이 선명하게 드러나야 한다는 것이었다. 그러려면 '브랜드 특화'와 관련한 모든 정보가 전체 입주예정자들에게 투명하게 공개되어야 한다는 것이 이들의 주장이었고, 그 외에도 벽지와 마감재 등을 직접 확인할 수 있게끔 샘플하우스를 2006년 안에 공개할 것을 요구했다. 자신들의 주장을 관철시키기 위해 입주자협의회는 2006

년 하반기 내내 공사 현장 앞 인도에서 피켓을 들고 크고 작은 집회를 열었다.

시공사와의 협상 주체였던 조합의 입장이 입주자협의회와 완전히 다르지는 않았다. 조합 역시 나름대로 시공사와 협상을 시도했지만, 입주자협의회로 대표되는 '강성' 입주자들에게는 미온적인 대응으로 보였다는 게 문제였다. 또 각종 예산 집행 내역과 관련해 대략적인 내용만 조합원들에게 전달했을 뿐, 구체적인 사항에 대해서는 투명하게 정보공개를 하지 않은 게 사실이었기에, 조합에 대한 불신은 입주자협의회가 적극적 대응에 나설 수밖에 없도록 만들었다. 이런 분위기 속에서 입주자협의회는 특감 추진을 통해 조합을 압박하는 한편, 브랜드 특화와 관련해서는 연주시청 앞에서 촛불집회를 열고 양 건설사들의 서울 본사를 항의 방문하는 등 시공사 측에도 지속적인 압력을 행사했다.

입주자협의회의 압박을 받으며 조합과 건설사 사이의 협상이 2007년 전반기 내내 진행되었다. 아파트 단지 전체의 주출입구와 주동 출입구에 브랜드 로고 부착, 브랜드 콘셉트에 맞게끔 외벽 색상 변경, 건물 외벽 상단에 LED 조명 설치 등의 특화안이 논의되었고 차례대로 현장에 적용되었다. '브랜드 특화' 과정에서 가장 큰 쟁점이 되었던 것은 건물 외벽의 석재 마감 여부였다. 입주자협의회 측에서는 새로운 브랜드에 어울리는 품격을 갖추기 위해 전체 건물의 저층부 외벽에 대리석을 두를 것을 주장한 반면, 시공사 측에서는 비용 부담과 공사 기간이 늘어난다는 이유로 반대했다. 한편 조합에서는 석재 마감 비용으로 40억 원가량까지는 부담할 수 있지만, 나머지는 조합원의 추가분담금 발생이 우려되므로 단지 전체의 저층부를 모두 대리석으로 마감하는 것은 무리라고 주장했다. 게다가 완공이 불과 수개월 앞으로 다가온 상황에서 공사가 오래 걸리는 석재 마감을 추가로 진행한다면 입주자들이 겪게 될 불편은 어떻게 감당할 것인지도 문제였다.

결국 2007년 7월 초, 기나긴 협상 끝에 조합과 시공사는 단지 외곽에 위치한 주동(전체 단지의 약 30퍼센트)에는 저층부 석재(대리석) 마감을 하기로 하고, 단지 내부에 위치한 나머지 건물에 대해서는 이른바 '뿜칠(spray coat)'이라는 작업을 통해 석재 마감과 비슷한 분위기를 내는 것으로 합의했다. 여기에 드는 비용은 조합이 보유하고 있던 예비비에서 전액 지출하기로 했고, 입주자협의회에서는 정식 입주 이후 공사가 진행된다는 점을 고려해 각 입주세대에 동의서를 받는 작업을 하기로 했다. 얼마 남지 않은 입주 시기와 비용 문제 등 현실적인 상황을 고려한 합의 결과였다.

한편 브랜드 특화 관련 논의가 한창이던 2007년 7월 중순, 입주자협의회는 조직을 해체하고 다시 '임시 입주자대표회의'를 구성해 입주 이후 조합과 시공사를 상대로 한 싸움을 본격적으로 준비했다. 앞서 언급했듯이 입주와 동시에 크고 작은 하자들이 발견되면서 조합과 시공사에 대한 투쟁 강도를 높일 필요가 있었는데, 이러한 각종 하자들은 시공사에 대한 조합의 관리·감독 소홀 탓이며 그 배후에 조합 전반의 비리가 자리하고 있다는 의혹이 점점 커져갔기 때문이었다. 그리고 입주 직후인 2007년 8월, 조합에 요구한 설계·시공자 및 컨설팅 업자와의 선정계약서, 사업시행계획서, 회계감사보고서 등 10여 가지 항목의 자료 공개가 거부되자 결국 임시 입주자대표회 의는 검찰 수사를 촉구하는 활동을 전개하기 시작했다.

우선 2007년 9월 두 차례에 걸쳐 연주시를 관할하는 지방검찰 청 앞에서 임시 입주자대표회의 주도로 조합과 시공사를 규탄하는 집회가 열렸다.[•] 150명 내외의 입주자들이 참석한 이 집회에서 참가 자들은 조합이 특별감사를 즉각 수용할 것과 시공사가 조속히 하자 보수공사를 시행할 것을 촉구하는 한편, 검찰에도 성일주공 재건축 조합 비리 수사를 실시할 것을 요구했다. 이어 한 달 뒤인 2007년 10 월 말에는 서울 대검찰청 앞에서 같은 내용의 집회를 열고 수차례 진 정서를 제출하는 등 검찰에 본격적인 수사를 촉구했다. 한편 이에 맞서 조합장 이인임은 검찰청 앞 집회 참가자들이 사실과 다른 내용 으로 자신을 모독했다며 명예훼손 혐의로 입주자 다섯 명을 고소하 는 것으로 대응했다.

결국 그로부터 약 4개월이 지난 2008년 2월, 조합장 이인임이 검찰에 의해 구속 기소됐다. 주된 혐의는 입주와 동시에 문제가 되었

• 입주 이후 두 달 가까운 시간이 흘렀음에도 정식 입주자대표회의가 아닌 '임시' 입주 자대표회의로 활동을 계속했던 것은 조합 정관상 전체 세대의 50퍼센트 이상 입주가 완 료되어야 정식으로 입주자대표회의 선출이 가능했기 때문이었다. 뒤에서 다시 살펴보 겠지만, 성일 노블하이츠의 정식 입주자대표회의가 처음 꾸려진 것은 이로부터 2개월여 가 지난 2007년 11월 말이었다.

던 창호 하자로 인한 것이었다. 검찰 측 발표에 따르면 조합장은 모델하우스 안에 특정 창호업체의 계약 부스를 불법으로 독점 설치해주고 그 대가로 1억 원이 넘는 뇌물을 받았던 것이 확인되었다. 업체는 시공 단가를 10퍼센트가량 높이는 방식으로 로비에 사용한 돈을 메웠고, 그로 인해 피해 입주자들은 세대당 약 40만 원씩 돈을 더 내는 피해를 본 것으로 밝혀졌다. 뒤이어 1년 뒤인 2009년 6월에는 부조합장 염홍방과 재건축 당시 현장소장이었던 A 씨 역시 뇌물수수 혐의로 구속되었다. 현장소장 A 씨가 시공사 측으로부터 하도급을 받은 모 건설회사 관계자에게 청탁을 받고 총 8억 5000만 원에 이르는 뇌물을 받았고, 그 일부를 다시 조합장과 부조합장에게 건넸다는 것이었다. 1년 전 밝혀진 창호 비리와 별도로 이번 건을 통해서도 각각 7000만 원과 1억 5000만 원을 받은 것으로 밝혀진 조합장과 부조합장에 대해 입주민들은 분노를 감추지 못했다.

이렇게 조합 최고위 임원들의 구속으로 성일주공 재건축 관련 비리의 전모는 모두 밝혀지게 되었다. 그 중심에는 조합 특별감사를 추진하고 검찰에 조속한 수사를 촉구한 입주자협의회(이후 임시 입주자 대표회의)가 있었다. 그렇다면 이들은 왜 때로 생업을 등한시하면서까지 이렇게 재건축 조합의 비리를 파헤치는 활동에 열성적이었던 것일까?

우선 이들의 활동을 가능케 한 배경으로, 재건축 현장에 시공사인 건설업체와 시행사인 조합 집행부 외에 다른 '일반인'들이 개입할 수 있는 여지가 확대되었다는 사실을 들 수 있다. 정부와 건설사 주도로 대규모 신규 아파트 단지가 건설·공급되어온 1990년대까지의 상황과 달리, 2000년대 들어 본격화된 아파트 재건축은 조합원이라면 누구나 공사 과정에 대한 정보를 수집하고 목소리를 낼 수 있는 자격을 부여했다. 또 1990년대 말 이후 전국으로 확산된 인터넷환경은 입주예정자들 사이의 물리적 거리와 무관하게 이들의 결집과 자유로운 의사소통을 보장했다.[●] 이러한 사회 전반의 변화로 인해건축에 전문적인 지식이 없는 일반인들도 나름대로 재건축 관련 법령을 공부하고 부동산 지식을 학습해 자신들의 목소리를 낼 수 있었던 것이다.

　여기서 또 하나 주목해야 할 것은, 이들 대부분은 직장인이거나자영업자였을 뿐 부동산 투기에 집중해온 소위 '투기꾼'이 아니었다는 사실이다. 이들은 다니던 직장에 휴가를 내거나 운영하는 점포를다른 가족에게 맡기고 시청 청사와 건설사 앞으로 가서 자신들이 지불한 아파트의 경제적 가치를 높이기 위해 피켓을 들고 구호를 외쳤다. 앞서 언급했듯 2000년대 이후 한국 사회가 자산 중심 경제로의전환 기조에 돌입하면서, 생산 활동에 참여하여 재산을 조금씩 늘려가는 것보다 부동산이나 주식 투자를 통해 자산 증식에 나서는 것이 훨씬 더 효율적이라는 인식이 퍼져갔다. 즉 1년 내내 부지런히 일해도 생활비를 제하고 나면 남는 것이 별로 없는 상황에서, 생업보다

● 실제로 초대 특감위원장을 수행한 이민상은 입주 이전까지 경상북도에 거주하면서 인터넷 카페 활동만으로 재건축 비리 감시에 나서기도 했다.

1억 이상의 시세차익을 기대할 수 있는 아파트 투자에 더욱 신경이 쓰이는 것은 당연했다. 이러한 분위기에서 인터넷 카페에 글을 쓰면서 다른 입주예정자들의 관심을 촉구하고, 조합과 건설사를 상대로 한 집회에 참여함으로써 건설 중인 아파트 단지의 '가치'를 높일 수만 있다면 충분히 시간과 에너지를 투입할 수 있다고 본 것이다.

물론 입주자협의회의 다소 강성 성향의 활동에 대해 입주예정자 모두가 동의한 것은 아니었다. 또 특별감사와 하자 발생 등으로 인해 평판이 좋지 못했던 조합이 시종일관 수세에 몰린 것도 아니었다. 입주를 마치고 조합 비리의 실체가 밝혀진 순간만 놓고 보면 입주자협의회로 대표되는 조합 반대파가 승리를 거둔 것처럼 보이지만, 또 다른 갈등의 소지는 여전히 숨어 있었다. 그리고 이는 입주 이후 주민들을 대표하는 자치기구인 입주자대표회의 구성 과정에서 본격적으로 모습을 드러내기 시작했다.

【 3. 조합의 반격, 그리고 끝나지 않은 싸움 】

입주가 시작된 지 약 3개월이 지난 2007년 10월, 드디어 성일 노블하이츠 제1기 입주자대표회의 선거가 진행되었다. 입주자대표회의 구성은 먼저 각 동별로 입주민 다수의 동의를 얻은 동대표를 선출하고, 동대표들로 이루어진 입주자대표회의에서 구성원의 과반수 찬성에 의해 회장을 선출하는 방식으로 이루어졌다.[●] 성일 노블하이츠 생활문화지원실(이하 관리사무소)은 선거관리위원회에 참여할 인사를 추천받아 일곱 명으로 구성된 선관위를 꾸렸고, 이들은 곧 선거를 관리·감독하는 활동에 들어갔다.

그런데 선거관리위원회의 첫 번째 모임이 있었던 10월 말의 어느 날, Z사이트 카페에 올라온 부녀회장[●●] 김지영의 글은 단지 전체에 큰 파문을 불러일으켰다. Z사이트 카페와 별도로 인터넷포털 Y사이트에도 개설되어 있던 또 다른 입주자 카페에서 카페지기를 맡고 있던 한재민이 선거관리위원장으로 선임되었고, 선관위 위원장의 유권해석에 의해 임시 입주자대표회의에 참가했던 사람들은 '사전선거운동'을 했다는 이유로 정식 입주자대표회의에서 피선거권을 박탈하는 것으로 결정되었다는 내용의 글이었다. 입주자협의회를 거쳐 임시 입주자대표회의 활동이 주로 이루어져온 Z사이트 카페에는 곧바로 이 결정에 대한 항의가 폭주하기 시작했다.

● 2017년 현재, 500세대가 넘는 규모의 아파트 단지 입주자대표회의 회장과 감사는 주민 직선제에 의해 선출되도록 법으로 규정되어 있다. 하지만 기존의 간선제(동대표들에 의한 선출) 방식이 직선제로 바뀐 것은 2010년 6월 주택법 시행령 개정 이후의 일이었다. 따라서 2007년 입주를 시작한 성일 노블하이츠는 간선제로 초대 입주자대표회의 회장을 선출했다.

●● 아파트 부녀회 결성에 관해 별도의 규약이 존재하지 않기에 입주와 동시에 일부 여성 입주민들이 부녀회를 조직해 활동하고 있는 상태였다. 당시 활동 중인 부녀회는 주로 Z사이트 카페 회원들을 주축으로 운영되고 있었다.

쟁점은 크게 두 가지로, 선관위 위원장으로 선임된 한재민의 배경과 임시 입주자대표회의 참가자들의 피선거권 박탈 문제였다. 입주 이전 입주예정자들의 친목과 정보 교류가 이루어지던 인터넷 카페는 Z사이트와 Y사이트 두 군데에 개설되어 있었는데, Z사이트 카페의 규모가 네 배 정도 더 컸다. 문제는 Y사이트 카페의 경우 그동안 조합 비리 의혹에 맞서 싸워온 Z사이트 카페 중심의 입주자협의회와 사사건건 반목해왔으며, 일부에서는 '조합의 나팔수'라고까지 비아냥거릴 정도로 친(親)조합 성향을 보여왔다는 점이었다. 게다가 선거관리위원회를 구성한 아파트 관리업체(관리사무소를 운영하는)가 입주 직전 조합과의 계약에 의해 선정되었다는 사실 역시 선관위 위원장 선임 배후에 조합이 있다는 의혹을 뒷받침했다. 이 때문에 Y사이트 카페의 카페지기였던 한재민을 선관위 위원장으로 선임한 것은 Z사이트 카페 구성원들에게는 객관적이지 못하고 편향된 결과로 보일 수밖에 없었다.

또 다른 쟁점은 임시 입주자대표회의의 활동을 과연 사전선거운동으로 볼 수 있느냐의 여부였다. 피선거권 박탈 결정에 반대하는 사람들은 이제 처음 구성된 선거관리위원회에서 제대로 된 자체 규정도 만들지 않은 채 사전선거운동을 운운하는 것 자체가 모순이라고 주장했다. 또 사전선거운동은 공직선거법에 따른 조항인데, 공직선거법은 대통령과 국회의원, 지방자치단체장 및 의원 선거에만 해당하는 것이고 그 외의 선거에는 적용하기 어려운 점이 많기 때문에 아파트 입주자대표회의 선거에 적용할 수 없다는 비판도 나왔다. 물론 이런 비판의 배경에는 신임 선관위 위원장이 줄곧 조합에 우호적인 성향을 보여왔던 과거의 행적, 그리고 관리소장과 조합 간의 유착 의혹이 자리하고 있었다. 이 모든 결정은 조합과 조합이 뒤를 봐주는 관리소장이 한통속이 되어 꾸민 짓 아니겠냐는 것이었다.

사태를 더욱 악화시킨 건 바로 다음 날 추가로 발표된 한재민 선관위 위원장의 입장이었다. 임시 입주자대표회의 참가자들의 피선거권과 관련한 내용을 정식으로 공고하기도 전에 외부에 알렸다는 이유로 부녀회장 김지영의 선관위 위원 자격을 박탈하며, 부녀회 활동 역시 선거의 중립성을 해칠 수 있다는 이유로 전면 금지하겠다는 통보였다. 이에 격분한 일부 임시 입주자대표회의 구성원들은 관리소장과 선관위 위원장의 자격을 문제 삼는 안내문을 만들어 주민들에게 배포했으며, 부녀회 회원들과 함께 한재민을 선관위에서 배제하라고 요청하기 위해 관리사무소를 항의 방문했다. 그런데 이 자리에서 더 큰 문제가 발생하고 말았다. 같은 장소에 역시 일행을 대동하고 나타난 한재민과 항의 방문자들 사이에서 폭언과 고성이 오간 끝에 폭행 시비가 붙었던 것이다. 서로 다투는 와중에 상대에게 밀려 넘어진 김지영과 그 광경을 보고 졸도한 다른 부녀회원이 그 자리에서 병원으로 실려가고, 한재민도 격분한 방문자들에게 폭행당하는 사건이 벌어졌다.

부녀회 측은 30대 중반의 한재민이 어머니뻘에 해당하는 부녀회원들에게 막말을 서슴지 않았고 힘으로 밀어냈다는 내용의 게시물을 Z사이트 카페에 올리며 선관위의 부당함을 여론에 호소했다.

반면 Y사이트 카페에는 당시 CCTV 화면에 잡힌, 한재민이 폭행을 당하는 영상이 올라왔고, Y사이트 카페 회원들은 부녀회와 임시 입주자대표회의 측을 비난했다. 사태는 여기서 그치지 않고 2007년 11월 초 열린 선관위 임시총회에서 부녀회장이 제안하여 가결(구성원 7인 중 5인이 동의)된 '연주시 강산구 선거관리위원회에 동대표 선출 위탁의 건'을 처리하는 과정으로 이어졌다. 선거의 공정성을 위해 강산구 선거관리위원회에 성일 노블하이츠 입주자대표회의 선거 관련 업무를 위탁하자는 안이었다. 이 안에 대해 한재민은 위원장인 자신의 허락 없이 일부 선관위 위원들의 요청에 의해 관리소장이 임의로 날인한 공문서는 인정할 수 없다고 주장했다. 그러면서 강산구 선관위 측에 공문 철회 요청을 넣었고, 그것이 받아들여진 것이다. 이어 한재민은 부녀회장 김지영을 사문서 위조로 경찰에 고발하고, 일전의 관리사무소 항의 방문에서 발생한 폭력 사건에서 자신이 폭행당했다며 김지영을 비롯한 입주자 일곱 명을 경찰에 고소했다.

사태가 극단으로 치달아 선거가 제대로 치러질지 불투명해진 상황에서 선관위 임시총회가 한 번 더 열렸고, 결국 선거 파행을 막기 위해 임시 입주자대표회의 참가자들의 피선거권 박탈을 없던 일로 하기로 의견을 조율했다. 선관위 위원장으로서 한재민의 책임과 권한을 인정하는 대신, 모든 입주자들의 피선거권을 인정하는 쪽으로 협상이 이루어진 것이다. 그런데 바로 다음 날 동대표 후보자들의 등록과 추천 과정에서 또 다른 문제가 발생했다. 부조합장 염흥방을 비롯한 다수의 조합 임원들이 동대표 후보로 출마하자, 임시 입주자대표회의 측에서는 아직 조합 청산도 하지 않은 채 이들이 출마하는 것은 적절하지 않다며 강하게 반대했다. 한편 한재민은 자신이 피해 자였던 폭행 사건에 연루된 이들 중 동대표에 출마한 후보자들은 당선되더라도 선거 사무 방해죄에 해당하므로 무효라고 주장했다. 이처럼 양측의 반대에도 불구하고 동대표 선출은 그대로 진행되었고, 그 결과 각 동별로 총 60여 명의 동대표들이 당선되어 정식으로 입주자대표회의를 구성하게 되었다.

이어 동대표들 중 40명의 지지를 얻은 이혁수 후보가 제1대 성일 노블하이츠 입주자대표회의 회장으로 선출되어 2년의 임기를 시작했는데, 이 과정 역시 매끄럽지는 않았다. 임시 입주자대표회의 구성원이자 그 이전의 입주자협의회 부회장 출신이었던 이혁수는 바로 한재민 폭행 사건에 연루된 입주자들 중 하나였기 때문이었다. 한재민 위원장은 이혁수가 동대표 자격에 미달되어 회장 선출 자체가 결격이라고 주장하면서, 만약 입주민 전체의 과반에게서 동의서를 받아오면 인정해주겠다고 버텼다. 이혁수 후보를 지지하는 동대표들은 개별 세대를 방문하여 총 3400여 세대(전체 입주 세대의 4분의 3에 해당)의 동의서를 받아냈고, 결국 최종적으로 이혁수의 회장 자격이 인정되었다.

이렇게 입주 초부터 입주자대표회의 구성을 두고 격렬한 갈등이 발생하자, 많은 입주민들이 Z사이트 카페와 Y사이트 카페 사이의 진흙탕 싸움에 지쳐 '아파트 일'에 등을 돌렸다. 특히 대다수 입주민들이 입주 전부터 회원으로 가입해 활동해왔고, 조합의 재건축 비리에 맞서 싸운 첨병 역할을 맡아온 Z사이트 카페에는 입주민들이 실망을 표출하는 게시물이 심심찮게 보이기 시작했다.

A 저도 Z사이트 동호회에 애정을 갖고 집회도 참석하고 지역 모임에도 참석하며 입주 전부터 우의를 다져왔습니다. 그러나 늘 첨병에서 강성인 분들이 카페를 주도하고 앞에서 방패막이를 하시니 그 투명성과 순수성에 의문이 가기 시작했습니다. 글도 리플도 늘 나서는 분이 나서서 분위기를 주도하시니 선뜻 나서고 싶지 않더라고요. 제 와이프도 흙탕물 속에 끼어들거나 글 쓰지 말라고 제게 말하고 있습니다. 무엇이든 과하면 반감이 더하는 법, 누구를 목표 삼아 측면 지원하는 분들이 감정을 좀 자제하고 도배하지 않았으면 좋겠습니다.

B 반대파를 아우르지 못하고 타협하지 못하는 사람은 천차만별의 주민들이 공존하는 이 아파트를 위해 일할 자격이 있는지 의심될 수 있습니다. 누구든 공익을 위해 일하고 싶다는 뜻을 품고 대의명분을 얻고 싶다면 스스로 감정을 컨트롤하고 나를 반대하는 사람과 어떻게 타협을 시도하고 유화정책을 썼는지 노력하는 모습을 보여줬으면 오히려 더 좋은 이미지를 남길 수 있지 않을까 생각해봅니다. 자신이 강성일수록 상대도 거기에 상응하는 강성으로 만들 수 있기 때문입니다. 그것은 필연적인 분열과 후유증을 낳고 선량한 주민을 볼모로 양극화를 양산하는 것 외에 남을 것이 없을 겁니다. 참 답답하네요.

C Z사이트 동호회…… 처음에는 유용한 정보도 많고 입주민들의

따뜻함도 많았죠. 하지만 극한대립…… 짜증만 나네요. 대다수의
조용한 입주민들은 이런 상황을 원하지 않을 것입니다.

D　제발 싸우지들 좀 말았으면 좋겠습니다. 전 여기 하루 한두 번 꼭
들어와서 3년간 눈팅만 하던 주민입니다. 이곳은 제 친구와 친척들
이 약 10여 가구 입주해 살고 있기도 합니다. 그들 대부분이 눈팅만
하지요. 하지만 마음에선 모두 같은 목소릴 내고 있습니다. 저 사람
들 때문에 집값 떨어지겠다고 욕들 합니다. 제발 싸우시려거든 조용
히 좀 싸웁시다. 뭔 자랑이라고 문자를 한 통도 아니고 한밤중에 몇
통씩 보내는지…… 그런 사람들이 어떻게 주민의 대표라 할 수 있겠
습니까. 그냥 한숨만 나옵니다.

지금까지 살펴보았듯이, 입주 초 재건축조합과 임시 입주자대
표회의(구 입주자협의회)로 대표되는 조합 반대파 간의 대립에서 핵심
은 입주자대표회의를 어느 쪽이 장악하느냐의 문제였다. 입주자대표
회의는 아파트 단지 안에서 유일하게 법적 근거를 지닌 자치기구로,
관리비 집행과 위탁업체 선정에 관한 전권을 지닌 막강한 조직이다.
그러므로 입주자대표회의를 장악한다는 것은 이후 아파트 관련 현
안을 처리할 때 확실한 주도권을 쥘 수 있게 됨을 의미했고, 이 때문
에 양측은 일체의 양보 없이 격렬히 대립했던 것이다.

그 결과 입주자대표회의 회장 자리를 비롯해 다수의 동대표를
확보한 것은 임시 입주자대표회의 세력이었다. 물론 아파트 전체 입
주민들 가운데 절대 다수가 이들을 지지했느냐 하는 문제에는 이론

의 여지가 있다. 동대표 선출이 직접선거가 아니라 같은 동에서 더 많은 수의 추천인을 확보한 후보가 당선되는 다소 비민주적인 방식으로 진행되었고, 그마저도 대부분의 동에서는 한 명이 단독 출마하여 당선되는 등 선거에 대한 관심 자체가 낮았기 때문이었다. 이런 분위기에서 임시 입주자대표회의 측이 더 많은 수의 동대표를 배출할 수 있었던 것은 소수의 조합 임원진에 맞서 입주 이전부터 적극적으로 목소리를 내온 이들이 동대표 선거에 상대적으로 많이 출마했기 때문으로 볼 수 있다.

문제는 입주자대표회의 구성 과정 자체에서 잡음이 워낙 많았던 탓에 앞서 살펴본 것처럼 조합 반대파에 호의적이었던 입주민들의 실망이 점차 커져갔다는 것이다. 그리고 이들의 실망이 아파트 현안에 대한 무관심으로 이어지는 데는 그리 오랜 시간이 걸리지 않았다. 여기에는 제1대 입주자대표회의 회장단에 대한 조합의 반격, 그리고 조합 반대파의 내부 분열과 입주자대표회의 회장단의 안일하고 무능한 대응이 주된 원인으로 작용했다.

입주자대표회의를 장악하는 데 실패한 조합은 선거 이후에도 새로 선출된 회장을 비롯한 임원들을 집요하게 공격했다. 조합은 청소업체나 단지 내 어린이집, 피트니스센터 등을 운영하는 외부 위탁 업체 선정과 관련해 특정 업체와 회장이 내통하고 있다는 소문을 퍼뜨렸다. 또 입주 이후 발견된 하자 중 하나였던 쓰레기장 부실에 대해서도 조합이 공사 비용을 대려 하는데 회장이 막는다는 소문을 유포하며 입주자대표회의 회장단의 이미지를 깎아내리려 노력했다. 급기야 이를 바탕으로 회장불신임 동의서를 모으려고까지 하는 등 조합의 공격은 계속해서 이어졌다. 이런 공격의 배후에 입주 전 조합이 선정한 관리업체가 있다고 본 이혁수 회장은 2008년 3월, 기존 관리업체와 계약을 해지하고 새로운 업체와 계약을 체결했다. 관리소장과 조합 간의 유착 의혹이 여전히 남아 있던 상황에서 조합의 영향력과는 무관한 업체를 새로 들여오고자 했던 것이다.

하지만 조합의 공격 이상으로 새로운 입주자대표회의의 이미지에 타격을 가한 것은 다름 아닌 내부 분열이었다. 우선 취임 초인 2008년 1월 첫 번째 회의에서 임원진에게 업무추진비를 지급하고 동대표들에게 회의참가비를 지급하기로 한 결정*이 발표되면서 입주자대표회의에 대한 여론이 악화되기 시작했다. 입주자대표회의 구성원들이 자기 시간을 따로 내서 아파트 일을 위해 봉사하고 있으므로 어느 정도 보상이 있어야 한다는 점은 인정되었지만, 임원진에게 지급되는 업무추진비가 너무 과도하다는 지적은 불가피했다. 게다가 입주 이전 입주자협의회와 임시 입주자대표회의가 활동했던 시기만 하더라도 참여자 모두 별도의 보상 없이 일했기에, 입주 이후 일선에서 물러난 과거의 '활동가'들을 비롯해 다수의 입주민들에게 이런 결정은 과거 그들이 비판했던 조합의 이기적인 행태와 크게 다르지 않

● 이 회의에서 '거마비' 조로 회의에 참석하는 동대표들에게 매회 3만 원씩 참가비를 지급하고, 회장에게는 별도로 월 70만 원의 업무추진비를, 그리고 수석 총무에게 월 50만 원, 일반 총무들에게 월 30만 원의 업무추진비를 지급하기로 의결되었다.

은, 실망스러운 행태로 비춰졌다.

그보다 더 큰 문제는 2008년 4월의 부녀회 인준과 관련하여 발생했다. 입주 초부터 활동해온 부녀회는 동대표 선거 같은 단지 안의 시끄러운 일들이 어느 정도 정리되었다고 판단해 입주자대표회의에 공식 인준을 요청했다. 그런데 부녀회에서 제출한 부녀회 회칙과 사업계획서에 이혁수 입주자대표회의 회장이 이의를 제기하며 인준을 거부했던 것이다. 당시 제출한 사업계획서에 따르면 부녀회는 바자회 및 알뜰시장 개최, 재활용품 판매 등을 통해 재정을 확보하여 아파트 전반을 위한 부녀회 활동에 이를 활용하겠다고 했다. 하지만 이혁수 회장은 입주자대표회의가 아닌 자생단체가 관장하는 수익에 대해서는 따로 감독할 방안이 없기 때문에 전체 입주민에게 돌아가야 할 수익이 부녀회만의 이익으로 귀속되어버릴 우려가 있음을 지적하며 인준을 반대했다.

이혁수 입주자대표회의 회장과 김지영 부녀회장은 Z사이트 입주민 카페에 각자의 입장을 대변하는 게시물을 올리며 서로 비판했다. 그런데 이 과정에서 이혁수 회장의 부녀회 인준 거부에 입주자대표회의 부회장이 개입되어 있다는 이야기가 나오면서 아파트 단지 내 여론이 또 술렁이기 시작했다. 이혁수 회장에 의해 부회장으로 지명된 한민주는 입주 초만 하더라도 부녀회에서 활동했는데, 동대표 선거 과정에서 고소·고발이 난무하자 부녀회에서 나와 통장 선거에 출마했다. 그런데 이후 통장 선거에서 낙선한 한민주는 이 결과가 부녀회에서 어려운 시기를 함께하지 않은 데에 앙심을 품은 부녀회장이 낙선 운동을 벌인 탓이라 생각했다. 그러던 차에 2008년 초 각 세대에 발송된 특정 SSM(기업형 슈퍼마켓)의 광고우편물이 부녀회장과의 사전 계약에 의한 것이라 주장하며 부녀회 인준의 부당함을 이혁수 회장에게 알렸다는 것이다. 부녀회장은 이런 사정을 공개하며 자신의 억울함을 입주민들에게 호소했지만, 이혁수 회장은 이를 부인했다. 결국 이혁수 회장과 김지영 부녀회장의 갈등 끝에 부녀회 인준은 거부되었고, 부녀회장이 사임하고 부녀회를 떠나는 것으로 사태는 일단락되었다.

이 사건은 겉으로는 아파트 관련 업무를 맡고 있는 특정인들의 개인적인 갈등으로 보이지만, 사실상 단지 내 수익사업의 주도권을 누가 쥘 것인가의 문제가 핵심에 있었다. 앞서 살펴보았듯이 제1대 입주자대표회의 선거에서 이혁수 회장이 당선되는 데에는 부녀회의 역할이 작지 않았다. 부녀회는 이를 바탕으로 더 적극적인 활동을 펼치고자 했으나 입주자대표회의 회장단에서는 수익사업이 부녀회 중심으로 운영되는 걸 반대하여 여기에 동의하지 않았던 것이다. 하지만 결과적으로 이런 갈등은 처음부터 부녀회의 영향력을 축소해버렸다. 따라서 부녀회가 아파트 전반에 나서서 왕성한 활동을 펼치는 다른 단지들과 달리, 이후 아파트의 경제적 '가치 상승'뿐 아니라 각종 단지 내 현안에 관해 의견 수렴을 할 때 부녀회가 제 역할을 하지 못하게 되었다. 그리고 무엇보다도 조합을 상대로 한 투쟁과 입주 초 선거 때만 하더라도 같은 편에 서서 활동했던 이들이 이권을 놓고 다투는 모습을 보이자 대다수 입주민들이 환멸을 느끼고 아파트 일에서 거리를 두게 되는 직접적인 원인이 되었다.

　　제1대 입주자대표회의 회장단이 점차 민심을 잃고 이들에게서 여론이 돌아서게 된 결정적인 계기는 입주 초부터 말썽이었던 창호 하자 처리 과정에서 발생했다. 특정 창호업체로부터 뇌물을 받은 사실이 밝혀져 재건축조합장이 구속된 2008년 2월 이후, 단지 내에서는 피해 입주민들을 중심으로 'A창호피해보상위원회'를 구성해 법적 대응책을 마련해왔다. 그러던 중 2008년 7월, 피해보상위원회 측에서 단지 전체에 피해 접수 관련 안내 방송을 해달라고 관리사무소에 요청했으나 이혁수 회장의 반대로 불발되었다. 이 사실이 주민들에게 알려지자 입주자대표회의 회장단에 대한 여론은 급속히 싸늘해졌다.● 각종 하자 건과 관련하여 시공사와 하도급 업체 등을 상대로 한 법적 대응이 제대로 진행되지 못했고, 취임 초의 포부와 달리 조합을 상대로 한 투쟁도 지지부진한 모습을 보이자 회장단의 무능에 대한 불만은 극에 달했다. 결국 2009년 2월, 이혁수 회장은 임기를 다 마치지 못한 채 자진 사퇴하겠다는 의사를 밝히며 자리에서 물러나고 말았다.

　　자신의 당선에 공을 세운 부녀회장과의 갈등이 보여주듯, 제1대 이혁수 회장의 리더십은 전반적으로 매끄럽지 못했다. 그런데 제1기

● 이혁수 회장이 창호 피해자 접수와 관련한 안내 방송을 반대한 이유에 대해서는 온갖 소문이 무성했지만, 끝까지 정확한 이유는 밝혀지지 않았다. 회장이 자진 사퇴하면서 더 이상 책임을 추궁하지 않는 분위기가 조성되었기 때문이었다.

입주자대표회의의 무능을 지적하며 단독 출마하여 당선된 제2대 김도진(제1대 입주자협의회 회장을 역임한 바 있는 인물) 회장 역시 성일 노블하이츠의 시급한 현안들을 처리하는 데 능력을 보여주지 못했다. 결국 2010년 겨울, 역시 자진 사퇴한 김도진 회장의 뒤를 이어 또다시 회장 보궐선거가 치러지는 등[*] 입주 이후 4년 가까운 시간이 흐르도록 아파트 단지 현안들이 제대로 처리되지 못한 채 극심한 내부 혼란에 시달리는 양상이 지속되었다.

또 이런 혼란이 입주 초부터 이어지면서 입주 전 조합과 시공사를 상대로 투쟁하여 브랜드 특화 등 많은 성과를 얻어냈던 주요 인물들이 아파트 일에 손을 떼고 물러나는 일도 발생했다. 입주자협의회와 그 뒤를 이은 임시 입주자대표회의 구성원으로서 조합의 비리 의혹에 맞서 특별감사를 추진하고 항의 집회에 참석하는 등 온·오프라인에서 함께 행동해온 '동지'들이 입주 후 각종 이권 다툼에 휘말려 서로를 헐뜯고 현안 해결에 무능한 모습을 보이자, 이에 실망한 다른 '활동가'들[**]이 입주자대표회의로부터 등을 돌리고 만 것이다. 사정이 이렇다 보니, 입주 전 투쟁에 직접 참가하지는 않았지만 카페에서 성공적인 재건축 사업 진행을 응원해온 대다수 입주민들이 아파

● 2011년 1월에 실시된 보궐선거와 관련한 내용에 대해서는 다음 장에서 다루게 될 것이다.

●● 초대 특감위원장을 맡았던 이민상이나 조합 비리에 대항해 최전선에서 싸운 노영환, Z사이트 카페의 초대 운영자 최윤지 등 초장기 활동가들 다수가 여기에 해당했다.

트 현안을 외면하는 것 역시 한순간이었다.

이렇게 뜻있고 경험 많은 입주민들이 입주자대표회의를 떠나고 주민들의 관심도 약해지면서, 성일 노블하이츠 입주자대표회의는 조합 임원진 출신 또는 그들과 관련이 있다는 의혹을 받은 이들이 점차 장악해갔다. 결국 입주 초 할 일이 매우 많았던 시기에, 그 일을 맡아서 할 인물들이 사라져버렸고 아파트의 주요 현안들은 주민들의 무관심 속에 몇몇 소수의 뜻에 따라 정해지고 말았다. 이런 상황의 주된 원인은 입주 이전 입주예정자들의 뜻을 모으게 만들었던 아파트 단지의 공간적·물질적 요소들이 더 이상 관심의 중심에 서지 못했다는 사실에서 찾을 수 있다. 이어지는 4장에서 더 살펴보겠지만, 단지 내 공간을 구성하는 각종 물질적 요소들(이를테면 공유공간과 관련된)은 사람들의 무관심 속에 점차 방치되거나, 경제적 이권만을 노린 일부 인물들이 용역업체로부터 '커미션'을 뜯어내기 위한 수단으로 자리할 뿐이었다. 이런 상황에서 단지 내의 이슈는 입주자대표회의의 주도권을 잡기 위한 '순수 정치'라는 차원에서만 접근되었으며 공간 자체에 관한 관심은 점차 약화되었다. 이런 분위기와 함께 성일 노블하이츠 단지에서의 일상은 계속되었다.

성일주공아파트 재건축 과정에서 작용한 동학은 부동산 시장에서 아파트 단지의 경제적 가치를 극대화하기 위한 노력이나 다름없었고, 입주 이후 실제 삶의 편의에 관한 고민은 크게 고려되지 않았다. 이를테면 특정 업체의 보일러나 엘리베이터를 설치한다 해서 반드시 생활의 편의가 더해지는 것은 아니다. 또 같은 아파트 단지에 브랜드 이름을 다시 부여한다고 해서, 그리고 그 브랜드에 걸맞은 고급스러운 장식을 더한다 해서 삶의 질이 획기적으로 상승하지도 않는다. 하지만 '살아가기 위한' 공간보다는 '사고팔기 위한' 공간이라는 인식이 강한 아파트라는 '상품'은 입주예정자들로 하여금 '소비자'로서의 행동 양상을 보이게끔 했다. 입주 전후 조합과 시공사를 상대로 한 투쟁 역시 상품 구매 과정에서 문제가 발생하면 제대로 된 A/S를 요구하는 '소비자 운동'과 어떤 점에서 상당히 닮아 있기도 하다.

결국 아파트 단지가 단순한 상품이 아니라 실제 생활공간이라는 사실을 사람들이 직접 인식하게 되는 건 입주 이후의 일이다. 3장에서 입주예정자들이 보여준 '소비자'로서의 행태를 다루었다면, 다음 장에서는 아파트 단지가 삶이 영위되는 장소로서 주민들에게 인식되는 모습을 살펴보려 한다. 입주 이후 성일 노블하이츠에서 펼쳐진 다양한 삶의 양상을 통해 '살아가기 위한' 공간으로서 아파트 단지가 지니는 의미를 고찰할 것이다.

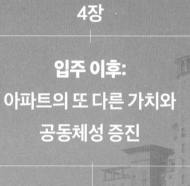

4장

입주 이후:
아파트의 또 다른 가치와
공동체성 증진

편안하고 살기 좋은 아파트

입주가 시작되고 2년여의 시간이 흐른 2009년 9월의 어느 날, Z사이트에 개설된 성일 노블하이츠 입주자 카페에 다음과 같은 내용의 게시물이 올라왔다.

> 제목: 성일노블에 살다 다른 곳으로 오니 성일이 너무 그리워요
> 너무 급하게 집 팔려고 하지 마세요. 용적률 안 좋다고 하지만 살면서 동간거리 좁다고 느끼지 못했고, 조경만큼은 다른 어떤 아파트보다 훌륭하고 차도와 인도가 완벽히 분리되어 있어 아이들이 밖에 나가 좀 늦게 들어오거나 인라인, 자전거를 타러 나가도 걱정이 안 되고요. 정말 아이들 뛰어도 차가 없어 덜 걱정이고요. 아이를 성일노블에서 키우는 건 정말 좋습니다. 또한 교통이 좋아 차가 없어도 연주시 웬만한 곳은 다 갈 수 있지요, 백화점 가깝지요. 이런 성일에 살다가 사정상 세를 주고 다른 곳으로 이사한 지금…… 성일노블에 살때도 좋았지만 떠나보니 성일노블이 더 좋아 보이네요. 전세 살다 떠나시는 분들 다른 곳으로 가시면 더 잘 느끼시겠죠. 살아보니 정말 좋은 곳입니다. 이런 가치를 가진 곳입니다.(2009년 9월 게시물)

3장에서 살펴보았듯이 재건축 공사 기간 동안 입주예정자들이 가장 우려했던 사항은 짧은 동간거리나 교통체증 같은 문제들이었다. 그런데 지인이나 주변 부동산 관계자들이 비아냥거리듯 우려하

던 이런 문제들은 입주 이후 찾아보기 어려웠다. 위의 게시물 내용처럼 입주 이전의 부정적인 우려는 기우였던 것으로 드러났고, 기대한 부분들은 실제 삶의 편의로 다가왔다. 많은 면에서 입주민들이 직접 경험한 성일 노블하이츠는 편안하고 살기 좋은 아파트였다.

그러나 주민들이 느낀 편의는 전적으로 개인 또는 가구 단위의 경험을 기준으로 했다. 수천 가구가 함께 살아가는 공동주택으로서 성일 노블하이츠는 대다수 주민의 무관심과 혼탁한 내부 정치로 적지 않은 문제들을 안고 있었다. 무엇보다 재건축 과정 말미와 입주 초의 각종 혼란이 완전히 정리되지 않은 탓이 컸다. 그런 와중에 일부 입주민들은 많은 이들의 무관심 속에 방치된 아파트 단지를 삶의 공간으로 다시 가꾸고 집합체로서 단지의 '가치'를 높이기 위한 활동에 나섰다. 그 과정에서 경제적 가치뿐 아니라 아파트와 관련한 사회적 담론에서 주목받지 않았던 다양한 가치들이 재조명되었고, 같은 생활공간인 아파트 단지를 공유하는 입주민들의 '공동성'이 부각되었다. 여기에는 아파트 매매를 중심으로 한 재산증식 모델이 예전과 달리 제대로 작동하지 않게 변모한 한국 사회의 거시적 현실이 영향을 미쳤다.

본격적인 입주 이후의 공동성 증진 활동을 살펴보기에 앞서, 도대체 어떤 요소들이 입주민들로 하여금 브랜드 단지를 편안하고 살기 좋은 아파트로 여기게 만들었는지 살펴봐야 한다. 이를 통해 주민들이 표면적으로 경험하는 브랜드 아파트 단지의 장점 속에 내재된 문제를 분석하기 위한 단초를 얻을 수 있을 것이다. 또 입주 이후 성일 노블하이츠에서 전개된 활동이 갖는 의미도 그 맥락에서 이해할 수 있을 것이다.

브랜드 아파트 단지의 '장점'

【 1. 편리하고 아이 키우기 좋은 아파트 】

재건축 과정에서 입주예정자들이 가장 걱정했던 부분 중 하나는 성일 노블하이츠와 성일 로열카운티를 합쳐 약 9000세대에 달하는 규모 탓에 엄청난 교통체증이 발생할 수 있다는 점이었다. 하지만 결과적으로 이는 기우에 불과했던 것으로 드러났다. 완공 후 수년이 지나도록 입주자들, 그리고 주변 지역의 주민들 누구도 출퇴근 시간대에 일반적인 도심 지역에서 경험하는 수준의 교통체증 외에는 특별히 불편을 느끼지 못했다. 오히려 도심 한복판에 위치해 있는 동시에 서울로 통하는 고속도로와 가깝다는 점은 '교통의 요지'로서 성일 노블하이츠의 입지를 새삼 높이 평가하게 되었고, 이 점은 곧바로 부동산 시장에서의 가격 평가에도 긍정적인 영향을 미쳤다.

입주 이후 1년여가 지난 2008년 9월, 성일 노블하이츠 33평형이 최고 3억 6000만 원 선에서 매매되었는데,[1] 일반분양 당시 같은 평형대의 분양가가 약 2억 3000만 원으로 책정되었음을 감안할 때 1억 원을 훌쩍 넘는 시세차익이 발생했음을 알 수 있다. 재건축 기간 동안 주변 부동산 업계에서 예상했던 대략 3억 원 선의 매매가보다도 높은 수치였다. 스타건설이라는 대형 건설사와 노블하이츠라는 새로운 브랜드가 주는 상징성, 편리한 교통, 근방에 시청과 백화점, 대형 쇼핑몰이 밀집해 있다는 점 등은 완공 이전의 저평가가 무색할 정도로 성일 노블하이츠를 명실공히 '연주의 강남'으로 불리게끔 만들었다. 그리고 입주민들도 아파트 단지를 긍정적으로 평가한 건 마찬가지였다.

연주의 중심이 지금은 여기예요. 몇 년 전에 A백화점이 이 동네에 막 들어왔잖아요. 그때부터 지역의 흐름이라는 게 이쪽으로 넘어왔고, 지금은 여기가 연주의 강남이라 불리는 곳이기 때문에…… 말 그대로 이 아파트는 서울 강남에 비유하자면 반포 자이아파트 정도에 해당하죠. [……] 지금은 연주에서 제일 잘사는 사람들이 모여 있는 곳이 이 아파트다, 이미지가 그렇게 되어 있어요. 성삼동[가명] 쪽 아파트도 깨끗하고 좋지만, 연주시의 가장 중심은 여기 성일 노블하이츠라는 이야기, 그래서 여기 사람들은 다 자부심이 있고, 연주 외곽만 가도 여기 되게 부러워해요.(박용진, 30대 남성, 2007년 입주)

친구들이 놀러 오면 뿌듯한 것도 있어요. 일반적인 아파트들은 다 똑같잖아요. 그런데 여기는 일단 조경이 잘되어 있고, 또 옆에 시장도 있고, 큰 병원도 있고, 주변에 대형 영화관, 쇼핑센터, 로데오 이런 게 있어서 정말 살기 좋은 거 같아요. 이런 것들을 보면 친구들이 부

러워하죠.(이진숙, 40대 여성, 2007년 입주)

이처럼 한국에서 고급 아파트 단지가 도심에 들어서고 도시가 제공하는 각종 편의시설에 대한 접근성을 확보하는 경향은 주로 교외에 고급 주택단지가 들어서는 미국이나 영국과는 대조적인 양상이다. 물론 영미권의 양상이 서구 사회 전반을 대변한다고 볼 수는 없다. 같은 서구 사회라 하더라도 프랑스를 비롯한 유럽 대륙, 그리고 라틴아메리카의 도시들에서는 한국에서와 마찬가지로 고급 주택단지가 도심에 들어선 모습을 쉽게 볼 수 있기 때문이다. 이와 관련하여 영미권의 교외화(suburbanization)와 프랑스의 사례를 비교 분석한 로버트 피시먼(Robert Fishman)의 『부르주아 유토피아』(1987)는 한국의 양상을 이해하는 데 좋은 시사점을 제공한다. 피시먼에 따르면 19세기 중반 이후 등장한 영국과 미국의 교외 지역은 문화적 가치와 경제적 동기에 토대를 둔 부르주아 계급의 의식적 선택에 따른 문화의 창조물이었다. 애당초 영국의 부르주아 계급은 산업혁명 과정에서 작업장과 주거가 밀접하게 연결될 수 있다는 이유로 도심 거주를 선호했다. 그런데 "폐쇄된 가정 중심의 핵가족"[2]이라는 새로운 가족 형태가 등장하면서* 작업장과 주거를 분리하고자 하는 중산층의 감성

● 피시먼은 이 시기 영국 부르주아 계급이 열망했던, 폐쇄적이면서 부유하고 행복한 가정생활의 모형은 강력한 반(反)도시성과 보호받는 가족이라는 관념을 주장한 복음주의 운동에서 영향을 받았다고 분석한다. 가족은 노동의 세계로부터 분리되어야 했을

적 추동력이 형성되었고, 그 결과 교외화가 야기되었다. 이 과정에서 핵심적인 변화는 신흥 부르주아 계급이 경제적 부를 축적해 상류층 귀족의 문화적 가치를 수용했다는 사실이다. 전통적으로 가장 심층적인 영국인의 정체성이 드러나는 지점은 귀족적 삶을 상징하는 전원생활에 대한 선호였다.[3] 이에 대한 추구는 도심에 위치한 작업장과 달리 삶의 본거지로서 주거공간을 교외에 두려는 성향으로 이어졌다. 여기에 자유방임적 시장원리를 선호한 영국의 도시개발 분위기도 교외화를 촉진하는 경제적 배경으로 작용했고, 이러한 경향은 뒤이어 도시화가 진행된 미국에도 직접적인 영향을 끼쳤다는 것이다.

그런데 프랑스를 포함한 유럽 대륙 도시들에서는 영미권과 반대되는 경향, 즉 노동계급을 도시 외곽으로 밀어내고 도심 주거지를 부르주아 계급이 차지하는 양상이 전개되었다.[*] 이는 무엇보다 도시 재개발과 주택시장에 대대적으로 개입한 국가권력이 있었기에 가능했다. 프랑스 파리의 '오스만화(Haussmannization)'[**]로 대표되는 도시

뿐만 아니라 부패한 도시를 떠나 시골의 자연세계로 가는 것이 이상적이라는 것이다(피시만 2000: 144).

● 19세기 서구에서 본격적으로 진행된, 계급을 기준으로 한 도시 주거지의 공간적 분리와 재편은 상층계급의 분리에 대한 욕망에 기인했다. 상층계급은 하층계급으로부터 안전하게 보호받을 수 있는, 동질적인 계급으로 구성된 주거단지를 지속적으로 탐색했는데 그 결과가 영미권과 유럽 대륙에서 반대 방향으로 나타났을 뿐이었다. 최근까지도 이어진 이런 양상을 가장 잘 보여주는 사례가 바로 게이티드 커뮤니티의 등장이다.

●● '오스만화'는 19세기 중반 오스만 남작이 주도하여 파리에서 진행한 대규모 도시개

의 공간 재조직 과정에서 정부는 주택시장에 대대적으로 개입해 도심 대로변에 중산층 주거지로 화려한 아파트들을 건설했다. 또 복음주의의 영향이 강했던 영국과 달리 가족생활과 도시가 제공하는 쾌락 사이에 아무런 모순이 없다고 본 프랑스의 부르주아 계급은 과거 귀족층의 특권이었던 도심의 극장, 무도회, 카페, 레스토랑에 대한 높은 접근성을 확보하려 했다. 결국 프랑스에서 '교외화'는 주로 노동계급이나 하위 중산층이 주변부로 이동하는 것을 지칭하게 되었고, 아파트가 줄지어 서 있는 광대한 파리의 대로는 중산층의 문화적 가치와 정부가 주도한 권위적 계획의 결합을 상징했다.[4]

주택시장과 도시 개발에 국가권력이 직접 개입한 것은 한국에서도 마찬가지였다. 그 결과 도심 각지에 중산층 주거단지들이 들어서며 각종 생활편의까지 제공되었다. 다만 아파트들이 대로에 접해 늘어선 형태로 도심의 공간 재구성이 진행된 파리를 비롯한 유럽 대륙의 도시들과는 달리, 한국에서는 주변 도시환경으로부터 격리된 대규모 아파트 단지들이 도심에 들어섰다는 차이가 존재한다. 그런데 이 차이, 즉 '도심에 위치해 있으되 도시로부터 분리된 주거지'라는 한국의 아파트 단지가 지닌 특성은 영미권에서 진행된 '교외화'와

조 프로젝트를 가리킨다. 프랑스 제2제정의 황제였던 나폴레옹 3세의 전폭적인 지원 아래 오스만은 상하수도를 정비하고 수많은 공공건물을 짓는 한편, 노동자들의 거주지를 도시 외곽으로 옮기고 도심에 시내를 관통하는 다수의 대로(grand boulevards)를 건설하여 파리를 19세기 모더니티를 상징하는 도시로 탈바꿈시켰다.

브랜드 대단지 아파트의 전경. 지상공간 전체에 공원과도 같은 녹지가 조성되어 있다.

맞물리며 단지 내 공간을 주변과 차별화된 공간으로 가꾸게 되는 배경으로 작동했다. 이미 1970년대 이래 한국의 아파트 단지 개발 전략은 도시환경에 대한 대규모 투자 없이도 단지별로 녹지와 놀이터, 주차장을 갖춘 꽤 괜찮은 '동네와 집'이 될 수 있도록 해왔다는 지적도 있다.[5] 그런데 여기에 더해 2000년대 이후 아파트의 '고급화' 과정에서 진행된 괄목할 만한 조경의 발달은, 단지 내 외부공간의 극적인 변화를 야기하며 영미권의 교외 중산층 거주지에서 추구된 '정원 속의 가족'이라는 이상을 한국 사회만의 독특한 형태로 구현해낸 것이다.

앞서 살펴본 것처럼, 2000년대 이후 브랜드 아파트에서 이루어진 지상공간의 공원화에서 핵심은 모든 주차장을 지하로 옮겼다는 점이었다. 이를 바탕으로 지상공간에 고급 수목과 인공 개천, 산책로 등을 배치해 입주민들이 마치 숲속 정원이나 공원을 거니는 것과 같은 느낌을 받게끔 연출할 수 있었다. 이러한 외부공간이 지닌 장점은 내가 만난 모든 성일 노블하이츠 입주자들이 공통적으로 높이 평가하는 부분이기도 했다.

> 너무 살기가 좋죠. 일단 차가 1층에 없다는 것, 그게 제일 좋아요. 차가 없으니까 공기가 맑고요. 또 아파트 단지 조경을 특화시켜서 공원 같은 분위기잖아요. 사람들이 산책도 많이 하고, 또 자전거 타기가 너무 좋아요. 차가 없으니까 이렇게 산책도 많이 하고 자전거도 많이 타고요, 공원 같잖아요. 너무 좋아. 그리고 우리 아파트가 나무가 많아서 외부보다 온도가 1~2도 정도 낮대요. 그래서 들어오면 나무가 많아서 시원해요. 어디 다른 아파트에 비할 수 없을 만큼 좋아요.(오윤자, 50대 여성, 2007년 입주)

> 나는 불편하고 그런 건 못 느껴요. 그냥 좋다는 느낌밖에 안 들어요. 지금도 걸어갈 때 보면 아, 진짜 공원 같아서 참 좋다, 그런 기분이 들어요. 가을 되면 단풍 들고 너무 멋있어요. 그런 거 보면서 이 아파트 사는 게 너무 행복하다, 그러면서 걷기도 하고. […] 그리고 이 아파트가 다른 아파트에 비해서 높아 보이지 않아요? 도시적인 느낌, 고층 빌딩, 그런 느낌도 좋은 거 같아요. 그리고 멀리서 봐도 굉장

히 웅장해 보이잖아요. 근데 밖에서 봤을 때, 모르는 분들은 촘촘한 게 답답하겠다고 그러는데, 안에서 보면 전혀 그런 생각 안 들잖아요. 안에서 보면 공원이지, 공원. 건물 사이 좁다는 느낌도 안 들고, 일단 조경을 잘해놓아서 그런지 그런 느낌은 싹 가시죠.(박선이, 50대 여성, 2007년 입주)

주민들의 인터뷰 내용에서 확인할 수 있다시피, 교통체증 우려와 함께 재건축 기간 내내 저평가의 주된 원인 중 하나였던 짧은 동 간거리 문제 역시 완공 이후 입주민들에게는 전혀 불편으로 다가오지 않았다. 용적률(약 350퍼센트)이 높아 답답하리라는 입주 이전의 걱정은 지하로 내려보낸 주차장과 낮은 건폐율(약 20퍼센트)을 활용한 조경 덕분에 상당 부분 해소될 수 있었다. 성일 노블하이츠를 비롯해 최근 지어진 대다수 아파트 단지들에서 볼 수 있는 이런 양상을 두고 건축학자 박철수는 총체적인 주거환경의 질은 오히려 낮아진 것으로 봐야 마땅하다고 말한다. 주차장이 모두 지하로 내려가면서 녹지의 총량은 많아졌을지 몰라도, 고밀도 개발로 이전보다 훨씬 증가한 아파트 단지 거주자 수로 이를 나누면 개인에게 배분되는 양은 보잘것없이 줄어들었다는 것이다. 이런 인식을 바탕으로 박철수는 2000년대 이후 아파트 단지에서 더욱 가속화된 고밀도 개발의 경향은 주거환경의 질적 악화를 은밀하고 교묘하게 은폐한 것에 불과하다고 비판한다.[6]

나 역시 연구를 처음 시작하던 단계에서는 이런 비판에 공감하고 있었지만, 실제 아파트 단지에서 장기간에 걸쳐 현장연구를 진행하다 보니 생각을 달리할 수밖에 없었다. 단지에서 만난 입주민 중 누구도 전반적인 주거환경이 이전에 거주하던 아파트 단지나 단독주택에 비해 나빠졌다고 보지 않았다. 내가 직접 경험한 바로도, 적어도 물리적 공간의 측면에서는 지상 공원화가 주거환경의 악화를 교묘하게 은폐한 것으로 속단하기 어렵다고 인정하게 되었다. 뒤에서 다시 논하겠지만, 아파트 단지의 공용공간에 해당하는 외부공간에서 나타난 주거환경의 악화는 고밀도 개발로 인한 공간 배치 자체의 문제라기보다는 물리적·사회적 실체로서의 공간을 구성하는 한 축인 입주민들의 무관심에서 기인한다. 문제는 물리적 공간과 사회적 영역 간의 관계 맺기 방식이라는 것이다.

물론 박철수 역시 이를 분명하게 짚고 있다. 그가 정확하게 지적하듯이, 전용면적 확보와 전용공간 충실화에만 관심을 둔 대다수 아파트 입주민들의 행태는 건축 과정과 실생활에서 사유공간의 절대적 우세를 야기한다.[7] 하지만 단지 내 '지상의 공원화'가 입주민들의 일상적 경험에 미치는 긍정적인 영향은 생각보다 크다. 한편으로 이는 한국의 도시민들이 일상에서 녹지를 경험할 수 있는 기회가 그만큼 제한적이었음을 나타내기도 한다. 그리고 그 기회를 얻는 방법이 고급 아파트 단지라는 주택상품을 사적으로 구매하는 것 외에 달리 없다는 사실은 여전히 열악한 상태로 남아 있는 도시 공공공간의 현실을 반영한다.

다시 성일 노블하이츠의 외부공간 이야기로 돌아오면, 적어도 지상에서의 시선으로는 의외로 모든 것이 자연스러워 보인다는 사실에 새삼 놀라게 된다. 단지 내부를 거닐다 보면, 일부러 고개를 치켜들고 위를 올려다보지 않는 이상 최고 35층에 달하는 건물들의 어마어마한 존재감을 의식하기 어렵다. 또 '아파트 단지' 하면 떠올리기 쉬운 획일적인 건물 배치의 단조롭고 불편한 감각도 잘 느껴지지 않는다. 다소 맥락은 다르지만, 조감도를 통한 시선으로 보는 것과 실제 보행자의 시선으로 보는 것은 크게 다르다는 드 세르토(Michel de Certeau)의 명제[8]는 여기서도 통용된다. 입주 이전 짧은 동간거리에 관한 우려는 막연한 추측에 바탕을 두었을 뿐, 입주민들이 실제 체감하는 공간 경험과는 거리가 있었다.

입주민들의 긍정적 인식은 그들이 이전에 거주했던 다른 아파트 단지와의 비교에 근거해 있었다. 무엇보다 이전 단지와 성일 노블하이츠의 결정적 차이는 바로 '지상에 차가 없다'는 사실이었다. 이삿짐 차량이나 쓰레기 수거 차량이 들어올 때와 같은 몇몇 예외를 제외하고는, 지상에 차량이 없기 때문에 생기는 편의를 일상적인 차원에서 경험했다. 지하에 주차장이 배치되면서 단지 전체가 전부 연결되다 보니 비가 와도 단지 내의 웬만한 곳은 우산을 펴지 않고도 지하를 통해 갈 수 있다거나, 밤이면 아파트 단지 전체가 하나의 거대한 산책로가 되어 멀리 가지 않고도 걷기 운동을 할 수 있는 등 주민들이 일상에서 경험하는 생활의 편의는 다양했다. 그리고 무엇보다도 어린아이들을 키우는 가족의 입장에서 지상에 차가 없다는 사실은 성일 노블하이츠를 '아이 키우기 좋은 아파트'로 인식하게 했다. 젊은 엄마들은 아이가 단지를 벗어나지 않는 한 밖에 나가 놀아도 안심할 수 있었으며, 아이들도 친구들과 어울려 자전거를 타거나 캐치볼을 하며 노는 등 자연스럽게 외부 활동을 즐길 수 있었다.[•] 직접 아이를 키우지 않는 주민의 입장에서도 이런 풍경은 평화롭고 행복한 단지 생활의 분위기를 간접적으로 체험할 수 있게 했다.

> 단지에 차가 없으니 차 피해 다닐 일도 없고, 오고 갈 때 애들이 밖에서 노는 거 보면 보기 좋다는 느낌이 들어요. 야구공 갖고 캐치볼 하고, 자유롭게 운동하는 모습도 좋고, 애들 노는 모습도 귀엽고, 유모차 끌고 다니는 엄마들 모습도 보기 좋고. 전체적으로 보기 좋아요.(김영호, 20대 남성, 2007년 입주)

전반적으로 성일 노블하이츠는 '유사(類似) 전원생활'의 느낌을 제공하는 단지라 할 수 있다. 이에 대해 한 50대 여성 입주민은 성일 노블하이츠에서의 생활이 '완전한 전원생활'이 주는 장점을 누릴 수 있게 하면서도 단점은 상쇄한다고 보기도 했다. 비록 인공적 형태로 도입된 자연이라 하더라도 적당한 선에서 '자연'을 만끽할 수 있으면서, 아파트가 제공하는 현대적이고 편리한 주거생활도 함께 누릴 수

[•] 위에서 언급했던, 단지 안에 차량이 들어오는 '예외적인 경우'가 안전하고 편리한 아파트 단지라는 이상이 붕괴되는 사건의 결정적인 단초를 제공하고 말았다. 자세한 논의는 이 책의 마지막 장에서 진행할 것이다.

있다는 것이다. 이런 특징은 성일 노블하이츠뿐 아니라 최근 지어진 다른 많은 단지들도 기존 아파트와 차별화하기 위해 주안점을 두는 사항이다.[9] 이른바 '공간형식의 유토피아'[10]라는 기획으로서, 브랜드 아파트 단지는 현대 한국의 도시민들에게 자연과 기술이 합치된 이상적인 주거공간을 제공하려는 모습을 보인다. 그리고 이런 공간 디자인을 통한 유토피아적 기획은 조경 이상의 중요도를 지닌 '안전'에 대한 추구를 통해 완성되고자 한다.

【 2. 범죄로부터 안전한 아파트 】

입주 직후 두 달여가 지난 2007년 10월, 한 입주민이 포털사이트 Z사의 입주자 카페에 성일 노블하이츠의 경비용역을 다룬 지역신문의 기사를 스크랩해 올렸다. 기사의 내용은 다음과 같았다

> 제목: 성일 노블하이츠 경비용역 '화제'
> "아파트에 경비원이 없어졌다?"
> 　국내 최대 규모의 단지 중 하나인 연주시 강산구 성일동 노블하이츠에 '경비원'이 아닌 '경호원'이 등장해 화제다. 경비용역업체 ㈜홈세이프 직원 23명이 그 주인공. [……] 홈세이프 직원들은 지난 12일부터 정장을 입고 근무하고 있다. 여기에는 진짜 경호원처럼 주민들을 대하겠다는 뜻이 숨어 있다. 주민들도 처음에는 이런 변화가

낯설었지만 점차 긍정적인 반응을 보이고 있다. 이 아파트 부녀회 김진경(35) 총무는 "단정한 옷차림으로 근무하는 걸 보니 기분이 좋아진다."며, "처음에 어색해하던 주민들도 이젠 기대를 갖고 지켜보고 있다."고 했다.《연주일보》, 인터넷 검색 결과 노출 방지를 위해 기사 중 일부 표현 수정)

이 게시물에 많은 주민들이 동조하는 댓글을 달았다. 이를테면 정장을 입은 경비원들이 근무함으로써 "뭔가 격이 다른 아파트 분위기"를 낼 수 있고, "주변에 홍보 효과 및 위압감"을 주는 한편, "요즘 강남 고급 주상복합은 모두 저런 추세"라며 "연주 최고의 아파트 단지를 꿈꾼다면 당연한 처사"라는 등의 반응을 보였다. 여기에 더해 이런 식으로 기사화되는 것 자체가 아파트 단지를 홍보하는 효과를 유발하므로 환영한다는 입장까지, 전반적인 반응은 호평 일색이었다. 이런 반응은 대부분 주민들이 이전에 살았던 아파트와의 비교를 통해 형성되었다. "예전의 아파트 경비원들은 거의 경로당 수준"이었다는 식의 언급까지 나오며 그들은 새로 도입한 경비용역업체를 주로 60대 이상 연령대의 남성들 위주였던 기존의 전형적인 아파트 경비원들과 비교했다.

경비용역업체 직원들의 정장 착용이 성일 노블하이츠를 기존의 '보통 아파트'들과 차별화하는 상징적 기호로 받아들여진 데는 2000년대 이후 주거영역까지 확장된 민간경비 분야의 급속한 성장이 자리하고 있다. 1970년대 말 이래 미국과 영국을 중심으로 전개된 공공서비스의 민영화 움직임은 기존에 국가가 독점해온 치안 활동 역시 시장에 넘기며 민간경비 영역의 성장을 촉진했다. 이때 민간경비 업체가 관할하는 공간은 기업 소유의 상업공간을 넘어 점차 주거공간으로까지 확장되었다.[11] 한국에서도 마찬가지였는데, 특히 2002년에 들어선 서울시 도곡동의 타워팰리스는 외부에 폐쇄적인 첨단 보안 시스템과 전문 민간경비업체가 결합된 '격리된 보안추구형 주택지구'[12]의 전형을 알리기에 충분했다. 이어서 강남과 목동 등지에 들어선 다른 초고층 주상복합아파트들도 타워팰리스와 비슷한 시스템을 도입하며 그 뒤를 따랐고, 2000년대 중반 이후 지어진 일반 브랜드 아파트 역시 민간업체들과 경비용역 계약을 체결해 단지 내 치안 활동을 위탁했다.

물론 한국의 브랜드 아파트들에서 타워팰리스와 같은 초고층 주상복합아파트에서처럼 엄격한 공간 배제를 찾기는 어렵다. 차량은 단지 출입구의 자동 개폐기를 통해 통제할 수 있지만, 사람이 단지 자체로 출입하는 것은 완전히 통제할 수는 없기 때문이다. 하지만 아파트 단지의 경비를 전문 민간업체가 담당한다는 사실 자체는 여러 측면에서 해당 단지의 위상을 높이는 상징적 도구로 작용한다. 이를테면 계약을 맺은 경비업체의 로고를 아파트 외벽을 비롯한 단지 각지에 부착한다거나, 위에서 살펴본 것처럼 직원들이 정장 차림을 하거나 경찰을 연상시키는 별도의 유니폼을 착용하는 것은 실질적인 방범 효과보다는 대내외적인 상징, 즉 '안전의 미학(aesthetics of security)'●으로서의 역할이 더욱 크다. 이는 국내 주택시장의 위계상 더 상위에 위치한 초고층 주상복합아파트를 향한 모방 기제이자 하위의 다른 아파트 단지들과 차별화된 구별짓기 기제로서, 전문 민간 업체의 경비 담당은 입주민들에게 초고층 주상복합아파트에 버금가는 고급 아파트에 거주한다는 자부심을 제공하기에 충분하다.

상징적인 만족감 외에 일상적인 차원에서도 민간업체의 경비 담당은 입주 초기부터 주민들에게 좋은 평가를 받을 수 있었다. 일례로 입주 후 만 2년이 채 되지 않은 2009년 초에 '귀갓길 동행 서비스'가 시행되자 많은 주민들이 호평을 했다.

제목: 귀가 서비스 시행 중입니다(글쓴이: 통합관제실)

밤늦은 시간, 집까지 바래다드려요.

아파트 입주자를 가족처럼 ― 범죄예방을 위해 동행 서비스 제공

날씨가 따뜻해지고 경제악화로 인한 각종 범죄가 증가하고 있습니다. 특히 취약 시간대에 부녀자를 상대로 한 범죄는 늘 경계의 대상입니다. 저희 홈세이프에서는 각종 범죄로부터 입주민을 보호하기 위해 밤늦은 시간에 귀가하시는 여성, 학생 및 어린이들을 각 세

● 인류학자 칼데이라에 따르면 담장이나 장벽, 전자화된 보안장치 등은 도시 생활의 변화에 맞춰 새롭게 등장한 미학적 코드로, 단순히 범죄로부터 주민들을 보호하는 역할에 그치지 않고 주민들의 사회적 지위를 표현하고 과시하는 역할을 수행한다(Caldeira 2000: 292).

대까지 안전하게 귀가할 수 있도록 동행 서비스를 실시하고 있습니다. 귀가 서비스 신청은 도보 시 각 출입구에 신청을 하시면 즉시 달려가겠습니다. 차량 이용 시에는 지하주차장에서도 요청만 하시면 즉시 출동하여 세대까지 안전하게 귀가할 수 있도록 하겠습니다.

항상 입주민의 안전과 편의를 위해 최선을 다하는 홈세이프가 되겠습니다.

성일 노블하이츠 공식 홈페이지 및 입주민 카페를 통해 서비스를 안내한 이 게시물에는 "진짜 입주자를 위한 서비스", "재벌가 등 특별한 사람들만 경호원이 따르는 줄 알았는데 좋은 아파트에 사는 덕이다." 등의 호평하는 댓글이 잇따랐다. 다른 사례로, 단지 외곽에서 입주민의 중학생 자녀가 그날 구입한 운동화를 불량 청소년에게 빼앗기는 일이 생기자 신고를 받은 경비업체가 대응한 일도 있었다. 운동화를 빼앗긴 학생의 학부모가 경비업체에 신고했고 직원들이 출동해 인상착의만으로 근처 오락실에서 가해자를 잡아 운동화를 돌려받았던 것이다.[•] 이 소식을 전해 들은 주민들은 나이 든 아파트

[•] 사실 한국에서 민간경비원의 형사법상 지위는 일반인에 불과하므로 아무리 현행범이어도 민간경비원이 범인을 직접 체포하거나 구금할 수 없다. 하지만 이 사례에서 가해자 청소년은 그런 법적 조항까지 알지 못했고, 그저 경찰처럼 보이는 차림의 경비원들(2009년 당시 경비업체는 정장 착용을 했던 입주 초 업체가 아니라 새로 계약을 체결한 다른 업체였고, 해당 업체의 유니폼은 경찰 스타일의 복장이었다.)이 들이닥치자 지레 겁을 먹고 운동화를 내줬던 것이다.

경비원이었으면 상상도 못했을 일이라며 기뻐했다. 이처럼 아파트 단지가 민간경비업체와 별도의 용역 계약을 체결해 서비스를 제공받고 있다는 사실은 대내외적인 상징성의 측면뿐 아니라 일상에서의 직·간접적인 경험을 통해서도 체감되고 있었다.

전문 경비업체와 더불어 성일 노블하이츠를 '안전한 아파트'로 인식하게 하는 또 다른 주요 축은 단지 각지에 설치된 CCTV다. 성일 노블하이츠에는 전체 1000여 개에 달하는 CCTV가 설치되어 단지 곳곳을 감시하는 역할을 수행하고 있다. 단지를 오가는 차량과 사람들의 일거수일투족을 촬영 중인 CCTV의 존재는 불편한 감시의 눈초리가 아닌, 안전한 생활을 보장하는 첨단 서비스로 받아들여졌다.

> 예전에 살던 아파트는 굉장히 어두웠어요. CCTV가 있긴 했지만 사각지대가 굉장히 많았어요. 하지만 여기는 사각지대가 거의 없어요. 들어오면서부터, 경비실 통과할 때부터 있는 걸로 알고 있어요. 그런 건 편한 거 같아요.(이진숙, 40대 여성, 2007년 입주)

> 여기는 방범시설이, 군데군데 CCTV가 다 설치되어 있어요. 그래서 이 아파트 내에 들어오면 불안감은 안 들어요. CCTV 같은 게 설치되어 있기 때문에…….(김진주, 50대 여성, 2007년 입주)

CCTV가 아무리 범죄 예방을 위해 설치·운영된다 하더라도 촬영되는 사람들의 초상권과 정보자기결정권 침해 문제를 야기할 수 있고, 사생활의 비밀과 자유를 침해할 소지를 안고 있다.[13] 그러나 "전 세계에서 영국과 함께 가장 많은 CCTV가 설치된 국가"[14]인 한국에서 CCTV는 사생활 노출의 위험보다 안전의 확보를 위해 꼭 필요한 존재로 인식되고 있다. 대다수 사람들은 비록 자신이 감시의 대상이 되어 카메라에 촬영될 수 있더라도 범죄 예방을 위해서는, 그리고 혹시 발생할지 모르는 범죄의 가해자들을 검거하기 위해서는 CCTV를 통한 감시가 불가피하다고 생각한다. 그리고 이러한 CCTV의 필요성은 프라이버시 침해 가능성이 다른 어떤 곳보다도 높은 아파트 단지와 같은 주거공간에서도 요구된다.● 앞서 인터뷰한 주민은 예전에 살던 아파트 단지에서의 경험과 비교하여 CCTV의 중요성을 강조하기도 했다.

전에 살던 아파트 같은 경우 주차장이 어두웠어요. 차를 타고 와서 주차를 하게 되면, 그럼 나도 모르게…… 직장 다니다 보면 어쩌다 새벽 2시, 3시에도 올 때 있잖아요. 그러면 사람이 없는 게 더 마음이 안정되고, 사람 소리가 나면 괜히 막, 사람이 없어질 때까지 차

●안전한 주거환경에 대한 아파트 입주민들의 요구사항을 설문조사한 원선영 외(2009)의 연구에 따르면 가장 많은 응답자(66.2퍼센트, 중복응답 허용)가 'CCTV 설치 강화'를 꼽았다. 아파트 경비원들을 대상으로 한 김정규(2011)의 연구에서도 가장 많은 응답자(51.7퍼센트, 단일응답)가 범죄 예방을 위해 가장 필요한 것으로 'CCTV 증설'을 꼽았다.

에 들어가서 앉아 있어요. CCTV가 있어도, 아주 깨끗하게 잘 나오는 형태가 아니라고 하더라고요. 관리를 안 하니까. 그걸 알게 되니 겁이 나더라고요. 그래서 사람 없을 때 후다닥 달려가서 엘리베이터 타고 올라가고 그랬는데 여기는 CCTV가 굉장히 많기도 하고, 차를 세워도 일부러 CCTV 주변에 세우고. 차를 타러 갈 때도 일부러 차 사이사이로 안 가고, 탁 트인 길로, 통로로 일부러 다녀요. 혹시 모르니까. 그럴 때는 CCTV가 많다는 게 안심이 되더라고요. 덕분에 많이 안심하는 편이에요. 그런 것 때문에 브랜드를 따라 오게 되지 않나 싶어요.(이진숙, 40대 여성, 2007년 입주)

지그문트 바우만(Zygmunt Bauman)이 『모두스 비벤디』(2007)에서 지적한 것처럼, 낯선 이들이 어울려 살아갈 수밖에 없는 도시공간에서 미지의 이방인이라는 존재는 도시민의 삶에 불확실성을 가중시키는 동시에 불안과 공포의 근원으로 작용한다. 설령 직접 피해를 입은 적이 없더라도 낯선 사람이라는 존재 자체는 어떤 행동을 취할지 예측 불가능하기에 불안을 야기하며, 여기에 미디어를 통해 낯선 이의 범죄에 대한 공포가 더해지며 이방인은 잠재적 범죄자로 인식된다. 앞에서 인터뷰를 했던 주민과 마찬가지로, 상대적으로 범죄의 위험에 취약한 여성의 경우 이러한 경향은 더욱 강해진다. 이런 맥락에서 CCTV에 대한 갈구는 낯선 이에 대한 공포에 기인하며, CCTV로 인한 사생활 침해의 소지는 그런 공포를 경감시키기 위해 충분히 지불할 수 있는 비용 정도로 생각한다. 또 스스로 잘못한 일이 없는 이상 CCTV로 감시를 받는 대상에서 본인은 제외된다고 여기는 것이 일반적이다. 주민들 생각에 아파트 단지 곳곳에서 24시간 내내 작동 중인 CCTV는 단지 밖에서 들어와 몰래 범죄를 저지를 수도 있는 외부인을 감시하기 위해서만 존재한다. 단지의 정식 입주민이 '나', 그리고 '우리'의 범주에 들어갈 수 있는 다른 주민들은 그러한 감시의 대상이 아니라는 것이다.

이처럼 외부인의 배제와 내부인의 자발적 동조라는 CCTV에 관한 인식에 대해 바우만과 데이비드 라이언(David Lyon)은 꼼꼼한 설비를 갖추어 다수를 '감시 안에 머물게 하던' 예전의 감시가, 이제는 소수가 '정상사회에 더 이상 접근하지 못하게 하는' 감시로 대체되었다고 지적한다.[15] 게이티드 커뮤니티를 경비하는 CCTV는 그중 가장 흔하고 정형화된 표본으로서, 질서가 유지되는 '정상적인' 사회를 장차 어지럽힐지 모를 외부인을 통제하고 감시한다. 아래의 인터뷰는 이런 성격을 지닌 CCTV에 대해 입주민들이 갖고 있는 인식을 잘 보여준다.

> 일반 아파트는 연세 있는 분 혼자 [경비]하는데, 여기는 좀 더 첨단 서비스로 다양하게 관리를 하는 것 같아요. 시스템이 바로바로 돼서, 관제실[일반 아파트의 경비실을 성일 노블하이츠에서는 이렇게 부른다.] 가보면 화면이 크게 되어 있어요. 우리가 나가는 걸 다 보고 있더라고요. CCTV가 있으니까 덕분에 위험한 일들도 방지될 수 있을 거 같고. […] 다른 아파트들처럼 만약에 다 열려 있으면 누구나 쉽게 들

어울 수 있는데 그걸 방지하기 위해서 이런 게 있는 거잖아요. 약간 불편해도 그게 좋은 거 같아요. **사람이 좋은 데 살려면 그런 건 다 감수해야 되잖아요.**(박선아, 50대 여성, 2007년 입주. 강조는 인용자)

여러 가지 전자 시스템에 의해 일상생활이 감시되는 현대 사회를 '감시사회(surveillance society)'로 명명하고 분석한 연구에서 라이언은 감시에 대한 사람들의 자발적 동조를 오케스트라에 비유한다. 현대 사회에서 대부분의 사람들은 감시체제에 의한 속박이나 관리를 거의 의식하지 않으며, 특정한 이유로 주변화되거나 배제되지 않는 한 정교하게 발달한 감시 시스템을 두려워할 이유가 없다고 생각한다. 이런 맥락에서 사회적 참여는 자신들의 일상생활을 추적하고 모니터링하는 기제에 적극적으로 관여하는 것을 의미하며, 이 '연주자들'은 자발적으로 사회라는 오케스트라를 이끄는 지휘자(감시 시스템을 관리하는)의 지휘에 따르게 된다는 것이다.[16] 따라서 오케스트라에서 탈락하여 감시 대상에 오르지 않을 자신만 있다면 주변에 배치된 CCTV들을 오히려 사회를 안정적으로 관리하는 고마운 존재로 여기게 된다. 성일 노블하이츠에서 민간경비업체와 CCTV를 위시한 첨단 감시 시스템의 존재는 자신들이 살아가는 단지를 '범죄로부터 안전한 아파트'로 스스로에게, 그리고 주변의 다른 사회 구성원들에게 인식시킨다. 그리고 이렇게 안전을 보장받는 단지 안에서 이웃과 함께하려는 주민 활동이 전개되고 있다.

2000년대 중반 이후 건설된 대부분의 브랜드 아파트 단지는 입주민들의 공동체성 증진을 위해 공동생활 시설을 갖추고 있으며, 일반적으로 이런 시설을 중심으로 이웃과 함께하는 여러 활동이 전개된다. 단지 중심에는 다양한 주민 편의시설을 갖춘 '커뮤니티센터'가 자리하는데, 그 안에는 부녀회를 비롯해 각종 동호회 사무실이 위치해 있다. 관심 있는 입주민이라면 누구든지 활용 가능한 이 시설들과 누구든지 참여할 수 있는 동호회 활동들 역시 국내의 다른 주거단지와 비교할 때 브랜드 단지가 지닌 상대적인 장점에 해당한다. 그 구체적인 양상은 성일 노블하이츠의 사례를 통해서도 엿볼 수 있다.

장마의 기세가 한풀 꺾이고 무더위가 맹위를 떨치던 2011년의 어느 여름날, 성일 노블하이츠 커뮤니티센터 2층에 위치한 노인정에 스무 명에 가까운 사람들이 새벽부터 삼삼오오 모이기 시작했다. 주로 50대 이상의 여성들로 구성된 이들은 미리 준비한 닭고기 200마리에 찹쌀과 인삼을 넣고 삶기 시작해 오전 11시경 200인분의 삼계탕을 완성했다. 입주자대표회의 임준구 회장의 축사를 시작으로 수십 명의 노인들은 삼계탕을 먹으며 즐거운 시간을 보냈다. 성일동의 지역구 국회의원인 김영수 의원도 이 자리에 참석해 사람들에게 인사를 건넸고, 김영수 의원의 부인은 먼저 자리를 뜬 김 의원을 대신해 끝까지 자리를 지키며 사람들을 만났다. 관리업체 직원 수십 명도 점심시간에 노인정을 찾아 식사를 함께했고, 자리를 비울 수 없는 경비업체에서는 대표로 직원 두 명이 와서 22인분의 삼계탕을 커다란 통에 담아 가져가기도 했다. 오후 2시가 다 되어 자리가 파한 뒤 삼계탕 준비를 도맡은 여성들은 수백 개의 그릇들을 설거지하느라 바빴고, 이날 행사에 기여한 노동력 가운데 유일한 남성이었던 나는 수십 개의 탁자들을 다시 창고로 옮기느라 온몸이 땀에 젖었다. 입주 이듬해인 2008년 여름부터 성일 노블하이츠 부녀회 주최로 매년 열려온 '초복날 노인정 어르신 삼계탕 대접' 행사의 풍경이었다.

입주 초 제1기 입주자대표회의와 부녀회 사이의 갈등이 어느 정도 수면 아래로 가라앉은 뒤, 성일 노블하이츠에서는 부녀회를 중심으로 단지 입주민을 위한 여러 행사를 진행해왔다. 초복날 삼계탕 대접 행사와 '어린이날 그림 그리기 대회'처럼 해마다 개최된 행사 외에도 부녀자를 대상으로 한 노래교실, 어린이를 대상으로 한 영화 상영회처럼 매주 혹은 격주 단위로 진행되는 행사도 있었다. 이 중 노래교실과 영화 상영회는 성일 노블하이츠 단지 한가운데 위치한 커뮤니티센터에 대규모 모임이 가능한 약 300석 규모의 대회의실을 무대로 삼아 열렸다. 노래교실은 매주 화요일 오전 10시마다, 영화 상영회는 격주로 초등학교가 한 달에 두 번 쉬는 토요일*에 맞춰 역시 오전

● 현장연구를 진행한 2011년 기준이다. 2017년 현재 모든 초등학교에서 시행 중인 주5일 수업제는 2012년 이후부터 실시되었다.

10시에 진행되며, 두 행사 모두 매번 150명 이상의 인원이 참석할 정도로 좋은 반응을 얻었다.

노래교실은 성일 노블하이츠 같은 대규모 아파트 단지에서 많은 입주민들에게 실질적인 혜택이 돌아갈 수 있는 행사가 무엇일까에 대한 부녀회의 고민에서 탄생한 프로그램이었다. "청소업체나 재활용업체 등 전문 용역업체가 존재하기 때문에 일반 아파트 단지처럼 부녀회가 주축이 되어 청소 활동에 나선다 해도 크게 티가 나지 않는 상황"●에서 "요새 부녀자들 모으기 제일 좋은 게 노래교실"이라는 아이디어에 착안했다는 것이다. 실제 노래교실이 처음 시작된 2008년에는 200명 가까운 주민들이 참가하는 등 상당히 좋은 반응을 이끌어냈다. 이처럼 노래교실이 주로 40~50대 이상의 중년 여성들을 대상으로 한다면, 영화 상영회는 유치원생부터 초등학교 저학년까지 어린이들을 주요 대상으로 했다.

영화 상영회는 주로 저학년 아이들이 많이 와요. 한 170명 정도? 부녀회에서 돌아가면서 담당하는 당번이 있어요. [······] 아이들이 무척 좋아해요. 극장처럼 큰 화면으로 보니까 집에서 TV로 비디오 보

● 부녀회장과의 인터뷰 내용이다. 한편 부녀회장이 직접 언급하진 않았지만 성일 노블하이츠 부녀회가 다른 단지 부녀회와 달리 재활용품 판매 같은 수익성 사업에 소극적인 이유는 앞서 살펴보았듯 입주 초 이권사업의 주도권을 놓고 발생한 입주자대표회의와의 갈등에 기인하는 면이 있었다.

는 거랑은 다르잖아요. 또 엄마들 입장에서도 토요일 10시에 애들 내보내면 청소하기도 좋고 한숨 돌리기도 좋은 점이 있죠. 아이들이 보기에도 다른 애들한테 "우리 아파트는 영화 상영도 한다."고 자랑하기 좋죠. 주로 애니메이션이나 애들 보는 영화 위주로 상영하는데, 한국 영화는 욕이 너무 많이 섞여서 고르기가 좀 그래요.(부녀회장과의 인터뷰)

연령대의 특성상 아파트 단지에서 펼쳐지는 주요 행사들은 중·고등학생이나 직장인보다는 주로 가정주부와 어린이들을 대상으로 했다. 중·고등학생들은 학교와 학원에서 대부분의 시간을 보내기 때문에, 또 직장인들은 역시 바쁜 일과 탓에 아파트 행사에 쉽게 시간을 내기 어렵기 때문이었다. 특히 어린아이들을 대상으로 한 행사는 행사에 참가하는 어린이뿐 아니라 해당 아이의 부모까지도 관여할 수 있다는 점에서 아파트 단지 전체의 화합을 도모하는 주된 매개체가 되었다.

격주로 진행되는 영화 상영회 외에 아이들을 대상으로 하는 아파트 전체 행사의 또 다른 예로 '어린이날 그림 그리기 대회'가 있었다. 매년 어린이날마다 부녀회 주최로 진행되는 이 행사는 성일 노블하이츠의 각종 행사들 가운데 가장 큰 규모를 자랑하며 성일 노블하이츠를 대표하는 행사이기도 했다. 입주자대표회의 회장단뿐 아니라 지역구 국회의원과 지방의회 의원 등 정치인들까지 참석하는 이 행사에는 400~500명가량의 어린이들이 참가해왔다. 참가 어린이들은 아파트 단지 각지에 흩어져 매년 새로 주어지는 주제에 맞춰 그림을 그려 제출하고, 심사에서 좋은 점수를 받은 어린이들에게 상을 주는 시상식을 거행했다.

그림 그리기 대회는 어린이날 당일 오전 10시부터 행사 주최를 맡은 부녀회장의 개회사와 행사의 후원을 맡은 입주자대표회의 회장의 축사로 시작되며, 외부에서 초청된 풍물놀이패가 단지 각지를 돌며 흥을 돋우는 역할을 맡았다. 그리고 부녀회원들이 주축이 되어 김밥과 떡볶이, 라면 등 간식거리를 싸게 판매하는 천막들이 설치되고, 외부 업체를 섭외하여 얼굴 페인팅을 해주거나 아이들의 초상화를 그려주는 부스가 마련되기도 했다. 그림은 대략 오후 4시경까지 접수를 받아 오후 5시 시상식을 마지막으로 행사는 종료됐다. 가족들이 함께 즐길 거리가 많고 아이들이 주인공이 되는 행사이기 때문에 그림 그리기 대회는 특히 어린 자녀를 둔 가정을 중심으로 좋은 평가를 받았다.

또 성일 노블하이츠에는 주민들이 직접 조직한 골프 동호회, 헬스 동호회, 볼링 클럽, 축구 클럽, 디지털카메라 동호회, 등산 동호회 등 여러 친목모임이 활동 중이다. 특히 등산 동호회와 볼링 클럽, 그리고 축구 클럽은 격주 혹은 매달 정기모임을 갖는 등 활발한 활동을 이어가고 있다. 적게는 15명 내외, 많게는 30여 명 이상의 회원들을 보유한 동호회들은 같은 아파트에 사는 입주민 가운데 비슷한 취미를 공유한 이들이 친목을 도모하는 역할을 수행한다.

하지만 단지 전체의 규모를 감안하면 동호회들이 아주 활발하게 활동 중인 것으로 보기는 어렵다. 그리고 대부분 입주 초 결성된 모임의 초창기 멤버들 외에 신규 회원을 찾기 힘든 것도 공통적으로 관찰되는 모습이다. 이런 양상의 원인에 대해서는 40대 입주민들, 특히 여성들과의 대화를 통해 단초를 찾아볼 수 있었다.

저처럼 직장 다니는 사람이 편하게 가입하고 싶은 동호회가 없어요. 정말 없어요. 저도 몇 군데 기웃거려봤는데 제 나이에 맞는 것도 없고, 저도 나이가 40대니까. 게다가 사고가 이렇게 좀 건전하게, 그게 아니고, 좀 그렇더라고요. 그런 게 좀 불만이죠. 별로 끌리는 동호회가 없어요.

한번은 ×× 동호회에 기웃거려본 적도 있는데 나이대가 안 맞더라고요. 전부 부부들이거나 집에 계신 분들만 어울리다 보니까 주로 50대, 60대도 계시고. 또 시간 많은 분들 위주라서 끝나고 몰려가서 약주 하시고, 한 번 나갔다가 기절하는 줄 알았잖아요. 글쎄 운동 시간보다 뒤풀이가 더 길어요. 술 마시고, 음담패설하고. 신선한 이미지가 없더라고요. 또 ○○ 동호회에 기웃거려 보려고 전화를 드렸더니, 아유, 문제가 좀 있더라고요. 주변에서 ○○ 동호회는 말리더라고요, 같은 의미로.

주변에서도 아직은 제가, 저 같은 경우는 직장을 다니다 보니 동호회 함부로 가입할 나이는 아니라고 그러더라고요.(김주희, 40대 여성, 2007년 입주)

최근 분위기가 많이 달라졌다고는 하나 여전히 회사에 우선순위를 둘 것을 요구하는 한국 사회의 특성 탓에 직장인들이 자기 시간을 자유롭게 활용하기는 쉽지 않다. 게다가 40대 이하 직장인들이 다른 이들과 함께 취미활동을 하고 싶다면 직장 내 동호회니 인터넷 동호회를 알아보는 경우가 일반적이며, 자신이 거주하는 아파트 단지에서 모색하는 경우는 많지 않다. 그러다 보니 아파트 단지에서 형성된 동호회는 주로 50대 이상의 회원들 중심(자영업자나 주부들 위주)으로 활동하는 모습을 보이며, 위 인터뷰에서 볼 수 있듯이 새로 가입할 의향이 있어 모임을 찾는다 하더라도 자신과 연령대나 성향이 맞지 않음을 확인하고 발을 빼게 된다는 것이다. 그리고 한국의 취미 동호회 문화에서 '뒤풀이'가 작지 않은 비중을 차지하는 현실에서 이런 양상은 더욱 큰 진입장벽으로 작용하기 마련이다. 결국 상당수 아파트 단지 동호회들은 기존 멤버들이 의식적으로 신규 멤버 확보를 위한 변화에 나서지 않는 이상 초창기 멤버들 중심의, 다소 폐쇄적인 형태로 지속될 수밖에 없다.

사실 주거지 단위에서 펼쳐지는 각종 단체 활동에 적극적이지 않은 경향은 꼭 아파트 단지에서만 그렇다기보다는 한국 도시사회 전반의 일반적인 상황이라 보는 것이 옳다. 특히 빠르게 진행된 도시화 과정에서 정주성이 낮았던 한국은 지역사회에 대한 사람들의 소속감이 낮을 수밖에 없었기 때문에 '지역' 혹은 '동네'를 사회생활의 기준으로 삼기는 어려웠던 것이다. 하지만 저층 주택지와 아파트 단지를 비교할 때 이웃 관계나 지역을 매개로 한 활동이 전자 쪽에서 훨씬 더 활발하다는 것은 한국 사회에서 일종의 사회적 상식이다. 오히려 아파트 단지에서는 서로에게 관심을 갖지 않는 것이 당연한 행동규범으로 인식된다. 이것은 아파트 입주민들이 누리는 '자유'이기도 하지만, 아파트가 지닌 여러 문제를 야기하는 주된 원인이기도 하다. 한국의 아파트, 특히 브랜드 아파트 단지를 지배하는 이른바 '무관심의 문화'가 바로 이제부터 다룰 주제다.

무관심의 문화

[1. 무관심이라는 예의]

내레이터　주택가와 아파트에서 각각 10년 이상 거주한 두 사람. 자신의 거주지에서 이웃에게 "안녕하세요."라고 인사를 건네고 그 반응을 살핀다. 먼저 아파트 단지에서의 반응을 보자.

(건물 앞에서 아이와 함께 나오는 부부에게 인사) "안녕하세요." (무반응)

(엘리베이터 안에서 중년 여성에게 인사) "안녕하세요." (무반응)

(젊은 남자에게 인사) "안녕하세요." (당황하며 고개를 돌림)

(아이와 함께 탄 중년 남성에게 인사) "안녕하세요." (당황하며) "……네."

내레이터　이웃의 인사에 그냥 모른 척하거나, 당황하면서 어찌할 줄을 모르는 사람들이 대부분이다. 다음은 주택가.

(주민들과 단순한 인사뿐 아니라 일상적인 대화까지 나누는 모습 등장)

[……]

PD 어디에 누가 산다는 걸 몇 집 정도 아세요?

아파트거주자 아직은 잘 모르겠어요. 밑의 층만 알고요.

저층주택거주자 아이고, 저 몇 번지에 누구 사는 거 다 알죠. 누구네
집 뭐가 얼마고 다 알죠. 단독에서는 다 알죠. 단독에서는 다 아는데
아파트 살면 정말 모르는 것 같아요. 단독은 옆집에 무슨 일이 일어
나도 다 알 수가 있는데, 아파트는 모르겠더라고요.(「SBS 스페셜: 어떤
마을에 살고 싶으세요?」, 2011년 6월 12일 방송)

다소 정형화된 이분법적 구도로 그려지기는 했지만, 위에서 소
개한 TV 프로그램의 장면들은 국내 아파트 단지의 일반적인 양상
을 잘 보여준다. 한국의 아파트 단지, 특히 대단지 브랜드 아파트의
주민들은 보통 이웃이나 아파트 전체의 일에 무관심하다. 이를테면
누군가 새로 이사를 왔을 때 이웃에게 이사 떡을 돌리는 한국의 전
통적 행위가 아파트 단지에서는 일반적인 것으로 여겨지지 않는다.
또 아파트 입주민들은 엘리베이터 안에서 다른 이웃을 만났을 때 같
은 동에 산다는 이유만으로 상대에게 인사를 건네야 한다는 의무감
을 느끼지 않는다. 오히려 아파트 단지에서는 그런 상황에 처했을 때
상대에 대한 '무관심'을 지키는 것이 일종의 '예의'이자 당연한 행동
이다. 이런 규범은 서로에게 무관심해야 하고, 그런 무관심을 별로 이
상하게 여기지 않는다는 공유된 전제를 바탕으로 한다. 한국의 아파
트에서는 오히려 그 반대로 행동하는 사람들을 '별난 사람'으로 여기

기 마련이다.

이처럼 한국의 아파트 단지에서 일반적으로 나타나는 행동과 사고 패턴을 '무관심의 문화'라 지칭할 수 있다.[17] 한국의 사회·정치·경제적 맥락에 의해 형성된 일련의 행동 및 사고 패턴으로서 무관심의 문화는 아파트 단지에서 일반적으로 통용되는 행동 양태에 직접적인 영향을 미친다. 일부 예외적인 사례를 제외하면 대다수 브랜드 단지에서 무관심의 문화는 정도의 차이만 있을 뿐 거의 보편적으로 나타난다고 봐도 무방하다. 이때 나타나는 무관심의 양상은 크게 '이웃에 대한 무관심'과 '아파트 단지의 집단적 현안에 대한 무관심' 두 가지로 나눌 수 있다. 이 중 먼저 전자의 양상, 즉 이웃에 대한 무관심을 살펴보자.

사람한테 다가가는 게 제가 먼저 다가가야지, 그쪽에서 먼저 다가오진 않더라고요. 그래서 입주하면서부터 같은 층에 계신 분들한테 인사도 먼저 하고 그러기도 했어요. 차 한잔하러 오세요, 라고 말하면 실제로 오시는 분들도 계셨죠. 문제는 제가 시간이 없다는 거예요. 직장 다니니까. 근데 그분들도 그렇더라고요. 오고 싶어도 못 오더라고요. 실제로 저희 앞집 아들이 우리 아들이랑 동갑이에요. 그리고 굉장히 성실한 부부처럼 보여서, 그래서 한번 식사나 같이 하자고 몇 년 전부터 말했는데 그게 실천이 안 되더라고요.

그런데 **너무 잘 알면 또 단점이 있는 거 같아요.** 너무 오버해서 알게 되면. 남들도 그러더라고요. 시도 때도 없이 술 한잔하자고 하는 사람도 있다고 그러는데, 저는 그렇게는 안 할 거 같아요. 또 부부싸움을 할 수도 있잖아요. 그러다 보면 밖에 말이 새어 나갈까 봐 조심스러워요. **그럴 때는 상대방을 모르는 게 좋아요.**(한정미, 40대 여성, 2007년 입주. 강조는 인용자)

주민들과 이웃에 대한 무관심을 주제로 대화를 나누다 보면 공통적으로 나오는 무관심의 이유가 바로 "시간이 없어서"다. 특히 직장생활로 바쁜 입주민들은 이웃과의 교류를 위해 따로 시간을 내기 힘든 것이 사실이다. 그런데 시간이 없다는 말은 다른 한편으로 굳이 시간을 낼 필요성을 느끼지 못한다는 뜻이기도 하다. 만약 이웃과의 교류가 가져오는 뚜렷한 장점이 있다면 주민들은 시간을 따로 내지 않을 이유가 없을 것이다. 하지만 아파트 단지의 생활에서는 그럴 필요가 없다. 건축학자 박인석의 지적대로 아파트 단지는 공간구조상 각종 생활환경에서 가족 외의 타인과 직접 마주할 일이 최대한 생기지 않게끔 설계되어 있다.[18] 경비원이나 관리사무소 등을 통해 생활에 필요한 서비스를 충분히 해결할 수 있는 상황에서 굳이 이웃과 안면을 익히고 생활의 일부를 공유하는 수고를 할 필요는 없는 것이다.

게다가 많은 아파트 입주민들은 이런 서로 간의 무관심을 오히려 더 '편하다'고 생각한다. 앞의 인터뷰 내용처럼 이웃끼리 잘 아는 사이가 되면 "시도 때도 없이 술 한잔해야 하는" 사회적 의무가 생길 수도 있고, 밝히고 싶지 않은 집안 문제가 밖으로 드러나게 되는 불편함이 발생할 수 있다고 여긴다. 친밀한 이웃 관계를 유지하지 않아도 충분히 편리한 생활을 누릴 수 있는 아파트 단지에서 굳이 불편한 일을 만들 필요가 없다는 것이다. 또 일부 입주민들은 자신들의 경험에 근거하여 '옛날 아파트'에서는 이웃 간의 교류가 상대적으로 높은 편이었다고 기억하기도 하는데, 이 때문에 오히려 이웃 간 교류가 없는 '요즘 아파트', 즉 브랜드 아파트 단지를 더 편하고 살기 좋은 곳으로 평가한다.

예전에 5층짜리 주공아파트 살았을 때는 그래도 아줌마들끼리 대화가 많았었는데 지금 사는 여기는 같은 층 앞집 정도만 알지, 아래층이나 위층에는 누가 사는지 잘 몰라요. 부모님도 많이 나다니시는 편이 아니고. 예전에는 같은 동이 아니더라도 친한 분들이 있었는데, **여기는 남에 대한 관심이 없어요.**

솔직히 여기가 더 편해요. 전에 살던 데에서는 삶에 대한 평가를 막 하잖아요. 물론 그걸 좋게 생각할 수도 있겠지만, 여기는 거의 서로 모르니까 더 이상 평가하고 그러진 않죠. 엄마도 많이 얘기해요. 여기가 더 살기 좋다고. 주민들이랑 대화가 별로 없는 걸 더 좋아하세요. **서로 대화 안 하고 그런 게 너무 좋다고.** 각자 할 일 하지, **서로 관심 갖는 게 은근 스트레스**거든요. 우리는 그렇게 여유 있는 편이 아니어서 딱 맞춰서 사느라 여행도 자주 못 가고 그러는데, 사람들 만나서 얘기 듣게 되면 자랑도 많이 하고, 그런 게 스트레스죠.(정윤정, 30대 여성, 2007년 입주. 강조는 인용자)

친밀한 이웃 관계는 따뜻한 정이 오가는 호혜적 관계의 바탕이 되지만, 보기에 따라서는 서로에 대한 불필요한 간섭으로 생각할 수도 있다. 특히 상대적으로 조밀한 공간에 많은 사람들이 모여 사는 도시에서는 상당한 불편으로 다가올 가능성이 높다. 따라서 도시 거주자들은 사회학자 게오르그 짐멜(Georg Simmel)의 지적대로[19] 대도시 생활이 주는 혼잡과 마찰의 위험을 피하기 위한 해법으로 적당한 거리두기와 사회적 관계의 '객관화'를 행동규범으로 취하게 된다. 도시 생활이 주는 '인지적 과부하(cognitive overload)'●의 처리를 위해 도시민들은 자극 자체를 회피하고자 거리두기에 나선다는 것이다.

바로 그 지점에서 브랜드 아파트 단지는 불필요한 감정적 교류를 벗어나 꼭 필요한 선에서만 인간관계를 유지할 수 있는 공간적 배경으로 작용한다. 남에 대한 관심이 없어서 더 편하다는 인터뷰 내용에서도 확인할 수 있다시피, 소비 수준에 의해 삶의 질이 평가되는 자본주의 사회에서 서로에 대한 관심은 사람들에게 '은근한 스트레스'로 다가오는 것이 사실이다. 하지만 비슷한 평형대의 주택들로 구성된 아파트 단지는 입주민들이 서로 유사한 경제적 여건을 갖고 있

● 스탠리 밀그램(Stanley Milgram)은 짐멜의 논의를 이어받아 도시민들이 도시 생활에서 받는 과잉 자극을 '인지적 과부하'라는 개념을 이용해 분석하고, 이에 대처하는 도시민들의 선택을 논의했다. 밀그램에 따르면 도시민들은 많은 사회관계에서 오는 사회적 자극과 신체에 직접 부과되는 각종 시각적·청각적 자극의 과부하 상태를 처리하기 위해 인간관계와 행동 선택에 우선순위를 부여하거나 자극 자체의 유입을 막기 위한 여과장치 마련에 나선다(Milgram 2002).

음을 암시한다. 기본적으로 아파트 가격 자체가 상당한 수준에서 형성되는 만큼, 같은 단지에 산다는 것은 재산 수준이 어느 정도 비슷하다는 것을 보장하기 때문이다. 이런 상황에서 아파트 입주민끼리 각자의 세부적인 생활양식과 소비 형태에 대해 관심을 갖지 않는다면 서로의 삶의 질이 비교되는 일은 원천 봉쇄될 수 있다. 결국 아파트 단지를 지배하는 이웃에 대한 무관심은 도시 생활에서 거리두기의 한 양상이라는 것이다.

브랜드 아파트 단지에서 무관심의 문화를 잘 보여주는 또 다른 양상은 단지의 집단적 현안에 관한 무관심이다. 수백에서 수천 세대가 거주하는 상당한 규모의 지역사회이기도 한 아파트 단지에는 각종 집단적 현안이 존재하기 마련이지만 대다수 주민들은 큰 관심을 보이지 않는다. 특히 이것이 가장 잘 드러나는 지점이 바로 입주자대표회의에 대한 무관심이다.

【 2. 입주자대표회의에 대한 무관심 】

입주자대표회의는 법적 근거를 지닌 자치기구인 동시에 입주민 전체의 의사를 대표하는 조직으로서 매우 중요한 역할을 부여받고 있다. 아파트 단지가 수백에서 수만에 달하는 입주민들이 함께 살아가는 '아파트 공동체'로 거듭나기 위해 가장 필요한 사항이 바로 입주자대표회의의 올바른 운영이라는 지적은 꾸준히 제기되어왔다.[20] 하지만 실제 현실에서 입주자대표회의와 관련한 영역은 '아파트 단지의 집단적 현안에 대한 무관심'이 가장 뚜렷하게 드러나는 곳이다. 대부분의 아파트 단지에서 대다수 입주민들은 입주자대표회의가 어떻게 구성되고 어떤 방식으로 운영되는지에 큰 관심을 갖지 않는다. 결국 이런 주민들의 무관심이 입주자대표회의의 불투명한 운영 방식을 조장하고, 다시 입주자대표회의의 폐쇄적인 운영이 주민들의 무관심을 부추기는 악순환이 반복된다. 상황이 이렇다 보니 많은 아파트 단지들에서 입주자대표회의가 이권에만 관심을 둔 소수 동대표들의 손아귀에 놀아나는 사태마저 발생하고 있다.[•]

성일 노블하이츠의 경우도 크게 다르지 않았다. 3장 후반부에서 다뤘듯, 입주 초 입주자대표회의를 처음 구성하는 과정에서 야기된 혼란은 성공적인 재건축을 위해 헌신했던 '활동가'들을 비롯한 대다수 입주민들이 아파트 현안으로부터 관심을 끊고 거리를 두게 만들었다. 그런 와중에 초대 입주자대표회의 회장과 제2대 회장을 역임한 인사들이 연달아 임기를 채우지 못한 채 자진 사퇴하면서 입주자대표회의는 이권을 노린 동대표들의 다툼 속에 극심한 내홍을 겪었다. 주민들의 무관심 속에 요식적인 절차만 밟아 자리에 오른 일부

[•] 2010년대 한국 사회에서 아파트 입주자대표회의와 관련한 사안들은 적극적으로 공론화되지 않았을 뿐 대다수 단지에서 시한폭탄 같은 존재로 잠재해 있다. 최근 일부 언론보도가 보여주듯 아파트 입주자대표회의에 관한 문제는 이미 전국적인 현상이다. 「[취재파일] 여러분의 아파트는 안전합니까?」, SBS 뉴스(2013년 11월 4일), 「아파트 관리비 비리, 세월호만큼 큰 사건 될 것」, 《시사저널》(2014년 10월 1일) 참조.

동대표들은 주민들이 실제 생활에서 겪는 애로사항을 해결하기보다 각종 위탁업체들과의 뒷거래를 통해 사업 계약을 체결해주고 커미션을 수수하는 데 더 관심을 두는 것 같다는 의혹을 사고 있었다. 이런 분위기에서 성일 노블하이츠 입주자대표회의도 소위 '직업 동대표'들에 의해 장악된 것 아니냐는 비판이 대두되었다.

'직업 동대표'는 아파트 동대표를 마치 자신의 직업으로 삼은 듯 아파트의 각종 이권 문제에 개입해 경제적 이득을 취하는 사람들을 가리키는 말이다.● 이들은 대개 따로 직업을 갖지 않고 입주자대표회의에서 임원 등 주요 직책을 맡아 각종 아파트 관리 업무에 관여하면서 관리사무소 직원들을 자신의 수족 부리듯 다룬다는 평판을 듣는다. 입주자대표회의에 대한 주민들의 무관심 덕에 이들은 아무도 선뜻 나서지 않는 동대표 자리를 쉽게 꿰차고 아파트 단지의 주요 현안들을 좌지우지한다. 성일 노블하이츠에서도 대외적으로 드러나지는 않았지만 입주 3~4년차에 접어든 2010년 즈음 적지 않은 수의 동대표들이 '직업 동대표'가 아니냐는 의혹을 받고 있었다.

입주 이래 입주자대표회의가 대다수 주민들과 괴리된 채 무슨 일을 하고 있는지 대외적으로 알리는 데 소홀했던 것은 사실이었다. 이 과정에서 일부 입주민들이 용역업체 선정 같은 아파트 현안들이

● '직업 동대표'는 한국의 아파트 단지에서 쉽게 들을 수 있는 말이다. 인터넷 검색엔진에서 해당 단어를 검색해보면 특히 2010년대 들어 '직업 동대표'가 문제가 되어왔음을 확인할 수 있다.

불투명하게 처리되고 있다고 지적하며 의혹을 제기했던 것이다. 하지만 문제제기를 한 주민들은 소수에 불과했다. 대부분의 입주민들은 입주자대표회의가 어떻게 돌아가든 계속해서 무관심했다. 아래 인터뷰 내용은 입주자대표회의를 바라보는 주민들의 일반적인 생각을 보여준다.

> 동대표 선거할 때 보면 솔직히…… 후보로 나와서 서로 경쟁하시는 분들, 그런 분들 약력이나 이력을 보잖아요. 그런데 정말 밀어드리고 싶다, 할 만한 분들이 없어요. 사실 제 개인적인 바람으로는 약력이나 이런 게 제대로 된 분들이 있으면 밀어드리고 싶어요. 여기 무슨 의사, 박사들도 많이 산다고 들었는데, 정작 그런 분들이 자기 이력을 가지고 이런 데 관심 갖고 나서서 하셔야지, 관심들이 굉장히 없는 거 같아요. 저도 나서지 못하지만, 그래도 저하고는 다르잖아요. 몇몇 분들이 나서서 이끌어주면서 주민들이 따라오게끔 해야 되는데, 별로 그런 게 없는 거 같아요. 추천할 만한 분들도 없고.(신유진, 40대 여성, 2007년 입주)

"무슨 의사, 박사"라는 언급을 반드시 실제로 의사 면허나 박사 학위를 가진 사람들이 동대표에 나서야 된다는 뜻으로 해석해서는 곤란하다. 한국의 직업 생태계 구조상 의사나 변호사, 교수 같은 이른바 전문직 종사자들이 생업 외에 추가로 아파트 단지에서 동대표나 입주자대표회의 임원과 같은 자리를 맡아 수행하기는 불가능에 가깝다. 여기서 "의사나 박사 같은 분들이 관심 갖고 나서야 한다."라는 말은 사회적으로 어느 정도 '자리'를 확보한 사람들, 그러니까 동대표를 직업처럼 여기는 이들이 아니라 아파트 바깥에 따로 번듯한 직업을 가진 사람들이 아파트 일에 관심을 갖고 나섰으면 좋겠다는 바람을 의미한다. 기존의 입주자대표회의 구성원들에 대한 불신 때문에 지금까지와는 뭔가 다른, 신뢰할 수 있는 인물이 나서주기를 바라는 것이다.

한편 이 인터뷰 내용은 입주민들이 입주자대표회의를 바라보는 일반적인 시각의 다른 단면도 드러내준다. "저도 나서지 못하지만, 그래도 저하고는 다른 분들"이 나서야 한다는 것, 즉 누군가 아파트를 위해 발 벗고 나서주기를 바라지만 정작 본인 스스로가 그 일에 나설 생각은 없다는 것이 보통 입주민들의 입장이다. 이런 분위기가 팽배한 가운데 2011년 1월에 치러진 입주자대표회의 회장 보궐선거는 주민들의 무관심을 극명하게 보여준 사례였다.

임기를 다 채우지 못하고 자진 사퇴한 제1대 이혁수 회장(2007년 12월~2009년 2월)의 뒤를 이은 제2대 김도진 회장(2009년 3월~2010년 12월) 역시 자진 사퇴하면서 입주자대표회의 회장 보궐선거가 치러졌고, 이는 이전까지와 달리 직선제로 진행되었다. 2010년 6월 주택법이 개정되면서 500세대 이상의 아파트 단지는 입주자대표회의 회장을 주민 직선제로 선출하도록 했는데, 이에 따라 성일 노블하이츠에서도 처음으로 직선제 회장 선거가 도입됐던 것이다. 회장 후보로는 2기 입주자대표회의에서 주요 임원직을 수행했던 임준구 후보와 함

2011년 1월에 치러진 입주자대표회의 회장 선거 홍보 현수막.

께, 역시 이전 입주자대표회의에서 동대표를 역임한 박상문 후보가
출마했다.

처음 실시되는 직선제 회장 선거를 지금까지 입주자대표회의가
보여준 난맥상을 바로잡을 기회로 여긴 일부 주민들은 다른 입주민
들에게 투표 참여를 독려하며 입주자대표회의에 대한 관심을 환기
시키고자 했다. 선거 며칠 전, Z사이트 입주민 카페에 올라온 아래
게시물은 이들의 바람을 잘 보여준다.

제목: 1단지 입주민들께 드리는 글
이번 일요일 입주자대표회의 회장 주민투표가 있습니다. 주민 직선
제로 주민들의 권리를 보장하는 것은 물론 주민들이 직접 선택함으
로써 그만큼 공정하고 투명한 운영을 할 것이라 봅니다. 아울러 입
주자대표회의가 주민들에게 신뢰를 받을 수 있는 경사스러운 일입

니다. [······] 나 말고 다른 누가 하겠지 하면 아무도 하지 않으며, 참여 의식을 갖고 나서야 합니다. 소중한 내 한 표가 입주 때부터 잘못된 우리 아파트를 고칠 수 있습니다. 입주 이후 지금까지 살아온 주민으로서 바라건대, 반드시 입주민을 위한 회장이 선출되어야 합니다.(2011년 1월 게시물)

동대표 선출은 해당 동에서 더 많은 수의 추천인을 확보한 후보자가 당선되는 방식으로 이루어졌고, 과거 간선제 방식에서 입주자대표회의 회장은 동대표들의 투표로 선출되었다. 이런 방식으로는 주민들이 자연스레 입주자대표회의 임원진 구성에 관심을 갖기 어려웠지만, 각 세대당 한 표씩 투표하는 방식으로 치러지는 직선제 선거에서는 분위기가 달라질 것이라는 게 글쓴이의 기대였다. 하지만 실제로 이런 기대가 현실화되기에는 걸림돌이 많았는데, 가장 큰 문제는 정보 부족이었다. 위 게시물에 달린 댓글들을 보면 입주자대표회의 회장 선거에 대한 주민들의 반응을 살필 수 있다.

A 후보가 누군지도 모르는데 투표만 강요하면? 좀 그렇네요.
B 후보가 누구인지도 모르고 투표만 하는 건가요? 합동연설회나 유인물 배부라도 있어야 투표를 할 수 있을 것 같습니다. 투표일에 관한 현수막만 몇 개 걸어놨지 보통 입주민들은 선거가 있다는 것도 대부분 모릅니다. 각 후보의 공약이나 소견이 담긴 선거 안내문을 세대별로 배부하고 방송도 해서 많은 세대가 투표에 참여할 수 있도

록 적극적인 선거관리위원회의 활동이 절실한 것 같습니다.

ㄷ 후보자 공청회도 없고, 공약도 거의 비슷하고⋯⋯ 누가 조합 관련
인물인지, 전 회장(1대, 2대)들은 왜 사퇴하게 되었는지를 전혀 모르
니 투표하기가 매우 어렵습니다. 사진을 통한 이미지 투표로 끝날 것
같습니다.

이들의 이야기는 성일 노블하이츠에서 처음 치러지는 직선제
선거의 문제점과 한계를 잘 보여준다. 기존 입주자대표회의의 운영
에 대다수 주민들이 무관심으로 일관해온 상황에서, 회장 선거 방식
만 직선제로 바뀌었다고 해서 이들이 갑자기 입주자대표회의에 관심
을 갖기는 쉽지 않았다. 주민들은 입주자대표회의 선거를 왜 자신들
의 손으로 직접 하게 되었는지도 몰랐고, 어떤 후보자들이 어떤 비전
을 갖고 나왔는지도 관심이 없었다. 그리고 무관심한 입주자들에게
충분한 정보를 알려야 하는 아파트 단지 선거관리위원회에서도 책
임을 방기하는 형편이었다. 관리사무소를 중심으로 기존 동대표들
가운데 선관위 위원으로 활동할 인사들이 선발되었으나, 이미 기존
입주자대표회의가 그다지 투명하게 운영되고 있지 않던 상황에서 선
관위도 적극적이고 책임 있는 활동에 나서지 않았던 것이다. 투표를
독려하는 게시물이 올라온 건 선거일이 일주일도 채 남지 않은 시점
이었지만, 후보들의 합동연설회도, 선거공보물 배부도, 아무것도 이
루어지지 않았다. 이런 상황에서 선거는 '조직 동원력'에 절대적으로
의존할 수밖에 없었다. 조금이라도 많은 입주자들에게 아파트 단지

전체의 비전을 제시하는 것이 아니라, 가까운 지인들을 동원해 단지 내에서 영향력을 가진 부녀회와 노인회, 각종 동호회 등과 같은 단체를 어떻게 끌어오느냐가 관건이었다.

결국 2011년 1월의 보궐선거는 12퍼센트대의 저조한 투표율을 보이며 마무리되었다. 결과는 임준구 후보가 360표를 획득하여, 250표를 얻는 데 그친 박상문 후보를 따돌리고 승리를 거머쥐었다. 이전 입주자대표회의에서 주요 임원직을 맡아 조직 동원력에서 앞설 수 있었던 점이 임준구 후보를 승리로 이끈 동인이었다. 새로 당선된 임준구 회장은 2011년 12월까지 약 12개월의 임기 동안 혼란에 빠진 성일 노블하이츠 입주자대표회의를 이끌어가야 하는 책무를 지게 되었다. 전임 회장들의 발목을 잡은 거듭된 비리 의혹이라는 고리를 끊어내는 것과, 얽히고설킨 각종 용역업체와 유착 관계를 맺어 개인적 이익을 취하는 것 사이에서의 선택 역시 그의 몫이었다.

한편 이번 선거는 입주자대표회의에 대한 주민들의 무관심을 재차 확인시켜주었다. 주택법 개정으로 회장 선거가 직선제로 진행돼 주민들의 참여를 촉진할 수 있으리라는 기대에도 불구하고, 낮은 투표율이 보여주듯 대부분의 주민들은 무관심한 태도를 견지했다. 앞서 기존 입주자대표회의와 이를 바탕으로 구성된 선관위의 책임 방기를 지적했지만, 설령 그들이 선거 홍보를 제대로 했다 하더라도 주민들의 관심이 높아졌을지는 미지수다. 사실 중앙선거관리위원회에서 관할하는 국회의원 선거나 지방선거도 투표율 50퍼센트를 간신히 넘기는 한국 사회에서 일개 아파트 단지의 선거에 높은 관심을 기대하는 것 자체가 무리일지도 모른다. 하지만 문제는 입주자대표회의가 실제 주민들의 삶에 미치는 영향이 결코 작지 않다는 것이다. 아파트 단지 내 각종 현안들에 대한 주민들의 무관심과 이를 빌미로 잇속 챙기기에만 골몰하는 입주자대표회의의 문제점은 실생활에서 여러 불편을 야기할 수밖에 없다.

이처럼 만연한 무관심 속에 입주자대표회의는 '그들만의 리그'로 전락해갔다. 하지만 그 안에서도 아파트 단지의 집단성과 공공성에 대한 주민들의 관심을 촉구하고 주목할 만한 성과를 거둔 움직임이 있었다. 이 활동의 중심을 이룬 일부 주민들은 '자율방범대'라는 아파트 단지 바깥의 모임 형식을 빌려와 자신들이 추구하는 '가치 있는 아파트'를 일구고자 했다.

발로 뛰는 새로운 '조직'의 등장

【 1. 성일노블 자율방범대의 출범 배경 】

'성일노블 자율방범대'는 입주 후 1년 반가량이 지난 2009년 1월에 결성된 아파트 자생단체다. 본래 자율방범대란 지역 단위의 자원봉사자로 조직된 경찰 협력단체로, 관할 지구대나 파출소와 상호 협력 관계에서 방범 취약지역 순찰이나 청소년 선도·보호 등의 활동을 수행하는 주민 자율조직이다. 1953년 한국전쟁 휴전 이후 각 동·리 단위로 실시한 야경제도에서 유래한 자율방범대는 1990년대 이후 각 파출소 산하의 주민 자율단체로 재편되었으며, 현재는 경찰 지구대별로 조직해 활동하고 있다.[21●]

지역사회 내의 방범 취약지역에 컨테이너 가건물을 설치해 사무실 겸 활동 거점으로 삼아 운영되는 일반적인 자율방범대 외에도, 일부 아파트 단지에서도 단지별로 자율방범대를 운영하는 모습을 볼 수 있다. 주로 저층 주택지를 순찰하는 보통의 자율방범대와 달리 아파트 자율방범대는 단지 내를 순찰하며 방범 활동을 펼친다. 성일 노블 자율방범대(이하 자율방범대) 역시 다른 아파트 자율방범대와 마찬가지로 단지 내의 범죄 예방과 청소년 선도 등을 주요 업무로 삼아, 일주일에 두 차례씩(2014년 기준) 밤 9시부터 10시 반까지 1~3개 조로 나누어 순찰 조끼를 걸치고 야광봉과 손전등을 들고서 단지 전체를 순찰한다. 2009년 출범 이래 시기에 따라 변동이 있었으나 대체로 10~20명 내외 규모로 인원수가 유지되어왔으며, 2012년 이후부터는 규모가 증가해 30명 이상의 인원이 참가하고 있다. 이들은 아파트 단지 전반의 경비업무를 공식적으로 담당하는 사설 경비업체가 그냥 지나치기 쉬운 단지 구석구석을 돌아보며 치안 사각지대의 발생을 최소화하고자 한다.

● 2013년 6월 말 기준으로 전국에서 활동 중인 자율방범대 조직은 총 4055개이며, 자율방범대원으로 참여 중인 인원은 10만 1367명으로 한국의 경찰 인력과 비슷한 수준이다(박주상·정병수·백석기 2014: 144).

이러한 소개만 봐서는 자율방범대를 다른 일반적인 아파트 자생단체 중 하나로 여길 수도 있지만, 성일 노블하이츠라는 거대한 아파트 단지에서 이 작은 조직의 역할은 조직의 크기를 넘어선다. 자율방범대는 출범 이래 지금까지 성일 노블하이츠의 각종 현안에서 중요한 역할을 수행해왔고, 단지에 크고 작은 변화를 가져오기 위해 부단한 노력을 경주해왔다. 하지만 그 과정이 순탄치만은 않았으며, 성일노블 자율방범대는 일반적인 자율방범대와 성격도, 출범 배경도 다소 달랐다.

성일 노블하이츠에서 자율방범대가 처음 꾸려진 데는 입주자대표회의와 관련한 입주 초기의 혼란이 배경으로 작용했다. 초대 입주자대표회의 회장 선거에서부터 이어진 각종 마찰과 혼란 속에 조합 임원 출신이나 그들과 관련 있는 사람들이 입주자대표회의를 장악해갔는데, 바로 이 과정에서 자율방범대 창설에 관한 논의가 시작되었다. 입주 전 조합과 시공사를 상대로 투쟁해온 '활동가'들을 중심으로 아파트를 위해 '입으로만 하는 봉사가 아닌 몸으로 하는 봉사'를 실천하자는 움직임이 있었고, 그 결과 자율방범대가 탄생했던 것이다. 이렇게 출범한 자율방범대는 2009년 1월 말, '성일노블 자율방범대'라는 이름으로 창단식을 갖고 2월부터 곧바로 활동에 들어갔다. 주로 당시 동대표 자리에 있던 이들이 처음 논의를 시작하면서 중심이 되었고, 그 외에 이들의 권유로 합류하게 된 지인들과 인터넷 카페 공고를 보고 찾아온 이들이 초기 멤버로 함께했다.

이러한 배경 때문에 초창기 자율방범대 참여자 중 대다수는 재건축 과정에서부터 조합과 시공사를 향해 목소리를 높여온 사람들이 차지하고 있었다. 그런데 이들을 중심으로 자율방범대가 운영되다 보니, 입주자대표회의를 장악한 다수 동대표들 입장에서 자율방범대는 눈엣가시 같은 존재로 여겨질 수밖에 없었다. 이에 대해 자율방범대 측은 '정치'에는 관심이 없으며 순수한 '봉사' 활동에만 집중할 것임을 표방했다. 2010년 2월, 자율방범대는 경찰 지구대 소속의 성일동 전체 자율방범대와 연합하여 아파트 단지의 내부 정치가 아닌 방범 활동 자체에 주목적이 있음을 강조했다. 뒤이어 2010년 여름에는 '성일동 자율방범대'의 구성원으로 연주시 강산구 자원봉사센터에 자원봉사단체로 정식 등록하여 봉사활동 조직으로서의 성격을 부각시키고자 했다. 이 결정에는 '봉사'로서의 활동을 대외적으로 강조하는 동시에, 입주자대표회의 측의 견제로 차츰 조직의 동력이 약해지며 자율방범대 인원수가 감소하는 상황에서 기존 인원을 지키고 신규 인원을 충원하려는 의도도 포함되어 있었다.●

자원봉사단체로 정식 등록한 2010년 이후 순찰 당일 자율방범

● 2009년 출범 초만 하더라도 20명 이상의 인원수를 자랑하던 자율방범대는 2010년 여름을 전후한 시기에 이르러서는 10여 명 안팎으로 규모가 감소하는 어려움을 겪고 있었다. 자율방범대가 아파트 단지의 '내부 정치'에 관심이 없음을 표방하며 순수하게 자체적으로 운영하는 방식을 고수한 탓이었다. 자신의 생업과 여가시간을 포기하면서까지 아무런 지원이나 대가도 없이 운영되는 자율방범대 활동에 참여할 사람은 많지 않았다. 이런 상황에서 자원봉사단체로 정식 등록한 것은 '봉사활동 점수'라는 유인책을 활용할 수 있게 했다.

대의 활동은 다음과 같이 이어졌다. 먼저 밤 9시에 집합하여 한 시간가량 단지 내부를 순찰하고, 밤 10시에 인근 파출소에서 성일동 자율방범대와 합류해 활동기록부 서명과 인증용 사진 촬영을 마친다. 그런 다음 10시 반까지 마무리 순찰을 도는 것이 이들의 일정이었다. 그렇다면 90분 남짓한 이 시간 동안 이들은 어떤 활동을 펼치는 것일까? 뒤이어 살펴볼 이들의 활동은 자율방범대가 성일 노블하이츠 단지에서 가장 활발한 자생단체라는 자부심을 갖도록 만들기에 충분했다.

[2. 자율방범대의 주요 활동]

아파트 단지 환경이 좋고, 워낙 넓고 방대하다 보니까 외부에서 안좋은 애들이 들어와서 구석에 숨어 못된 짓 하기 좋아요. 쪼끄만 여자애가 남자애들이랑 같이 담배 피우는 일도 있었고, 구석에서 본드 마시고, 심지어 여름에는 콘돔이 발견된 적도 있고…… 사람들이 우리 아파트에는 그런 애들 없다고 하지만 예방 차원에서 순찰 도는 거죠. 우리가 완장 찬 것도 아니고, 뭘 바라고 그러는 것도 아니고, 순수하게 봉사 차원에서 우리가 사는 아파트에 더 애정을 갖고 예방하려고 돌아요. 실제로 수상한 애들 발견해서 주의를 주면, 조금 있다 다시 가보면 나가고 없어요. 아무래도 이 아파트는 순찰 돈다, 그러면 애들이 신경을 쓰죠. 경비업체가 있다고 해도 단지가 넓

은 것에 비해 인원이 적어서 다 관리하기는 힘들어요.(성일노블 자율
방범대 대장 김민철, 60대 남성, 2007년 입주)

이 인터뷰 내용은 자율방범대가 우선순위를 두고 있는 순찰 활
동의 성격과 자신들의 활동에 스스로 부여하는 의미를 보여준다. 각
종 첨단 경비 시스템 덕에 절도나 강도 같은 범죄행위가 쉽게 발생하
기 어려운 아파트 단지에서, 사실상 방범의 대상은 주로 비행청소년
으로 상정된다. 공원처럼 꾸며진 지상공간 덕택에 단지 밖 주변 지역
에 비해 월등히 좋은 환경을 갖춘 아파트 단지 안으로 외부에서 '안
좋은 애들'이 들어와 '못된 짓'을 할 수 있으므로 이들에 대한 계도가
필요하다는 주장이었다. 이때 단지 내에서 비행을 저지르는 청소년
들이 성일 노블하이츠 입주민일 가능성은 배제되는데, 이러한 판단
에는 나름의 근거가 있었다. 우선 노블하이츠 같은 브랜드 아파트에
는 어느 정도 경제력을 갖춘 중산층이 입주하며, 비행청소년 가운데
중산층 자녀가 차지하는 비중이 낮을 것이라는 생각이었다. 또 행
여 입주민 자녀들 가운데 그런 부류가 있더라도 적발되었을 때 본인
과 가족이 감당해야 할 주변의 시선을 고려하면 감히 단지 내에서는
'못된 짓'을 하기 어렵다는 것이다. 실제로 단지 안에 숨어서 담배를
피우다 발각된 청소년들의 경우, 예외 없이 '외부 아이들'이었다는 경
험적 사실도 이런 판단을 뒷받침했다.
"이 근방에서 우리 아파트가 숨기 좋은 곳으로 알려져 있다."는
자율방범대의 판단은 역시 또 다른 경험적 사실들을 통해 뒷받침된

다. 233쪽의 왼쪽 사진을 보면 원래 설치되어 있던 철조망에서 왼쪽 절반 정도가 잘려나간 걸 확인할 수 있는데, 여기를 지나 건물 뒤편으로 돌아가면 구석으로 파인 공터가 있다. 아파트 단지 구조상 이런 장소가 심심찮게 존재하는데, 이런 곳들은 '외부에서 들어온 안 좋은 아이들'이 시간을 보내기에 좋은 곳으로 알려져 있었다. 실제로 이런 장소에서 빈 부탄가스 통이 발견되기도 했고(오른쪽 사진), 여름에는 사용한 흔적이 있는 콘돔과 휴지 등이 발견되기도 하면서 자율방범대가 비행청소년 감시에 촉각을 곤두세우게 했다. 따라서 단지 외곽부의 방범 사각지대뿐 아니라 각지에 위치한 놀이터, 구석진 곳에 놓인 벤치 등은 자율방범대 순찰 시 반드시 일일이 확인을 요하는 장소들이었다.

하지만 이들의 계도와 감시 활동에는 한계가 존재했다. 무엇보다도 일주일에 두 차례에 불과한 활동 시간(그마저도 대원수가 감소했던 2011년을 전후한 시기에는 주 1회에 그쳤다.)만으로는 실질적인 계도 효과를 기대하기에 부족할 수밖에 없었다. 앞서 소개한 인터뷰 내용에서처럼 '성일 노블하이츠는 주민들이 순찰 도는 아파트'라는 인식이 퍼져도, 마음만 먹으면 얼마든지 자율방범대의 순찰 시간을 알아내 해당 시간을 피해 아파트 안으로 숨어들 수 있었기 때문이다. 또 실질적인 측면에서도 자율방범대의 계도가 제대로 작동하지 않아 의도치 않은 충돌을 빚는 경우가 발생하기도 했다. 아래의 사례를 보자.

자율방법대는 순찰 도중 커뮤니티센터 인근 벤치에서 고등학생으

단지 내 방범 사각지대에 설치된 철조망의 훼손과 부탄가스 발견. 두 사진 모두 단지에서
가장 외곽에 위치한 아파트 뒷면으로 연결되는 지역에 설치된 철조망 인근에서 촬영되었다.

로 보이는 젊은 남녀 둘이 함께 있는 모습을 목격했다. 남자가 벤치
에 앉아 있고 여자는 그 앞에 마주보고 서 있었다. 남자의 손이 짧은
치마를 입은 여자의 허벅지를 쓰다듬으며 엉덩이 쪽으로 올라가는,
남들이 보기에 다소 민망한 모양새였다.

A (여성대원)   (남녀를 먼저 발견하고) 아유, 쟤들 봐라.
B (남성대원)   얘들아, 거기서 뭐해? 여긴 주택지니까 안 돼. 너네 이 아
파트 살아? 여기서 나가라.

소리를 들은 남녀가 돌아보았다. 어두운 탓에 고등학생인지 성인인
지 분간하기 어려웠다.

C (젊은 여성)   이 아파트 살거든요? 아저씨가 뭔데 뭐라 그러는 거예요?

B (발끈하며) 말하는 버릇하고는…… 여기서 산다고 다 그러고 있어
도 되는 줄 알아? 여기서 그렇게 문란한 행위하고 그러면 안 돼.

C 우리가 뭘 했다고요? 우리가 여기서 뭘 하든 무슨 상관이에요?

언성이 높아지며 방범대원들과 여성 사이에 한동안 실랑이가 이어
졌다.

B 너네 자꾸 이렇게 대들고 그러면 보안팀 불러서 처리할 거야. 파
출소 한번 가봐야 정신을 차리지.

C 우리가 뭘 했는데요? 우리가 왜 파출소에 가요?

B (화가 많이 난 상태에서 휴대폰으로 경비업체에 전화를 걸며) 여기 커뮤
니티센터 마당 쪽이에요. 직원들 데리고 내려와봐요.

그 뒤로도 실랑이가 더 이어졌다.

B 저거 말하는 거 봐라. 너 몇 동 몇 호 살아?

C 몇 동 사는지 알아서 뭐하게요?

B 어느 부모 자식인지 얼굴이나 확인하려고 그런다.

얼마 후 경비업체 직원들이 나타났다. 그동안 자율방범대의 눈치를
살피던 젊은 남자는 여자를 달래기 시작했다. 하지만 여자와 B 사이
의 설전은 계속되었다. 그사이 직원들이 나타나자 남자가 여자를 억

지로 데리고 물러서며 자리를 떠나려 했다. 하지만 계속해서 여자는 B가 먼저 시비를 걸었다고 화를 내며 따졌다.

C (남자의 손에 끌려가면서) 우리가 여기서 뭘 했길래요? 우리가 여기서 키스를 했어요? 포옹을 했어요? 아니면 섹스를 하기라도 했어요?

B 말하는 싸가지 하고는.

단지 안에서 다소 문란해 보일 수 있는 행위를 하고 있던 젊은 남녀에게 자율방범대가 개입하면서 충돌이 빚어진 사례다. 이런 경우가 흔치는 않았다. 밤 9시 넘어서까지 놀이터에서 공놀이를 하던 아이들, 후미진 구석에 모여 대화를 나누던 남학생들, 으슥한 벤치에 함께 있던 중·고등학생 남녀 커플 등 자율방범대가 순찰 도중 훈계한 청소년들은 대부분 지시에 따라 자리를 떠났다. 하지만 사례에 등장하는 남녀가 이들의 지시에 따르지 않은 것은 이들이 실제로 청소년이 아니라 성인(대학생)이었기 때문일 가능성이 높다. 그들 입장에서는 어엿한 성인 남녀가, 자기가 사는 아파트 단지 안에서 '가벼운' 스킨십을 나누는 정도는 아무 문제가 되지 않았을 것이다. 그리고 자신들에게 잔소리를 하는 자율방범대 대원들은 사적인 데이트에 간섭하는 '꼰대'로밖에 보이지 않았을 수 있다. 그래서 사례 속 여성은 "너네 이 아파트 살아?"라는 질문에 "이 아파트 살거든요?"라고 되받아쳤던 것이다.

하지만 자율방범대에게 이들의 행동은 아파트 단지 내부의 질서를 어지럽히기에 충분한 것으로 보였다. 남녀의 모습은 야심한 시각의 시내 공원 같은 곳에서라면 용인될 수 있을지 몰라도 아파트 단지라는 주거공간에서는 용납될 수 없는 행동이었다. 설령 그들이 성인이라 하더라도 자율방범대가 이상적으로 생각하는 공동체 내부의 질서에 부합할 수 없는, 계도의 대상이었다. 이 때문에 살고 있는 동호수를 구체적으로 따져 물어 남녀 개인의 문제가 아닌 성일 노블하이츠 입주 가족의 문제로 확장시키고, 경비업체 직원들을 호출함으로써 단지의 '공식적 규칙'을 위반한 행위로 규정하려 한 것이다. 이에 대해 젊은 남녀, 특히 여성 쪽은 상당히 강하게 반발했지만 결국에는 사건의 확대를 원치 않은 남자 쪽의 후퇴로 물러날 수밖에 없었다. 그러나 이 사례는 계도 활동을 통해 단지 내의 이상적인 질서를 확립하려고 한 자율방범대의 의도가 항상 관철되는 것은 아니며, 특히 단지 안에서 허용되는 행위의 범위를 두고 갈등의 소지가 있음을 보여준다.

자율방범대의 활동들 가운데 계도 활동 못지않게 큰 비중을 차지하며 이들의 활동에 정당성을 부여하기에 훨씬 효과적이었던 것은 단지 내 각종 시설에 대한 하자 점검이었다. 지상공간의 공원화를 위해 꾸며진 나무들이 제대로 자라고 있는지, 설치된 조명시설은 제대로 작동하고 있는지, 쓰레기 분리수거는 제대로 되고 있는지 같은 단순 점검에서부터 CCTV나 경비초소의 위치 조정에 이르기까지 이들의 시선은 아파트 단지 내 대부분의 시설들에 걸쳐 있었다. 브랜드 아파트 등장 이후 단지 내 외부공간이 상당 부분 '고급화'되었다고 하나 입주민들이 실제로 생활하면서 겪는 경험과는 괴리가 있을 수 있는데, 이들의 활동은 바로 그 지점에 초점을 맞추고 있었다. 아래는 여기에 해당하는 사례들 중 일부다.

○ 단지 내 조명시설 점검

 (순찰 도중 옆으로 기울어진 채 쓰러진 조명등을 발견하자 곧바로 사진 촬영을 하며) "이런 일에 관리사무소가 관심이 없어요. 이렇게 넘어지지 않으려면 조명등이 확실하게 뿌리가 박혀 있어야 하고, 그걸 다 관리해야 하는데 그 사람들은 우리처럼 하질 않으니."(자율방범대 대장 김민철)

○ 필로티 파손 신고

F(여성대원) (부서진 필로티 천장 부위를 가리키며) 어? 이거 부서졌네!

D(남성대원) 이사하는 차가 지나가다 받았나 보네. 저 옆에 벽면도 저번에 부서져서 교체한 건데. 사진 찍어요. 관리사무소에 신고하게.

○ 경비초소 위치 조정

(순찰 중 단지 서쪽 보행자 출입구에 설치된 경비초소를 가리키며) "원래 이 초소가 여기 있었던 게 아니었어요. 더 안쪽에 위치해 있었는데, 우리가 방범 돌다가 발견하고 얘기해서 이리로 옮긴 거죠. 여기 초소는 이 자리에 있다는 존재만으로 그 역할을 해요. 실제 안에서 근무

하는 사람이 없어도 밤에 이렇게 초소 위에 경광등이 돌고 있으면 멀리서 보고 못된 짓 못하거든요. 이리 옮겨오기 전에는 여기로 들어오는 길에 간간이 나쁜 애들이 있었어요. 지나가는 학생들 돈 뺏고, 그러다가 여기 초소가 생기고 나서 그런 일이 없어졌어요."(자율방범대원 D, 40대 남성)

○ 펜스 보강
단지 서쪽 보행자 출입구 옆으로 10여 미터가량의 펜스가 설치되어 있고 그 아래로 단지와 인접한 중학교 운동장이 위치해 있다. 현재는 펜스가 이중으로 설치되어 있는데, 원래 한 겹으로만 있던 것을 자율방범대의 건의로 보강한 것이다. 이 조치는 정식 순찰 시간 외에 우연히 이 펜스에 아이들이 매달려 노는 모습을 본 자율방범대원의 건의로 이루어졌다.

○ 가로등 신규 설치
(단지 중앙부 순찰 중에) "여기 가로등도 우리가 새로 해달라고 해서 설치해준 거예요. 그전에는 밤에 젊은 애들이 와서 담배 피우고, 패싸움도 한 번 하고 그랬어요. 그 바람에 어른들도 다니기 불안하다고 했었죠. 그래서 우리가 여기 가로등이 있어야 된다고 관리소에 얘기해서, 시설과장이 직접 나와서 살펴보고 설치한 거예요. 우리가 해달라고 해서 무조건 다 해주는 건 아니고, 그 사람들[관리직원들]도 다 나와서 확인해보고 필요하다 싶으니까 해주는 거죠."(자율방범대

원 E, 50대 남성)

○ 단지 내 휴게 공간 살리기

단지 중앙부 산책로에서, 원래 산책로보다 훨씬 안쪽으로 들어가 있던 가로등 세 개를 길 가까이로 옮겨 설치한 것 역시 자율방범대의 건의에 따른 것이었다. "예전에는 [가로등이 안쪽에 있어서] 어두우니까 애들이 숨어서 담배 피우고 그랬는데, 그래서 주민들이 보기 싫으니까 안 나왔죠. 근데 밝아지니까 이제 주민들이 밤에도 저렇게 나와서 쉬고 있어요."(자율방범대원 D, 40대 남성)

그 외에도 시설물 점검과 관련한 많은 사례가 있었는데, 자율방범대가 처음 결성된 2009년에만 CD 세 장 분량의 사진을 촬영하여 관리사무소에 제공했을 정도였다. 사실 단지 내 공유공간과 공공시설 관리와 관련한 사안들은 대부분의 브랜드 아파트 단지에서 발생하는 문제다. 주차장으로 활용되어온 외부공간이 지하주차장 확대와 함께 이전과는 확연히 다른 경관으로 탈바꿈하고, 단지 내 주민들 간의 교류가 강조되며, 각종 공동생활 시설이 확충되었다는 것은 브랜드 아파트 단지가 과거의 아파트와 비교했을 때 갖는 주요 장점이다. 그런데 중요한 것은 공용공간의 이런 변화가 입주민들이 실질적으로 경험하는 생활의 질 향상으로 이어지려면 주민들의 관심이 절대적으로 필요하다는 사실이다. 하지만 아파트 단지를 지배하는 '무관심의 문화'는 단지 내 공유공간이 제대로 관리되지 못한 채 방치되거나 심지어 훼손되기까지 하는 양상을 야기했다.

　성일 노블하이츠에서도 마찬가지였다. 고급 아파트를 표방하며 건설 단계에서 설치된 각종 시설물이 제대로 관리되지 않거나 아예 철거되는 경우가 심심찮게 나타났던 것이다. 대표적인 예가 단지 내 곳곳에 설치되어 있던 쉼터의 철거였다. 입주 초만 하더라도 단지 안에 총 40여 개나 있던 쉼터가 점차 철거되어 불과 2~3년 사이에 30개가량으로 줄어들고 말았다. 물론 애초에 설치된 위치 자체가 잘못된 탓일 수도 있다. 설계 당시 사람들의 실제 동선을 고려하지 않은 채 그저 미관상으로만 설치된 쉼터는 제대로 관리하지 않으면 금방 흉물스러운 모양새로 변하기 때문이다. 그런 경우라면 보존보다는 철거가 더 나은 결정일 수 있지만, 문제는 엄연히 사람들이 사용하던 쉼터가 철거되는 경우였다.

　단지 북쪽 구역에 위치해 있던 쉼터가 철거된 사례는 철거 결정과 처리 과정에 실제 사용자들의 무관심을 그대로 보여주었다. 아파트 단지의 북문 근방에 위치한 이 쉼터는 보행자 출입구와 가까워 평소에도 주민들이 제법 이용하는 편이었다. 그런데 이곳에 사람들이 여럿 모여 대화를 나누는 모습에 불만을 가진 바로 근처 동의 동대표(임원진과 가까워 입주자대표회의 안에서 영향력이 있었다.)가 해당 쉼터를 철거하도록 관리사무소에 지시했다. 철거 작업이 일체의 공론화 없이 진행되었음에도 불구하고 누구도 이 과정에 문제제기를 하지 않았고 철거 이후에도 불만을 제기하지 않았다. 이전에 이 쉼터를 즐겨 이용하던 주민들 역시 '있으면 좋고 없으면 그만'이라는 태도를 견지했다.

공유공간 문제와 관련한 또 다른 사례는 조명시설과 조경수 관리 미비였다. 단지가 워낙 크다 보니 조명시설이 제대로 완비되지 않은 사각지대가 발생해 주민들의 불안과 불편을 초래했지만 이를 지적하는 사람은 별로 없었다. 또 기존에 설치된 조명시설도 관리가 제대로 되지 않아 엉뚱한 방향을 비추거나 아예 작동하지 않는 경우까지 발생했으나 시정을 요구하는 목소리는 듣기 힘들었다. 조명시설의 미비가 아파트 단지의 밤을 어둡게 만들었다면, 조경수 관리 문제는 아파트 단지의 낮을 칙칙하게 만들었다. 성일 노블하이츠를 비롯한 고급 아파트 단지의 최근 경향은 지상공간에 고급 수종을 식재하여 '단지의 공원화'를 달성하는 것이었지만, 이렇게 애써 심은 나무들은 매년 수십 그루씩 죽어나갔다. 공유공간을 충분히 고려하지 않은 공간적 조건 자체의 한계와 주민들의 무관심 탓이었다.

브랜드 아파트의 등장 이후 공유공간이 많이 개선되었다고는 하지만, 아파트 단지 내에서 공유공간은 여전히 사적공간에 비해 우선순위에서 밀려 있다. 건축학자 이경훈이 '남향 아파트 선호'와 관련해 지적한 내용은 이 점을 잘 보여준다. 이경훈에 따르면 아파트 단지는 한국 사회의 유별난 남향 선호로 인해 건물이 햇볕을 최대한 받을 수 있도록 설계된다. 그런데 이렇게 많은 이들이 집을 비우는 낮시간에 해가 잘 들게 하기 위해 '마당', 즉 공유공간은 하루 종일 그늘질 수밖에 없다. 이처럼 "공유공간의 희생을 대가로 사적공간의 채광을 주장하는 매우 이기적인 행태"[22]인 남향 아파트 선호 탓에 아무리 지상공간에 조경을 잘해놓아도 장기간 유지되기 어렵다는 것이다.

처음 시공사가 심어놓은 나무들이 말라죽는 일이 반복된다면, 입주민 입장에서는 음지에서도 잘 자라는 수종을 태하는 등의 다른 대안을 찾아 실행에 옮기는 것이 마땅하다. 하지만 공유공간에 무관심한 주민들이 절대 다수인 아파트 단지에서 그런 고민은 찾아보기 어렵다. 도리어 기존의 관행대로 소나무가 죽은 곳에 다시 소나무를 심는 무의미한 행위가 반복되는 것이 현실이다. 일례로 성일 노블하이츠에서도 입주 당시 심은 소나무들이 불과 1~2년 만에 말라죽자 소나무 70여 그루를 다시 심은 일이 있었다. 하지만 이때 심은 소나무들 중 1년 뒤까지 살아남은 건 고작 여섯 그루에 불과했다. 아파트 단지 내 주요 현안에 관한 의사결정기구인 입주자대표회의가 제대로 된 고민을 하고 주민들이 감시한다면 이런 예산 낭비는 발생하지 않았을 것이다. 그러나 집단적 현안에 대한 무관심이 보편적인 아파트 단지에서 기대하기는 쉽지 않은 일이다.

이처럼 대부분의 아파트 구성원들이 그저 무관심하거나 불편을 감수했던 바로 그 공유공간의 요소들에 대해 자율방범대가 적극적으로 개입하기 시작했다. 이들은 "객(客)이 아닌 주인의 입장에서" 각종 시설물을 꼼꼼히 살피고, 문제의 소지가 있다고 판단되면 사진으로 찍어 관리사무소나 경비업체에 개선을 요구했다. 기존에 알려진 하자 문제를 재차 부각시키는 데 그치지 않고 숨겨진 하자들을 찾아내려 했고, 단순 하자 외에도 설계상의 구조와 실제 주민 생활

간의 간극을 지적하여 실질적인 공간의 개선을 추구했던 것이다.

사실 하자 점검이나 시설 변경 같은 문제들은 아파트 단지 전반의 관리를 담당하는 각종 위탁업체들과 그들을 관리·감독하는 입주민 대표협의체인 입주자대표회의의 고유 업무다. 그럼에도 자율방범대가 이런 활동에 집중해온 것은 응당 그 역할을 해야 할 관리 주체들이 제대로 일을 해오지 않았다고 판단했기 때문이다. 그 중심에는 입주자대표회의를 둘러싸고 비리가 있는 게 아니냐는 의혹이 자리하고 있었다. 그리고 자율방범대 구성원 중 핵심 멤버들은 입주 초만 하더라도 동대표로서 활동한 경험을 갖고 있었다.

[3. 비리 감시, 그리고 대표성의 획득]

앞서 소개한 대로 초창기 자율방범대 운영의 중심인물들은 재건축 과정에서부터 조합과 시공사를 향해 목소리를 내온 사람들이었다. 그렇다 보니 입주자대표회의를 장악한 대다수 동대표들에게 자율방범대는 잠재적인 위협 세력일 수밖에 없었다. 그들의 눈에는 성일노블 자율방범대가 성일동 자율방범대와 연계하여 공식 자원봉사단체로 등록한 것 역시 외부로 연을 확장하여 세력을 불리는 것처럼 보일 뿐이었다. 자율방범대가 아무리 겉으로 '순수한 봉사'를 내세운다 한들, 이들에게는 곧이곧대로 받아들여질 수 없었다.

실제로 자율방범대의 활동 취지에 입주자대표회의 장악이라는

'의도'가 전혀 없었는지는 쉽게 단언하기 힘들다. 스스로 자신들의 활동을 어떻게 규정하든 간에, 이들 중 상당수는 과거 동대표 경력을 갖고 있었지만 자의든 타의든 입주자대표회의에서 '소외'된 이들이었기 때문이다. 하지만 2009년에서 2010년 중반까지 그들이 펼친 활동을 보면 자율방범대가 처음부터 입주자대표회의를 표적으로 삼지는 않았음을 확인할 수 있다. 앞서 논했듯이 자율방범대 인원 중 동대표 경험이 있는 이들은 입주자대표회의의 혼탁한 운영에 환멸을 느끼고 있었으며, 의도적으로 입주자대표회의와는 거리를 두려 했다. 따라서 다른 자생단체들과는 달리 입주자대표회의에 공식 인준을 받고자 하지도 않았고, 인터넷 카페에 인원 모집 공고를 내면서도 끊임없이 "정치적 의도를 갖고 접근하는 분은 받지 않습니다.", "순수한 봉사정신으로 활동하고자 하는 분을 찾습니다." 등의 언설을 강조했다. 이들은 입주자대표회의 바깥에서 아파트 단지의 '가치'를 높이고자 했던 것이다.

하지만 자율방범대가 활동하며 마주한 아파트 단지의 현실은 그들로 하여금 다시 입주자대표회의를 주시하게 했다. 관리사무소는 본연의 관리 업무에 충실하기보다 재계약 여부를 결정하는 입주자대표회의의 눈치를 먼저 살피고 있었고, 여기에 주민들의 무관심이 더해져 아파트 단지의 공용공간은 점차 황폐화되고 있었다. 그리고 자율방범대가 보기에 입주자대표회의는 각종 용역업체 선정에서 뒷돈을 받아 챙길 궁리만 할 뿐, 관리업체 감독과 주민들의 관심과 참여를 끌어내는 일에는 손을 놓고 있다고 생각했다.

그러던 중 제2대 김도진 회장의 자진 사퇴로 실시된 2011년 1월의 입주자대표회의의 회장 보궐선거는 자율방범대에게 '썩어가는' 입주자대표회의를 바로잡을 절호의 기회로 다가왔다.● 주택법 개정으로 인해 선거가 주민 직선제로 치러지는 만큼, 그동안 아파트 현안에 관심이 없던 대다수 입주민에게 성일 노블하이츠 입주자대표회의의 현실을 알리기만 하면 충분히 승산이 있다고 봤던 것이다. 자율방범대 구성원이자 동대표 지위를 유지하고 있던 박상문 후보가 회장 선거에 출마했고, 다른 두 명의 구성원들은 함께 실시된 감사 선거에 입후보했다.

그러나 실제 선거 결과는 그들의 기대에 크게 못 미쳤다. 앞서 살펴본 것처럼 자율방범대를 대표하여 출마한 박상문 후보는 약 41퍼센트의 득표율(득표수로는 당선자와 100여 표 차이)에 그치며 기존 입주자대표회의에서 주요 임원을 역임한 임준구 후보에게 패하고 말았다. 두 명의 감사를 선출하는 감사 선거에서도 자율방범대 회원들은 모두 고배를 마셨고, 대다수 입주민들이 여전히 입주자대표회의에 무관심하다는 사실 또한 저조한 투표율(약 12퍼센트)로 재차 확인

● 앞서 입주자대표회의에 대한 무관심을 살펴보며 다룬 보궐선거가 바로 이 선거다. 참고로 입주자대표회의에 재진입하기로 한 자율방범대의 결정에 대해 한 대원은 이렇게 이야기하기도 했다. "동대표가 되어 입주자대표회의에 들어가서 소리를 내야지, 내가 아무리 여기서 방범 열심히 해도 입주자대표회의에 진입도 못하고 밖에서 떠들면 소용이 없어요." 그때까지 펼쳐온 비공식적인 활동만으로는 자신들의 이상을 구현하는 데 한계가 있다는 사실을 절감했던 것이다.

할 수 있었다. 회장 당선을 위해 부지런히 발로 뛰고, 인터넷 카페에 기존 회장단의 문제점을 지적하면서 투표를 독려했던 자율방범대는 조직 동원력을 앞세운 기존 세력을 꺾지 못했다. 그리고 우려대로 자율방범대가 잠재적 위협 요인이었음을 확인한 기존 입주자대표회의 측에서는 직접적인 방해공작에 나서기 시작했다. 자율방범대의 회의 참관을 막기 위해 입주자대표회의 날짜를 일부러 자율방범대 순찰일과 겹치게 잡고, 동대표 자리를 유지하고 있던 자율방범대 구성원들에 대한 압박도 높여갔다. 결국 그 과정에서 자율방범대 참여 인원은 10여 명 수준으로까지 감소했다. 이처럼 상황이 좋지 않았던 2011년 후반기, 순찰 활동을 마치고 가진 뒤풀이 자리에서의 대화는 당시 분위기를 잘 보여준다.

D 우리 아파트 입주자대표회의를 보면 말도 아니에요. 일선에서 물러나 자기 직업도 없는 사람들이 동대표 나와서 일 꾸미고, 직업 동대표로 활동하고 있어요.

E 아파트가 잘되기 위해서는 주민들 스스로 참여와 관심이 필요해요. 이런 직업 동대표들이 발을 못 붙이게 만들어야 되는데, 그게 잘 안 돼요.

F 지금 입주자대표회의 회장만 해도 수상해요. 밖에서 어느 업체를 운영하고 있다고는 하는데, 우리가 알아보니 확실한 회사가 아니에요. 관리사무소 바로 옆에 회장실 만들어서 맨날 나오던데, 일이 있는 사람이 그렇게 하겠어요?

D 우리가 이러는 것도, 자꾸 우리를 방해하고 그러니 우리도 악이 생기는 거예요. 썩은 입대의[입주자대표회의]에 대항해서 순수한 마음으로 자율권을 발동하는 거죠. 솔직히 방범대에서 이런 일들이 주가 되면 안 되는데, 상황이 그럴 수밖에 없어요. 이런 일들을 우리 단지에서는 방범대가 할 수밖에 없는 상황이죠.

E 대한민국이 잘되려면 동네에서부터 잘 이뤄져야 하는데, 동네에서도 이러니 도시가, 나라가 잘되겠습니까?

F 우리 방범대가 좀도둑 위주로 잡아야 하는데, 내부 도둑 때문에 신경 쓸 일이 많네요. 외부의 적이 아닌, 내부의 적을 방범해야 되니, 아이고…….

이렇듯 상황이 좋지 않았지만 자율방범대는 입주자대표회의에 대한 감시와 도전을 멈추지 않았다. 지난 선거가 보궐선거였기에 1년 뒤 다시 회장 선거가 있다는 점에 착안한 이들은 다가오는 선거를 위해 전열을 재정비했다. 포털사이트에 '성일노블하이츠지킴이'라는 이름의 인터넷 카페를 개설하여 입주자대표회의와 관련한 비리 의혹을 꾸준히 올리고 주민들에게 이런 별도의 인터넷 커뮤니티가 필요할 정도로 문제가 있다는 사실을 알리는 한편, 지역신문사에도 관련 내용을 제보하는 등 활동의 폭을 넓혀갔다. 또 입주자대표회의와 용역업체 간의 유착 의혹에 대해서도 직접적인 법률 대응에 나섰다. 일례로 엘리베이터 유지보수업체를 선정하는 과정에서 회장이 일부의 반대를 물리치고 임의로 B업체와의 계약을 강행하자 구청에 민원을 제기해 승소하기도 했다. 기존에 1억 4000만 원으로 유지보수 업무를 수행하던 A업체와 계약이 끝나자 회장단은 제대로 된 입찰 과정 없이 B업체와 입찰가 3억 7000만 원에 새로운 계약을 체결하려 했다. 무려 2.5배 이상 높은 입찰가로 업체를 선정하려 한 회장단에 맞서 자율방범대는 구청에 행정소송을 냈고, 구청 측은 입주자대표회의가 '주택관리업자 및 사업자 선정지침 제28조'●를 위반했다고 판단해 과태료를 부과했다. 무엇보다도 이 일은 자율방범대가 자신들의 활동을 정당화하고 현 회장단의 문제점을 다른 입주민들에게 널리 알릴 수 있는 좋은 계기로 작용했다.

그렇게 다시 1년 가까운 시간이 흘러 차기 입주자대표회의 회장 선거가 예정된 2011년 12월이 다가왔다. 회장 선거에 앞서 먼저 동대표 선거가 진행되었고, 자율방범대에서도 네 명이 각자 거주하는 동에서 동대표로 당선되었다. 그들 가운데 이번에는 이명훈 후보가 회장 선거에 출마했고, 지난 선거와 마찬가지로 두 명이 감사 후보로 출마했다. 한편 기존 회장단 측에서는 뜻하지 않은 상황이 발생했다. 현직 임준구 회장이 동대표 선거에서 두 차례나 연달아 떨어졌던 것이다. 두 명의 후보가 맞붙은 동대표 선거에서 임준구 회장을

● 국토해양부(현 국토교통부)가 고시한 주택관리업자 및 사업자 선정지침 제28조에 따르면, 입주자대표회의 또는 관리 주체가 입찰서를 개봉하고자 할 때에는 입찰에 참여하는 자 각 1인과 관리 주체의 계약 담당자 및 이해관계인이 참석한 공개된 장소에서 개찰하게끔 되어 있다. 당시 입주자대표회의 회장단은 이 조항을 지키지 않았다.

누르고 당선된 후보가 선거법 위반 판정을 받아 재선거가 치러졌는데,● 재선거에서조차 다른 후보가 임준구 회장을 이기는 결과가 나왔다. 자율방범대 측은 "얼마나 인심을 잃었으면 자기 동에서 두 번씩이나 떨어졌겠느냐."는 반응을 보였다. 결국 내심 재선을 기대했던 임준구 회장 대신 기존 회장단에서 주요 임원을 지낸 유도경 후보가 출마하게 되었고, 여기에 지역 초등학교 출신으로 동창 조직을 등에 업은 허지훈 후보가 도전장을 던졌다.

선거가 3자 구도로 펼쳐지게 된 상황에서 자율방범대는 이전의 실패를 거울삼아 더욱 조직적인 선거운동을 전개했다. 처음에는 기존 회장단과 가까운 사이였으나 관계가 틀어지면서 등을 돌리게 된 여성 동대표 박영선과 손을 잡아 '여성 표'를 체계적으로 끌어오려는 노력을 펼치는 한편, 인터넷 카페와 공식 선거 포스터 등에 지금까지의 자율방범대 활동을 강조하며 주민들의 지지를 호소했다. 이전의 보궐선거와 달리 이번 선거에서는 지난 1년간의 활동을 통해 분위기를 자율방범대 쪽으로 가져오는 데 성공할 수 있었다. 아래는 기존 회장단의 비리 감시에 대해 자율방범대 활동이 거둔 성과를 극적으로 보여주는 사례다.

● 선거 당일 아침, 후보자의 부인이 남편을 돕는다고 선거홍보물을 재차 세대별 우편함에 넣었는데, 이를 임준구 회장의 측근이 발견하고 신고해 CCTV 판독까지 한 끝에 선거법 위반(선거 당일 선거운동 금지) 판정이 내려진 것이다. 규약상 동대표만 입주자대표회의 회장으로 출마할 수 있었기에 임준구 회장은 동대표에 당선되는 것이 우선이었다.

선거 당일 오후 4시경, 커뮤니티센터 대회의실에 설치된 투표장 바깥에서 선거관리위원으로 활동 중이던 자율방범대원 A와 연구자가 잠시 대화를 나누던 중, 60대 초반으로 보이는 한 남성이 화가 난 듯 소리를 지르며 투표장으로 다가왔다.

K(남성) (큰 소리로) 여기 관리소 직원들도 나와 있어?

A   나와 있죠. 이 안에 다 와 있어요.

K   그런데 왜 전화는 안 받아? 아까 관리사무소에 전화했더니 아무도 안 받던데.

A   아, 전부 여기 나와 있어서 그래요.

바깥이 시끄러워진 걸 알아챈 관리사무소 직원 한 명이 투표장 밖으로 나왔다.

직원   무슨 일이세요?

K   나 관리소장 좀 만나야겠어. 어디 있어?

직원   지금 잠깐 자리 비우셨는데요.

K   (출력해온 종이 한 장을 흔들면서) 이건 뭐야? 관리비 비리라고 이렇게 나와 있잖아.

직원   아, 이거 아니에요. 맞으면 여기 있는 사람들 다 잡혀갔겠죠.

K   그럼 ○○일보가 거짓말했다는 거야? (격앙된 목소리로) 그동안 내가 일 때문에 해외 나가 있어서 몰랐는데, 이거 뭐야? 난 컴맹이라

우리 딸이 인터넷 게시판에서 보고 뽑아줬는데 이게 대체 뭐냐고?

A 어디 봐요. 아, 이거…… 이거 예전 거예요.

K (투표장 벽에 붙은 선거벽보들을 종이로 치면서) 맨날 이렇게 선거만
하면 뭘 해! 맨날 똑같은 놈들 나와서 맨날 이렇게 비리 저지르고 그
럴 텐데!

A 그게 다 전 회장이…… 그래서 지금 선거하잖아요.

직원 저기 아저씨, 여기 지금 선거 중이니까 그런 얘기는 저쪽으로
나가서 하세요.

A 그래요, 이리 오세요.

A와 연구자가 K의 팔을 이끌어 지하주차장으로 나왔다.

K (여전히 격앙된 목소리로) 맨날 선거하면 뭐하냐고! 이렇게 관리비
줄줄 새고, 비리 생기고 그러는데!

A (K가 가져온 신문기사를 가리키며) 이거 다 우리가 올린 거예요. 인
터넷 카페 보시면 성일노블하이츠지킴이라고, 제가 거기서 활동하
고 있어요. 또 우리 아파트 자율방범대 아시죠? 거기서 봉사하고 있
어요. (카메라에 저장된 방범 활동 사진을 보여주면서) 제가 이렇게 돌아
다니면서 하자 찾아서 올리고, 그런 일 해요.

K (목소리가 낮아지며) 큰일하시네. 여기 주민이세요? 몇 동 살아요?

A 예, ××동이요.

K 저는 △△동 ○○○호 살아요. 실수했네요, 전 여기 일하는 사람

인 줄 알고……

A 카페 들어와서 한번 보세요. 저희가 이런 아파트 비리 해결하려
고 열심히 하고 있어요.

선거 당일 펼쳐진 이 사건은 자율방범대가 해온 활동이 그간 아
파트 현안에 무관심하던 주민들에게 전달되는 데 어느 정도 성공했
음을 보여준다. 격앙된 목소리로 관리사무소에 따지기 위해 K가 가
져온 '증거물'은 다름 아닌 자율방범대 측이 개설한 성일노블하이츠
지킴이 카페에 올라온 뉴스 기사 스크랩 게시물이었고, 아파트 비리
에 의한 관리비 인상을 보도한 해당 기사도 자율방범대가 제보한 것
이었다. 이전 선거의 실패 원인이 실제 입주민들의 피부에 와닿는 문
제점을 제대로 짚지 못한 데 있었다고 본 이들은 입주자대표회의가
야기한 가장 큰 폐해로 '부당한 관리비 인상'을 지적해왔다. 아파트
비리가 단순히 용역업체와 입주자대표회의 양자 간에 돈이 오가는
문제에 그치는 것이 아니라, 입주민들에게 관리비 인상이라는 직접
적인 피해로 돌아오기 마련임을 강조한 것이다. 자율방범대는 인터
넷 카페 등을 통해 꾸준히 이 문제를 환기시켜왔고, 이는 효과를 발
휘했다.

선거가 끝난 오후 6시 직후에 진행된 개표 결과, 결국 2011년 12
월에 열린 제3대 입주자대표회의 회장 선거에서는 자율방범대 소속
인 이명훈 후보가 당선되었다. 하지만 전체 투표율은 지난 보궐선거
때보다도 더 저조하여 겨우 10퍼센트에 그치고 말았다. 이처럼 투표

율이 감소한 가장 큰 원인은 전임 회장이 민심을 잃었다는 사실에서 찾을 수 있었다. 자율방범대 측이 기존 회장단의 비리 의혹을 널리 알리는 데 주력하면서 전임 회장단의 이미지가 상당히 실추되었고, 이전 선거에서 그를 지지했던 주민들 중 상당수가 이번 선거에서는 아예 투표에 참가하지 않은 것이다. 즉 자율방범대의 활동이 일종의 '네거티브 전략'으로 작용하면서, 전임 회장단이 잃은 표를 다시 자율방범대 측으로 가져오는 데에는 성공하지 못했다는 의미다. 자율방범대의 아파트 비리 의혹 감시와 폭로 때문에 '아파트 내부 정치'에 대한 주민들의 무관심이 더 커졌을 수도 있다는 것은 이들의 활동이 갖는 한계였다.

따라서 자율방범대 입장에서도 원하는 선거 결과를 얻었다고는 하지만 승리의 뒷맛이 개운치만은 않은 것이 사실이었다. 나름대로 열심히 활동해온 보람을 찾기에는 낮은 투표율로 상징되는 입주민들의 무관심이 너무도 크게 다가왔던 것이다. 상심한 자율방범대 김민철 대장은 Z사이트 입주민 카페에 한탄을 남기기도 했다.

아파트에 대한 무관심은 입주자대표회의의 비리를 만들며 관리비 인상이 발생되는 부메랑으로 돌아오기에 회장 선거에 동참해 달라고 그렇게 호소했었습니다. 하지만 5000여 세대에서 투표율이 겨우 10퍼센트에 턱걸이하는 무관심에 너무 맥이 빠지네요. 사람이 먼저 명품다워야 아파트가 명품이 된다는 것을 이제야 깨달았네요. 이게 우리가 사는 한계이고 수준인가 봅니다. 여태껏 봉사와 관심으로 지켜온 내 마음마저 떠나고 싶은 심정입니다.

승리 이후에도 그들이 넘어야 할 산은 여전히 많았다. 회장이라는 자리를 차지했음에도 불구하고 회장 선거와 함께 치러진 감사 선거에서 후보로 출마한 두 명의 자율방범대 구성원들은 모두 낙선했으며, 여전히 입주자대표회의 전체 구성원 가운데 그들을 지지하는 세력은 소수였다. 그러다 보니 신임 이명훈 회장이 공약대로 성일 노블하이츠에 긍정적인 변화를 가져오기 위해서는 자신과 자율방범대에 호의적이지 않은 다수의 동대표들을 설득해 나가야만 하는 과제를 안고 있었다. 신임 회장은 입주자대표회의 안에 되도록 적을 만들지 않겠다고 강조하며, 지금까지처럼 대립하는 게 아니라 최대한 뜻을 같이할 수 있는 사람들을 늘려가겠다는 포부를 밝혔다.

또 당선에 일등공신 역할을 한 자율방범대도 더욱 몸가짐을 조심해야 할 필요가 있었다. 선거일로부터 보름가량 지난 2012년 1월 초 발생한 자율방범대 사무실 출입문 파손 사건은 선거 이후 이들이 판단하고 있던 상황을 잘 보여준다. 2012년의 첫 번째 순찰 활동을 했던 사건 당일, ××동에 산다는 입주민 L 씨가 저녁 7시경 자율방범대에 가입하고자 커뮤니티센터에 위치한 사무실로 찾아왔다. 사무실에는 아무도 없었고 L 씨는 문 앞에 기재된 연락처(김민철 대장의 휴대폰)로 10여 차례 전화를 걸었지만 통화가 되지 않자 난동을 부리며 사무실 문을 발로 마구 걷어차 파손하는 사건이 발생했다. 자율방범대 사무실은 별도의 상시 근무자 없이 순찰 당일 저녁 8시부터

만 문을 열었기에 7시에는 사람이 없었고, 김민철 대장은 병원에 입원해 있던 부친을 문병하면서 휴대폰을 승용차 안에 두고 가는 바람에 전화를 받지 못했다. 곧바로 아파트 경비업체와 함께 신고를 받은 경찰이 출동하여 L 씨를 파출소로 연행해 조사한 결과, L 씨가 술을 마신 채 자율방범대 사무실에 도착해 전화가 뜻대로 되지 않자 행패를 부렸다는 결론을 내렸다. 뒤늦게 도착한 L 씨의 부인은 L 씨가 워낙 소심해서 새로운 사람들을 만나기에 앞서 용기가 필요해 술을 좀 마시고 왔는데, 술이 과해서 실수를 저지른 것 같다며 선처를 호소했다.

결국 파손된 출입문을 L 씨가 보상하는 선에서 합의가 이루어졌지만, 자율방범대 입장에서는 여전히 의문이 남을 수밖에 없는 사건이었다. 일부 대원들은 L 씨가 입주자대표회의 회장 선거에서 낙선한 전임 회장단 측의 사주를 받은 것 아니냐는 의혹을 제기하기도 했으며, 설령 L 씨 같은 이들이 실제로 자율방범대에 합류하고 싶다 하더라도 절대 받아줘서는 안 된다는 주장이 공감을 얻었다. 신임 회장의 당선에 자율방범대가 혁혁한 공을 세운 마당에, 혹시라도 누군가 자율방범대 이름을 팔며 단지 안에서 술 마시고 행패를 부리는 일이 생기면 곤란하다는 이유였다. 자율방범대 입장에서는 선거에서 패한 기존 회장단의 반격에 주의를 기울이는 한편, 그들 스스로도 다른 입주민들에게 "완장 차고 다니는 것처럼" 보이지 않도록 주의할 필요가 있었던 것이다.

이런 어려운 점들을 감안하여 신임 이명훈 회장과 자율방범대 측은 주민들이 변화의 결과물을 가까이 느낄 수 있는 '생활밀착형' 개혁을 추진해 무관심한 입주민들의 마음을 얻고자 했다. 그들은 '가치 있는 아파트', 그리고 '명품 아파트'를 향한 자신들의 열정이 단순히 '감투' 얻기를 위한 것이 아니었음을 증명해야 했다. 그러기 위해 자율방범대는 지금까지 해온 일들을 지속적으로 전개하면서, 입주자대표회의 회장이라는 공식적인 직위를 이용해 불러올 수 있는 변화의 바람을 성일 노블하이츠에 가져오고자 했다.

부동산 경기 하락기, 생활공간을 둘러싼 다양한 가치의 부상

[1. 소수의 주인의식 있는 자가 거주자들의 봉사]

당선 직후 이명훈 회장은 같은 자율방범대 소속 동대표이자 1년 전 보궐선거에서 회장 후보로 출마했던 박상문을 부회장으로 임명하고, 기존 입주자대표회의와 주민들의 무관심으로 입주 이후 5년이 다 되도록 손보지 않았던 각종 시설의 전면적인 정비에 나섰다. 우선 관리사무소 내에 위치해 있던 회장실을 없앤 뒤 별도의 공간을 차지하고 있던 임원회의실을 옮겨온 다음, 기존 임원회의실은 '주민쉼터'로 명명해 일반 주민들에게 개방했다. 주민쉼터에는 테이블과 의자 등을 배치해 휴게실로 꾸미고 필요한 사람이라면 누구나 이용할 수 있도록 복사기와 팩스를 설치했다. 신임 회장단 측은 주민쉼터가 주민들의 자연스러운 교류를 촉진하여 아파트 단지 내 공동체성 증진에 기여하는 공간이 되기를 원했던 것이다. 또 전임 회장단들이 "나중에 행사 있을 때 써야 한다."는 이유로 비워두었던 커뮤니티센터 내의 공터를 활용해 '주민 탁구장'을 만드는 등 주민 교류 증진을 위한 장소(특히 탁구장은 많은 주민들로부터 호평을 받았다.)를 계속해서 늘려나갔다.

그뿐 아니라 이들은 각 동 출입구마다 입주자대표회의와의 소통을 위한 건의함을 하나씩 설치하고, 주민들의 주요 불만 사항이었던 불법 전단지를 관리하기 위해 별도의 용역업체를 선정하여 게시판 및 광고 전단지와 관련한 일체의 관리·단속을 맡기는 등 생활의 세세한 불편들을 개선해갔다. 또 2007년 입주 이후 한 차례도 하지 않았던 나무 가지치기를 시행해 가로등을 가리는 나뭇가지들을 제거함으로써 단지 내의 심야 시간 조도(照度)를 높였다. 이어 지상공간에 심은 수목의 조경 상태를 재점검하여 개선 작업을 실시하고, 지하주차장에 눈이나 비가 들어오는 공간이 없도록 유리창을 새로 설치하는 등 일종의 '생활밀착형 공간 개선' 작업을 진행했다. 그리고 단지 외곽 구역에 아무렇게나 설치된 철조망과 울타리를 깔끔하게 정비하는 한편, 단지 전체에 CCTV 30대를 새로 설치해 안전에 대한 주민들의 불안감을 해소하고자 했다.

이명훈 회장을 비롯한 신임 임원진은 이러한 공간 개선 작업을 진행할 때 단순히 지시 사항을 전달하는 데 그치지 않고 주말을 이용해 일부 자율방범대 구성원들과 함께 직접 참여하는 모습을 보였다. 이를 통해 일반 입주민들에게는 그동안 실추되었던 입주자대표회의의 이미지를 제고하고, 용역업체에는 철저한 관리·감독의 의지를 각인시키는 효과를 노린 것이다. 이런 의도는 특히 지금까지 일부 동대표와 뒷거래를 통해 이익을 취해온 몇몇 용역업체를 직접적인 공격 대상으로 삼은 것이기도 했다.

일례로 조경 개선 사업의 일환으로 입주 이후 아무렇게나 방치되어 있던 잔디밭과 보행로 사이의 경계에 회양목으로 깔끔하게 울타리를 두르는 작업을 하면서 이 회장의 개입으로 비리를 적발한 사례가 있었다. 총 2만 5000그루의 회양목을 심기로 계약한 C조경업체 임원이 찾아와 작업 완료 보고를 하는 자리에서 이명훈 회장이 약속한 나무를 모두 심은 게 맞는지 아르바이트생을 열다섯 명 고용해서 일일이 확인하겠다고 하자 놀란 조경업체 임원이 무릎을 꿇고 사과하며 작업을 추가로 다시 진행한 일이 발생했다. 지금까지의 관행상 용역업체들은 계약한 내용보다 규모를 줄여 작업을 진행하고, 그렇게 남긴 돈 일부를 '힘 있는' 일부 동대표에게 상납해왔는데, 신임 회장단이 그러한 관행을 깬 것이었다. 이렇게 용역업체와 엮인 비리를 근절하고 깨끗한 아파트 단지를 만들고자 한 이명훈 회장에 대해 입주자대표회의를 구성하는 다른 동대표들도 점차 지지 의사를 보이게 되었다. 기존 회장단의 측근에 해당하는 일부 동대표들을 제외하고는 강한 리더십을 발휘하며 성일 노블하이츠의 개혁을 추진하는 새로운 회장을 반대할 명분이 없었다.

이처럼 나름의 성과를 거둔 자율방범대가 방범 활동과 하자 점검, 비리 감시 등의 활동을 하면서 내세운 목표가 바로 '아파트 공동체를 위한 봉사'와 '안전한 아파트'이며, 이를 통해 지지를 확보할 수 있었다는 점은 주목할 만하다. 하지만 이들이 활동하는 내내 가장 큰 어려움을 호소한 것은 다름 아닌 주민들의 무관심이었다. 앞서 살펴보았듯이 대다수 입주민이 무관심한 태도를 견지한 가운데 특히 열성적이었던 소수 인원에 의해 성일 노블하이츠는 변화를 겪은 것이다.

자율방범대 구성원들은 단순히 높은 담장을 두르고 최첨단 장비를 설치하는 것만으로 안전이 확보되지 않는다는 생각에 주민들의 관심을 촉구하며 아파트 단지라는 "담을 두른 마을"●을 위해 희생하는 봉사자들로 스스로를 자리매김했다. 자율방범대의 이런 활동은 도시 생활의 안전 문제에서 주민 참여를 강조한 제인 제이콥스(Jane Jacobs)의 논의를 상기시킨다.[23] 제이콥스에 따르면 안전은 공간적 분리 혹은 위험한 요소의 격리가 아니라 참여에 의해, 그리고 "거리를 향한 사람들의 시선(eyes upon the street)"에 의해 유지된다. 안전한 도시 생활을 위해서는 도시민들의 자발적 감시와 이를 뒷받침하는 사회적 연결망이 중요하다는 것이다. 이와 비슷한 관점에서 자율방범대도 안전한 아파트를 위해 주민들이 다양한 아파트 현안에 관심을 갖고 직접 참여에 나설 것을 호소해왔다. 비록 전문 경비업체 수준의 방범 활동을 펼치진 못하더라도, 이들은 주거공간에 주인의

● 현장연구 과정에서 만난 한 주민이 직접 사용한 표현이다.

식과 봉사 정신을 스스로 발휘한다면 아파트의 안전에 좀 더 적극적으로 기여할 수 있다고 보았다. 아파트 단지 곳곳에 첨단 보안장치가 설치되어 있다 해도 단순히 감시 장비를 기계적으로 관리할 뿐인 용역업체의 태도와 실제 입주민들이 갖는 열의와 성의는 비교할 수 없다는 것이었다.

물론 여기서 자율방범대가 추구하는 '안전'은 제이콥스가 논한 좁은 의미에서의 안전, 즉 범죄로부터의 안전과는 다소 차이가 있다. 앞서 살펴본 것처럼 자율방범대의 활동에서 상당한 비중을 차지한 것은 범죄 예방보다도 하자 점검과 비리 감시였기 때문이다. 하지만 자율방범대에게 '안전'이란 단순히 범죄로부터의 안전만을 뜻하는 것이 아니었다. 각종 비리와 그 비리에 기인한 시설 관리 미비 같은 문제도 이들에게는 '안전'과 직결되는 문제였으며, 그렇기에 이들은 "밖에서 오는 도둑뿐 아니라 안의 도둑에 대해서도" 감시의 눈초리를 놓치지 않았다.• 아파트 단지라는 지역사회 안에서 공동체성의 함양을 강조하고 깨끗한 입주자대표회의를 가꾸어 나가는 것은 '안전한 아파트'를 위해 꼭 필요한 실천적 행위였던 것이다. 게다가 무엇보다도 아파트 비리와 관련한 문제는 자율방범대가 초창기 멤버들을 중심으로 결속력을 갖고 운영될 수 있었던 주된 원동력이기도 했다.

• "밖에서 오는 도둑뿐 아니라 안의 도둑"이라는 표현은 자율방범대 활동 중 많이 들을 수 있었던 말이다. 아파트 입주자대표회의에서 비리를 저지르는 자들은 이들에게 '도둑'이나 다름없었기 때문에 방범 활동의 대상으로 부족함이 없었다.

우리 아파트가 안정되고, 진짜 투명해지길 바라는 마음에서 움직이는 거예요.(자율방범대원 B)

아파트가 안정화되면, 동호회도 더 많아지고 운동도 같이 하고 활동도 많이 해서, 그렇게 살기 좋은 단지가 되면 그만큼 남들이 부러워하고…… 그러면 아파트 가치도 올라가고 그럴 텐데.(자율방범대원 F)

모든 가구가 한 달에 1000원씩만 모아서 기부해도 아파트 가치가 확 올라갈 텐데. 집값으로 치면 아마 1년에 1000만 원은 오를 걸요? 그런데 똑같은 1000원이어도 관리비로 새어 나가는 건 관심이 없으니…….(자율방범대원 D)

자율방범대 활동에 열심히 참여해도 실질적인 이익을 기대하기 어렵다는 점에서 이들의 행위는 다분히 '비합리적'이다. 그럼에도 불구하고 이들을 적극적인 활동으로 이끈 것은 현재 상황과 과거 사회적 궤적 사이의 밀접한 관계였다. 인간이라는 존재는 주변 상황의 변화에 따라 계속해서 자신이 추구하는 과제와 이해관계를 재설정한다. 인류학자 실비아 야나기사코(Sylvia Yanagisako)에 따르면 사람들의 정체성과 이해관계에 대한 인식은 과거의 사회적 궤적과 자신의 현재 위치와의 상호관계 속에서 형성된다.[24] 과거에 어떤 행보를 걸었는지에 따라, 그리고 현재 어떤 위치에 놓여 있느냐에 따라 자신의 이해관계를 바라보는 시각이 형성된다는 것이다.

성일노블 자율방범대 모집 공고문과 플래카드.

앞서 언급했듯 성일노블 자율방범대의 출범 배경에는 입주 초 입주자대표회의를 둘러싼 혼란이 있었다. 특히 자율방범대 초창기 멤버들은 대부분 재건축 과정에서부터 조합과 시공사를 상대로 한 투쟁에 참여한 경험이 있었다. 이들은 입주자협의회 활동에 처음 합류한 시기의 차이는 있지만 "검찰청 앞에서 데모하여 대리석 따내고 조합장, 부조합장 구속시킨"● 경력을 자랑하는, 투쟁의 에토스를 보유한다는 점에서 공통점을 가졌다. 이런 과거 행적이 끼친 영향은 입

● 이들이 나누는 사적인 대화에서 재건축 시기와 관련한 '옛날이야기'만 나오면, 2007 년 하반기 지방검찰청과 대검찰청 앞에서 벌인 집회 이야기가 주된 레퍼토리로 등장한다. 조합과 시공사를 상대로 한 투쟁의 절정을 이룬 이때의 경험은 자율방범대 구성원을 비롯한 과거의 '활동가'들에게 지금의 성일 노블하이츠를 지켜낸 영웅적 업적으로 기억된다.

주 이후에도 이어져 대다수 입주민들이 아파트 현안에 대해 눈을 감을 때 이들로 하여금 다시 한 번 직접적인 행동에 나서게 했다. 자신들이 겪은 과거의 사회적 궤적 때문에 아파트 단지에 대한 주인의식과 책임감이 유달리 높았던 이들의 행보는 입주 이후 자율방범대 활동으로 이어졌다. 그러다 보니 과거의 사회적 과정을 통해 형성된 이해관계에 관한 시각도, 스스로 추구하는 행위의 우선순위도 대다수 입주민들과는 다를 수밖에 없었다.

하지만 자율방범대 구성원들이 지금까지의 활동에서 가장 아쉽게 느낀 부분도 바로 이 점에 놓여 있었다. 이들은 아파트 현안 해결에 헌신적인 자신들과 달리 줄곧 무관심한 태도를 유지한 대부분의 다른 입주민들에게 실망을 감추지 못했다. 두 차례에 걸친 직선제 회장 선거의 투표율이 보여주듯이 한국의 일반적인 브랜드 아파트 단지를 지배하는 무관심의 문화는 성일 노블하이츠에서도 마찬가지로 작용했다. 비록 입주자대표회의 회장 선거에서 마침내 승리하는 성과를 거두기는 했어도, 대다수 입주민들은 회장 선거에서 누가 이기든 말든 큰 관심이 없었고 아파트 관련 일에 참여하는 것 자체를 귀찮아했다.

물론 수천 세대에 달하는 아파트 단지에서 모든 입주민들이 아파트 현안에 관심을 갖기를 기대하는 것은 무리일 것이다. 자율방범대에 직접 참가하여 활동하는 대원이나 그들을 직접 나서서 지지하는 이들은 일부에 불과하고, 대부분은 이런 활동에서 거리를 두고 싶어 한다. 여기에는 몇 가지 까닭이 있는데, 가장 큰 원인은 수도권 아파트 단지에서 나타나는 낮은 정주성과 거기서 오는 소속감 저하다. 국토해양부가 실시한 『2012년도 주거실태조사』에 따르면 2012년 기준 수도권 거주자의 주택 평균 거주 기간은 6.7년으로,[*] 지역사회에 대한 소속감이 형성되기에는 충분하지 않은 시간임을 알 수 있다. 그런데 이처럼 낮은 정주성은 주택 소유 여부에 따라 큰 차이를 보인다. 같은 자료에 의하면 자가 가구의 주택 거주 기간은 평균 12.5년인 데 반해, 임차 가구의 거주 기간은 평균 4.2년에 불과하다. 특히 성일 노블하이츠와 같은 아파트 단지에서 작지 않은 비중을 차지하는 전세 가구[**]에 국한한다면 평균 거주 기간은 3.3년으로 더욱 짧아진다.[25] 결국 수도권 도시의 낮은 정주성은 상당 부분 임차 가구의 비율이 높다는 사실에서 오는 것으로 볼 수 있다.

연구 과정에서도 자율방범대를 비롯한 각종 아파트 현안 관련 활동으로 만난 입주민 중 전세 거주자는 찾아보기 힘들었다. 실제

● 그나마 이 값은 최근 몇 년 사이에 제법 증가한 수치다. 같은 자료집에 기재된 연도별 수도권 주택 평균 거주 기간을 보면 2006년 5.3년에서 2008년 6.0년, 2010년 6.2년, 그리고 2012년 6.7년으로 점차 증가하는 추세를 보이고 있는데, 이는 2000년대 후반 한국 사회에서 등장한 주목할 만한 변화 양상을 반영한다. 이에 대해서는 뒤에서 더 논하기로 한다.

●● 정확한 수치는 없지만 성일 노블하이츠의 전세 입주 가구는 약 40퍼센트 정도로 추산된다. 참고로 전국 아파트 거주민 가운데 자가가 차지하는 비중은 약 67퍼센트, 전세 등 세입 가구가 차지하는 비중은 약 33퍼센트로, 특히 지방보다 수도권의 전세 비중이 높음을 감안할 때 수도권 가구의 전세 비중은 40퍼센트에 육박할 것으로 보인다(국토해양부, 『2012년도 주거실태조사』 참고).

'활동가'들 역시 이 점을 분명히 인지하고 있었는데, 한 자율방범대원은 "전세 사는 사람들이 많은데 전세는 조용히 편하게 사는 걸 원하지, 시설물 훼손이나 입주자대표회의에는 신경 안 써요. 그러다 보니 여러모로 쉽지 않아요."라고 말하기도 했다. 전세 입주민들은 단지 내에서의 사회적 위치와 권리의 부재 탓에 아파트 현안에 무관심할 수밖에 없는 상황에 놓여 있기 때문이다.

아파트 단지라는 집단에서 전세 입주민은 물리적으로는 자가 입주민과 근접한 위치에 있을지 몰라도, 사회적으로는 원거리에 위치한 사람들이다. 이런 모순적인 조건은 사회학자 짐멜이 제시한 '이방인' 개념으로 설명할 수 있다. 짐멜에 따르면 '이방인'은 공간적으로 사회집단 내부에 위치해 있으면서도 인간관계의 위치로는 내부자가 아닌 특수한 존재를 가리킨다.[26] 잠재적인 방랑자로서, 집단에서 당장 떠나지는 않지만 그렇다고 방랑 상태를 완전히 극복하지는 못한 존재가 바로 '이방인'이라는 것이다. 같은 아파트 단지 입주민이지만 "가까이 있으면서 동시에 멀리 떨어져"[27] 있는 전세 입주민은 집단의 내부자이면서도 외부자로 남을 수밖에 없는 '이방인'의 처지와 다르지 않다.

전세 입주민의 사회적 위치를 '이방인'으로 만드는 주된 원인은 이들에게 아파트 현안과 관련한 '권리'가 주어져 있지 않다는 사실이다. 인류학자 메릴린 스트래선(Marilyn Strathern)이 지적하듯 권리가 존재하려면 소유가 전제되어야 하며, 이 소유란 일종의 법적 소유권이다.[28] 결국 소유권의 부재는 곧 권리의식의 부재로 이어진다는 것이다. 따라서 전세 입주민처럼 소유권을 완전히 보장받지 못한 이가 권리의식을 가질 리는 만무하다. 이 점은 아파트 입주자대표회의 구성에 관한 현행 공동주택관리법 조항에도 잘 드러나 있다. 법에 따르면 세입자는 동별 대표자에 대한 선거권은 갖고 있지만 피선거권은 없다. 물론 입주자대표회의의 주요 업무가 공동재산권과 관련한 것이기에 소유권이 없는 세입자에게도 피선거권을 주어야 하는지에 관해서는 논란의 여지가 있다. 하지만 피선거권이 없는 세입자들이 입주자대표회의에 관심을 갖기는 현실적으로 어려울 것이다.

그러나 전체 입주민의 40퍼센트에 달하는 전세 입주민을 제하더라도 나머지 60퍼센트가량의 자가 입주민 다수가 아파트 현안에 관심을 가졌다고 보기도 어렵다. 자가 입주민, 즉 아파트 소유자들 역시 자신이 살아가는 아파트 단지를 삶의 터전으로 여기기보다는 길지 않은 시간 내에 언젠가는 떠날 곳으로 보는 시각이 우세하다. 그렇다면 대다수 입주민들의 무관심 속에서 자율방범대처럼 소수에 불과한 집단이 거대한 아파트 단지를 움직일 수 있었던 원인은 어디서 찾을 수 있을까.

【 2. 아파트 단지 가치의 다면화와 안전망의 추구 】

얼핏 보기에 자율방범대 대원들의 활동이 별것 아닌 것처럼 보일지 몰라도, 매주 한두 차례씩 퇴근 이후 따로 시간을 내어 아파트 단지 전반을 점검하기는 쉬운 일이 아니다. 일례로 자율방범대 핵심 멤버 중 하나인 정영호 대원(40대 남성, 2007년 입주)은 격일제로 야간 근무를 하는 직장에 다니고 있는데도 자율방범대 순찰일이 야간 근무와 겹치는 날에는 직장에 휴가를 내면서까지 활동에 참여해왔다. 자신이 거주하는 아파트 단지에 대한 애정과 자율방범대에 대한 책임감 때문에 적지 않은 야근 수당을 포기하면서까지 수년 동안이나 열심히 활동해온 것이다. 다른 구성원들도 멀리 떨어진 직장 근무를 마치자마자 바로 달려와서, 혹은 자신이 운영하는 점포를 평소보다 조금 일찍 닫고서라도 자율방범대 활동에 참여했다.

> 내가 언제 다른 데로 이사 갈지 모르겠지만, 여기 사는 동안에는 이런 거 열심히 찾아보고 그럴 거예요. 지상에 차도 없고, 운동하기 좋고, 그런 곳인데…… 더 살기 좋은 아파트가 되어야 가치도 올라가죠.(자율방범대 김민철 대장)

> 솔직히 저는 우리 아파트에서 '또라이'예요. 그런데 저 같은 또라이가 몇 명만 더 늘어도 우리 아파트는 바뀔 겁니다. 저는 우리 아파트에 자극을 주기 위해 말 그대로 미친 짓을 하는 거죠. 야근하면 한 번에 10만 원 넘게 나오는 걸 포기하고 여기 오는 거니까.(자율방범대 정영호 대원)

직접적인 이해관계가 없다는 이유로 아파트 일에 무관심한 주민들과 달리 헌신적인 활동을 펼쳐온 이들은 단지 안에서 '자기임명적 공인(self-appointed public character)'[29]의 역할을 맡아온 셈이다. 제이콥스에 따르면 도시 주거공간의 안정적 생활은 이른바 '공인(public character)'을 자임하는 사람들에 의해 상당 부분 좌우된다. 이때 공인이란 폭넓은 집단의 사람들과 자주 접촉하고 스스로 공인이 되는 데충분히 관심을 갖는 사람들로, 자기 역할을 다하기 위해 특별한 재능이나 지혜를 갖출 필요는 없다.[30] 자율방범대 구성원들도 특출한 능력의 소유자는 아니었다. 이들은 그저 자신들이 거주하는 아파트 단지에 남들보다 더 많은 관심과 애정을 갖고 있고, 아파트 입주민 모두가 사용하는 공간을 제대로 관리해보자는 생각을 가진 사람들일 뿐이었다. 그리고 이들이 이렇게 적극적인 활동에 나서게 된 것은 직접 발로 뛰는 활동을 통해 '가치 있는 아파트'의 이상을 실현할 수 있으리라는 믿음 때문이었다.

무엇보다 성일노블 자율방범대의 활동이 갖는 의미는 아파트 단지라는 삶의 터전을 가꾸기 위한 공간적 실천이었다. 그리고 이런 활동을 통해 이들이 궁극적으로 이루고자 했던 것은 자신들이 살아가는 아파트 단지의 '가치 상승'이었다. 이때의 '가치'란 물론 일차적으로는 부동산 시장에서 거래 가격으로 평가되는 경제적 가치를 가리킨다. 하지만 "우리가 직접 발로 뛰어 우리 아파트 가치를 높인다."는 이들의 언설을 단순히 아파트 가격 상승으로만 생각할 수는 없다. 여기에는 2007년 말 전 세계를 덮친 금융위기의 여파로 국내 아파트 매매시장 전반, 특히 중·대형 아파트 시장이 수년 동안 정체되었다는 경제적 배경과 그로 인한 사회적 변화가 자리하고 있다. 즉 이전과는 달리, 대략 2008년을 전후한 시기부터는 반복적인 아파트 매매를 골자로 한 재산증식 모델이 더 이상 한국 사회에서 작동하기 어렵다는 우려가 확산된 것이다.

이와 관련해 박해천은 『아파트 게임』에서 지금까지 한국 사회의 경제 영역에서 주요한 축을 지탱해온, 아파트 단지 매매를 매개로 한 재산증식 모델(시장가보다 낮은 가격에 신규 분양을 받아 수년 뒤 더 오른 가격에 기존 아파트를 매매하는)의 종식이 가져온 변화를 '하우스 푸어' 문제와 1인 가구의 증가라는 관점에서 논의했다. 실제로 이런 현상은 근래 언론의 집중적인 조명을 받으며 심각한 사회문제로 다루어지기도 했다. 그런데 성일 노블하이츠의 사례는 유사한 사회·경제적 상황에서 다소 다른 조건에 처한 사람들의 대응 양상을 보여준다. 이들의 입주 시기를 보면, 신규 아파트를 분양받고(2004년 분양, 2007년 입주) 소유 주택의 시장가격이 분양가보다 어느 정도 오른 상태에서 최근 아파트 매매시장의 침체를 맞이했음을 알 수 있다. 물론 이들의 사정은 집값 상승을 기대하고 무리하게 대출을 받아 아파트를 구매했음에도 집값 상승폭이 이자 비용을 따라가지 못해 고생하는 '하우스 푸어'보다는 낫다. 하지만 이들도 달라진 시장 상황에서 새로운 전략을 모색해야 하는 처지에 놓이게 되었다는 것만큼은 분명하다. 앞서 소개한 국토해양부 자료에서 연도별 주택 평균 거주 기간이 최근 지속적으로 증가하는 추세는 이러한 사회적 변화를 반영한 결과다. 더 이상 예전처럼 잦은 이사, 즉 잦은 매매를 통해 자산을 불리기 어려운 상황이 도래한 것이다.

　결국 자율방범대 활동은 한국의 아파트 단지에 지금까지와는 다른 종류의 '가치'가 요구되고 있음을 보여준다. 사실 가치라는 개념 자체부터 무척 애매하고 복합적인 성격을 지닌다.[31] 현 시점의 브랜드 아파트 단지에서 '가치'는 재산증식을 위한 경제적 가치와 그 외에 돈으로 평가하기가 쉽지 않은 각종 삶의(사회적) 가치들로 나누어 파악할 수 있다. 한국의 아파트 단지를 둘러싼 환경에서 가치의 용법이 지금까지 대부분 부동산 가격, 즉 경제적 가치를 가리키는 데 쓰였던 반면, 변화하는 시장 상황은 아파트 단지에서도 사회적 가치들에 관한 관심을 환기시키는 조건을 조성했다. 지금까지는 아파트가 주로 전용공간 위주로 경제적 가치의 관점에서 매매 대상으로만 인식되는 측면이 강했지만, 이제는 공유공간의 관리나 집단으로서 아파트 단지의 문제를 좌우하는 입주자대표회의 같은 사회적 요소들로 엮인 '생활공간을 둘러싼 가치' 역시 중요한 고려 대상이 되었다는 것이다.

　이렇게 아파트 단지에서 고려해야 할 '가치'들이 다면화되면서, 가치를 생성하고 평가하는 기준과 방법도 다양해졌다. 특히 삶의 가치의 경우, 관여하는 행위자들이 복수의 형태를 취하게 된다. 그리고 이런 상황에서는 지금껏 경제적 가치에만 집중하여 아파트를 인식해 온 사람들 역시 '집단'에 주목할 수밖에 없다. 과거 활발히 거래가 이루어졌던 아파트 매매시장의 주체가 개인, 정확히는 가구 단위였다면, 최근에 와서는 개인의 정보력이나 자금 동원력만 갖고는 '아파트 게임'[32]에 효과적으로 참가하기 어려워진 상황이 도래했기 때문이다. 성일 노블하이츠 사례에서처럼 입주민들이 함께 사용하는 공유공간을 어떻게 관리할 것인가, 단지 전체의 관리비는 어떻게 사용할 것인가, 단지를 대표하는 입주자대표회의는 어떻게 운영할 것인가 등의 과제에 대한 집단 차원의 적극적인 대응들이 최근 그 어느 때보다 더 가시화된 형태로 드러나고 있다는 것은 이런 상황 변화와 무관하지 않다.

이처럼 아파트를 둘러싼 경제적·사회적 여건이 변화하고 아파트 단지의 가치 상승과 관련한 집단적 실천이 요구되면서 입주민들의 공동성이 주목받는 여건이 마련되었다. 특히 이 책에서 다루는 브랜드 아파트 단지는 공간적 환경에서부터 내부의 공동성이 배태되기에 유리한 조건을 가졌다. 처음부터 어느 정도 폐쇄성을 지니고 있던 아파트 단지에서 더욱 강화된 게이티드 커뮤니티로서의 물리적 공간문법은 비교적 동질적인 사회계급을 지닌 사람들 사이의 상호작용(그에 대한 도덕적 평가는 별개로 치더라도)을 위한 필요조건이 된다. 이런 조건을 바탕으로 한국의 브랜드 아파트 단지는 국가와 자본의 결합 아래 제공된 집합적 주거모델을 배경으로, 그 속에서 다양한 공간적 실천이 전개되는 하나의 '장소(place)'로 자리한다. 바야흐로 입주민 전반을 아우르는 집단, 즉 '아파트 공동체'라는 관점에서 문제를 바라볼 시점에 이른 것이다.

물론 여기서 이들의 공간적 실천을 과연 '공동체 활동'으로 볼 수 있을 것인가에 관해서는 재고의 여지가 있다. '지리적인 근접성에 기초하여 형성된 구성원 간의 호혜적인 유대관계'로 공동체를 인식하는 전통적인 관점[33]에서 본다면 '가치 있는 아파트'를 만들려는 이들의 실천은 공동체 활동에 적합하지 않다. 하지만 '공동체'에 관한 최근의 논의들은 명확히 경계가 그어진 공동체라는 인식의 유효성에 문제를 제기하는 한편, 공동체의 문제를 호혜성과 이해관계에 기준을 둔 이분법적 구도로만 보는 것은 현대 사회의 복합적인 맥락에 맞지 않음을 지적한다.[34]

어떤 면에서 공동체는 그 자체의 지속적인 안정과 안전망 구축을 위해 구성되어온 것이 사실이다. 이러한 관점에서 바우만은 20세기 말 이래 세계 각지에서 불고 있는 '공동체 운동' 역시 기본적으로 다종다양한 안전망의 구축 시도로 볼 것을 제안한다.[35] 바우만에 따르면, 신자유주의의 도래 이래 '자유'와 '안전'이라는 인간적 가치의 필수불가결한 한 쌍 가운데 자유를 지나치게 강조하는 방향으로 급격하게 변화하고 있는 최근의 추세에 대한 응답이 바로 공동체 운동의 인기를 낳았다는 것이다. 이 책에서 다룬 사례를 비롯해 최근 한국 사회에서의 '아파트 공동체' 활동 역시, 과거와 다른 고유한 장소성을 바탕으로 "현실을 살아가는 데 필요한 조건을 채우기 위해 여러 안전망이 구축되거나 재구축되는 관계의 장"[36]이라는 관점에서 바라볼 필요가 있다.

국가와 시장의 결합 아래 지속돼온 반복적인 아파트 매매를 매개로 한 재산증식 모델이 제대로 작동하지 않는 현실은 아파트에 대부분의 자산을 집중해온 많은 사람들[•]에게 위기가 아닐 수 없다. 따라서 이들의 활동은 그 위기에 대한 대응으로서 아파트 단지의 공간적 구성 방식에 직접 개입하여 아파트를 둘러싼 '안전망'을 재구축하려는 시도와 다름없다. 지금까지처럼 아파트를 사놓고 가만히 지켜보는 것만으로는 가격 상승을 기대하기 쉽지 않은 상황에서,[••] 이들은 다양한 공간적 실천을 바탕으로 아파트 단지에서 향유되는 삶의 가치를 높이고 이를 통해 아파트의 경제적 가치 하락을 방지하는 효과를 함께 거두고자 했다. 이들이 추구하는 '가치 있는 아파트'란 곧 시장에서의 경제적 가치뿐 아니라 각종 삶의 가치들이 안전하게 보

[•] 금융투자협회가 2010년 9월 내놓은 '주요국 가계금융자산 비교' 자료에 따르면 2010년 2분기 기준으로 한국 가계의 부동산 등 비금융자산 비율은 79.6퍼센트에 달해 미국(35.1퍼센트)이나 일본(41.3퍼센트) 등 다른 나라들에 비해 훨씬 높았다. 지난 수십 년간의 압축적 경제성장 과정에서 다른 분야에 비해 부동산 가격이 급등했기 때문이었다.

[••] 아파트 매매시장 침체가 시작된 2008년 이래 이명박 정부는 부동산 경기를 살리기 위한 각종 대책을 내놓았지만 시장은 좀처럼 움직이지 않았다. 무엇보다도 2000년대 중반 이후 심화된 인구 및 가구 구조의 변화(주택 구매 가능 연령대의 감소, 1인 가구 증가)로 인해 한국 사회에서 더 이상 예전과 같은 지속적인 아파트 가격 상승을 기대하기에는 무리가 있기 때문이다. 특히 여전히 지역적 '프리미엄'을 누리며 어느 정도 가격방어 기제가 작동한 서울 강남권이 아닌 다른 지역에서는 더욱 주민들의 피부에 와닿는 문제가 된다. 이처럼 2010년을 전후한 시기 정체되어 있던 아파트 가격은 2014년 하반기부터 정부가 대폭적 대출 규제 완화 정책을 펼치며 상승세로 돌아섰다. 사회 전반의 구조변화에 대한 고려 없이 이루어진 금융 규제 완화와 재건축 초과이익환수제 부활을 앞두고 과열된 재건축 시장을 중심으로 한 최근(2017년 기준)의 상승세가 향후 어떻게 될지는 지켜봐야 할 일이다.

장받을 수 있는 아파트 단지인 것이다.

　이런 관점에서 볼 때 아파트 단지와 관련한 공공의 문제에 주민들의 관심을 제고하려는 노력은 단지 전체의 입장에서 긍정적으로 평가할 만하다. 그런데 이때 논의되는 '공공'의 범위를 어떻게 규정할 것인가는 또 다른 문제가 된다. 아파트 단지 내부에만 국한된 공공의 문제는 사회 전체의 관점에서는 여전히 집단이기주의에 불과한 것으로 평가받기 쉽다. '가치 있는 아파트 만들기'와 관련한 제반 문제들은 외부의 시선으로 볼 때 근본적으로 집값 상승이라는 주제와 결부되어 판단되며, 따라서 사회 전반에는 무관심한 사적 정열의 부정적 측면으로 보이기 십상이라는 것이다. 그렇다면 이러한 단지 안의 문제에 대한 관심을 사회 전체에 대한 관심으로 확대하는 것의 의미, 혹은 그 필요성에 대한 논의도 필요하다.

　또 이미 앞에서 살펴보았듯이 집단적 행동의 중요성을 인지하고 실천에 옮긴 자율방범대의 활동이 모두에게 호응을 받은 것은 아니었다. 입주자대표회의 회장 선거 승리라는 가시적인 성과를 내기까지 그들이 겪은 가장 큰 어려움은 주민들의 무관심이었다. 그렇다 해서 아파트 단지를 지배하는 무관심의 문화가 모든 입주민들로 하여금 시종일관 모든 사안에 무관심하게끔 하는 것도 아니다. 무관심의 문화는 브랜드 아파트 단지에서 주민들의 삶에 기본적인 배경으로 작용하지만, 단지에서 발생하는 수많은 사안들에는 무관심을 관심으로 바꾸어내는 계기들이 잠재적으로 존재한다. 만약 그 계기가 어떤 이유로 현실화하여 모습을 드러낼 경우 해당 사안에 관심을 가진 또 다른 소집단이 나타나 기존과는 다른 형태의 집단적 실천에 나설 것이다. 그리고 그들이 아파트에 대해 갖는 인식이 이미 아파트 단지를 대표하는 자리에 오른 다른 집단의 '가치'와 상충한다면, 작지 않은 갈등을 유발할 수 있다. 이런 갈등의 처리 과정과 다양한 입주민들의 대응 양상은 아파트 단지의 숨겨진 속성을 드러내는 사건적 계기가 된다. 한국의 고유한 정치·경제적 산물인 아파트 단지의 구성 원리는 이런 계기를 통해 더욱 극명하게 드러난다.

5장

공동체가 드러나는 뜻밖의 순간:
단지 내 어린이 사망 사건을 둘러싸고

안전한 단지라는 믿음

모든 주차장을 지하에 배치한 덕분에 '지상에 차가 없다'는 사실은 대다수 입주민들이 생각한 브랜드 아파트 단지의 가장 큰 이점 중 하나였다. 이삿짐 차량이나 쓰레기 수거 차량이 들어오는 등의 예외적인 경우를 제외하고는 모든 차량은 지하주차장으로만 출입 가능했으며, 주차장 대신 나무와 보행로로 꾸민 지상공간은 공원과도 같은 분위기를 연출해냈다. 특히 이것은 어린아이를 키우는 가족에게 엄청난 장점으로 다가왔다. 교통사고로 인한 어린이 사망자의 63퍼센트가 보행 중 차에 치여 사망하고,[1] 교통안전을 위해 1995년 도입된 '어린이 보호구역' 안에서조차 교통사고가 꾸준히 증가하는[2] 현실에서 브랜드 아파트 단지의 공간조건은 부모들을 안심시키기에 충분했다. 게다가 대부분의 브랜드 아파트는 단지 내에 유치원과 초등학교가 위치해 있기에, 주거지와 등하굣길을 포함하는 아이들의 생활공간 전체가 차량의 위험으로부터 안전하다고 생각할 수 있었다.

성일 노블하이츠에서도 마찬가지였다. 인터뷰를 위해 만난 주민 대부분은 성일 노블하이츠가 연주시에서도 대표적인 '차 없는 단지'라는 점을 자랑하곤 했다. 2011년 8월 포털사이트 Z사 입주민 카페에 올라온 아래의 게시물 역시 주민들의 자부심을 잘 보여준다.

제목: 성일 노블하이츠 아파트 좋은 점 10가지 알아두세요. 널리 알릴수록 우리 아파트 가치는 올라갑니다.

주변 분들에게 우리 아파트 장점을 적극적으로 알립시다.

1. 차 없는 공원 도시. 어딜 가더라도 공원(전원) 도시입니다. 단지 내에서 어디든지 어린이들 교통사고 날 염려가 없습니다. [……]

3. 유치원, 초등학교, 중학교가 단지 내에 다 있습니다. [……]

그런데 이처럼 성일 노블하이츠 입주민들이 안전하다고 생각하는 '차 없는 단지'가 주는 혜택을 만끽하는 동안, '위험'이라는 존재의 고유한 특징은 주민들이 미처 생각지 못했던 또 다른 위험의 가능성을 품고 있었다. 위험과 문화적 요소 사이의 관계에 관한 논의에서 메리 더글라스(Mary Douglas)와 에런 윌다브스키(Aaron Wildavsky)는 위험의 억제가 위험의 이동을 낳는다고 주장했다. 이들은 집단 밖으로 위험을 이동시키는 행동이 위험을 용인하는 것보다 더 위험할 수 있다고 지적한다. 부지불식간에 새로운 위험에 처하게 된 사람들은 오랫동안 위험에 직면하지 않음으로써 위험에 익숙하지도 않을 뿐더러 위험에 대처하는 방법 자체도 망각할 수 있기 때문이다.[3] 누구도 위험의 발생 원인을 완전히 알 수 없으며, 그 대처 방안을 미리 준비해둘 수는 없는 노릇이기에 예상하지 못했던 위험이 닥친다면 그 여파는 더욱 클 수밖에 없다. 그리고 이는 성일 노블하이츠라는 '주거 공동체'에서도 마찬가지였다.

믿음의 균열: 어린이 사망 사건의 발생

어느덧 제법 따뜻한 기운이 감돌기 시작한 봄날 아침이었다. 그날도 평소처럼 송유진 양(당시 8세)은 엄마와 함께 아파트 단지 안에 위치한 초등학교로 향하는 길에 나섰다. 유진이가 사는 아파트 동에서 학교까지는 걸어서 5분 남짓, 여유를 즐기며 천천히 걸어도 10분이면 충분한 거리였다. 봄을 맞아 온갖 꽃이 피기 시작한 아파트 단지의 풍경을 보고 있노라니 딸의 손을 잡고 걷던 유진이 엄마의 기분도 절로 좋아졌다. 입주 초부터 성일 노블하이츠에 살아온 친정아버지의 권유를 받아 같은 단지로 이사 온 지 2년째. 직접 살아보니 괜찮더라는, 마음 놓고 두 아이 키우기에 좋은 아파트라는 친정아버지의 말은 과장이 아니었다. 다가오는 전세계약 만료일에 집주인이 전셋값을 크게 올리지만 않는다면 다시 계약해서 더 오래 살아도 괜찮겠다 싶은 곳이었다.

집을 나선 지 얼마 되지 않아 커뮤니티센터 건물이 눈에 들어왔다. 확실히 좋은 학교가 단지 안에 있어 가깝고, 집에서 학교로 가는 길도 전에 살던 단지와 달리 보행로로만 되어 있으니 편했다. 요즘처럼 아이들을 상대로 한 흉흉한 범죄소식이 들려오는 시기에 여기서는 그런 걱정을 덜 수 있어 좋았다. 그런데 그때였다. 뒤쪽 방향에서 차가 다가오는 소리가 들렸다. 돌아보니 음식물쓰레기를 수거하는 트럭이었다. 안전하게 트럭을 먼저 보내기 위해 유진이와 유진이 엄마는 옆으로 비켜섰다. 트럭을 앞질러 보내고 모녀가 다시 걸음을 뗀 순간, 갑자기 트럭이 빠른 속도로 후진하기 시작했다. 유진이 엄마는 놀랄 새도 없이 순식간에 육중한 트럭 후면부에 어깨를 치이며 옆으로 넘어져 쓰러졌다. 그 바람에 그녀는 그때까지 손을 꼭 붙잡고 있던 유진이를 놓치고 말았다. 다시 일어서 황망한 마음에 유진이를 불러보았지만, 그녀가 다시 찾아낸 유진이는 멈춰선 트럭 바퀴 아래에서 참혹한 모습으로 죽어 있었다. 상황을 파악한 유진이 엄마는 오열 끝에 혼절하고 말았다. 2012년 4월 2일 오전 8시 45분경, 4월의 첫 번째 월요일 아침에 벌어진 일이었다.[•]

사고 소식을 접한 입주민들은 충격에 빠졌다. 무엇보다 성일 노블하이츠는 지상에 차가 없어서 안전한 아파트라고 여겨왔기에, 그래서 아이들이 마음껏 뛰어놀아도 괜찮다는 믿음이 컸기에 주민들의 충격은 더욱 클 수밖에 없었다. 인터넷 카페 등을 통해 소식을 전해들은 이들은 혼란과 충격이 뒤섞인 감정을 표현했다.[••]

[•] 사고 발생 이후 여러 경로를 통해 밝혀진 내용들을 바탕으로 재구성했다. 연구대상 단지의 익명성을 유지하기 위해 이 글에 등장하는 모든 날짜를 실제와 다르게 조정했고, 사고 및 처리 과정에 관련한 세부사항들도 전반적인 흐름에 어긋나지 않는 선에서 다소 수정을 거쳤다.

[••] 책 서두에서 밝힌 바와 같이, 현장연구 과정에서 다소 제한적이었던 접근 경로는 자료의 수집과 해석에 제약으로 작용할 위험이 존재했다. 특히 이번 장에서 다룰 내용처럼 빠르게 전개된, 그리고 주민 모두에게 매우 민감한 사례에서 '인류학 연구자'라는 직함은 큰 도움이 되지 못했다. 역시 미리 언급한 것처럼 이때 유용한 도구가 되었던 것이

A 단지 안에는 차가 안 다니니 우리 아들도 맘껏 뛰어놀라고 놔두는 편인데 정말 소름 끼치네요.

B 저도 애 키우는 입장에서 지상에 차가 없다고 이사 온 건데 이런 일이 생기면 어떻게 살죠?

C 우리 동네의 자랑은 차량이 다니지 않아 아이들 키우기 좋은 환경이라 생각했는데 이게 웬 날벼락입니까……

(4월 2일 사고 소식을 전하는 게시물과 댓글들 중에서)

이들 중 일부는 놀란 감정을 드러내는 데 그치지 않고 실질적인 행동에 나섰다. 그 중심이 된 것은 포털사이트 Y사에 개설된 '성일 노블앤카운티 엄마들 모임(이하 '엄마들 카페')'●이라는 인터넷 카페였다. 이 카페는 포털사이트 Z사에 개설되어 활발히 활동 중이던 입주민 카페와는 별도로 젊은 여성 입주민들을 중심으로 운영되고 있었다. 엄마들 카페에서는 주로 육아와 관련한 사항이나 아이들 유치원과 초등학교에 대한 이야기가 오갔고, 더 이상 사용하지 않는 각종 육아용품과 학교 교보재를 서로 교환하는 용도로도 많이 활용되었다. 정식 회원수는 약 1500명 이상이었지만, 회원들의 주요 연령대

인터넷 커뮤니티였고, 이번 장의 사례는 상당 부분 그 힘을 빌렸음을 밝혀둔다.
● 카페에 '노블앤카운티'라는 이름이 붙은 건 예전 성일주공아파트가 재건축되면서 둘로 나뉜 성일 노블하이츠와 성일 로열카운티 입주민 모두를 가입 대상으로 했기 때문이었다. 가장 많은 회원 수를 확보하고 있으며 앞에서도 이미 여러 차례 언급된 Z사 입주민 카페도 이런 작명법을 따르고 있었다.

가 30~40대 초반이었기에 실질적인 활동 인원은 그보다 적었다.[●] 하지만 카페 회원 대부분이 사고를 당한 유진이 또래의 아이를 키우는 '엄마들'이었기 때문에 이 문제를 특히 심각하게 받아들일 수밖에 없었다. 게다가 아주 열성적으로 활동해온 건 아니었지만, 유진이 엄마 역시 입주 이후 이 카페에 가입해 간혹 중고거래 글을 올리던 회원이기도 했다.

유진이의 사고 소식을 전해들은 엄마들 카페의 운영진을 비롯한 일부 회원들은 이대로 있어서는 안 된다는 공감대를 형성하고 직접 행동에 나서기로 했다. 사고 당일 저녁, 곧바로 카페에 관심과 참여를 독려하는 글을 올린 이들은 다음 날인 4월 3일 오전 10시에 관리사무소(생활문화지원실)를 항의 방문했다. 30명 넘는 회원들이 참석한 이날 방문에서 이들은 관리사무소 측에 사고의 경위가 어떻게 된 건지, 사고와 관련하여 관리사무소와 입주자대표회의는 어떤 대책을 세우고 있는지 따져 물었다. 회원들의 질문에 관리소장은 이번 사고는 연주시청과 계약한 음식물쓰레기 수거 용역업체의 책임이며, 현재로선 시청에 항의 민원을 넣는 것 외에 다른 대책은 생각해보지 않았다고 답했다. 항의에 나선 엄마들 카페 회원들은 관리사무소 측이 보여준 뜻밖의 무관심에 크게 놀랐다.

● 아파트 단지에서 30~40대는 이사를 자주 다니는 전세 입주민이 상대적으로 많다. 따라서 일부러 회원 탈퇴를 하지 않는 이상, 이사를 가서 더 이상 입주민이 아닌 사람들도 전체 회원 수에 포함되어 집계된다.

같은 자리에서 전해들은 사고 경위 역시 이들을 아연실색케 했다. 관리소장의 설명에 따르면 원래는 음식물쓰레기 수거 차량이 월, 수, 금 주 3회 단지 안으로 들어와 작업을 진행했는데, 성일 노블하이츠처럼 거대한 단지에서 발생한 쓰레기를 주 3회만 수거하는 건 불가능하다 하여 2011년 봄부터 주 4회(월, 수, 금, 토), 같은 해 여름 이후로는 주 6회(월~토요일)로 수거 횟수가 늘어났다고 했다. 그런데 여기서 문제는 수거 시간대 변경과 관련한 과정이었다. 당초 수거 시간은 새벽 2시에서 4시 사이였으나, 2011년부터 수거 횟수가 늘면서 쓰레기 수거 소리에 새벽잠을 설친 저층 세대 주민들이 시끄럽다는 민원을 넣었다고 했다. 그리고 관리사무소 측이 그대로 시청에 민원을 전달한 결과, 성일 노블하이츠는 '새벽 6시 이후 아무 때나' 수거 작업을 진행하게끔 정해졌다는 것이다.

또 다른 문제는 사고 당일 수거 차량에 탑승해 있던 인원이 단한 명뿐이었다는 사실이었다. 음식물쓰레기 수거 차량은 본래 3인 1조로 운영되는 것이 원칙임에도 불구하고, 최근에는 무슨 탓인지 인원이 줄어 운전자 혼자 들어와 수거 작업을 해왔다고 설명했다. 그마저도 관리사무소가 이 사실을 파악한 건 사고 당일인 4월 2일 오후가 되어서였다고 했다. 관리사무소뿐 아니라 입주자대표회의 역시 음식물쓰레기 수거 작업 전반에 대해서는 거의 모르고 있다는 관리소장의 설명에 엄마들 카페 회원들은 분노를 금치 못했다. 경위를 파악하고 나니 이번 사고는 너무나도 명백히 '예고된 인재(人災)'였으며, 책임 소재도 다양하게 혼재해 있었다. 사고를 낸 음식물쓰레기 수거

업체, 계약을 체결한 연주시청, 일부 세대의 민원만으로 수거 시간을 변경한 관리사무소와 아파트 전반의 관리 업무를 책임지는 입주자 대표회의까지, 엄마들 카페 회원들이 보기에는 모두가 사고 책임으로부터 자유로울 수 없었다.

거센 항의 끝에 이들은 결국 같은 주 금요일 오전에 다시 모임을 갖기로 결정했다. 아울러 그 자리에 관리사무소 관계자뿐 아니라 입주자대표회의 회장을 비롯한 임원진과 동대표들, 관제실 책임자, 부녀회 임원진 등을 모두 모으라고 요구했다. 사고의 직접적인 책임이 있는 음식물쓰레기 수거업체 관계자와 연주시청 담당 공무원의 참석을 요구한 건 물론이었다. 만약 그 자리에서도 사고 대책과 해결방안이 마련되지 않는다면 가만히 있지 않겠다는 것이 엄마들 카페의 입장이었다. 사태의 심각성을 알아차린 관리소장은 입주자대표회의 이명훈 회장과 연락하여 금요일(4월 6일) 오전 10시에 입주민들이 참여할 수 있는 긴급 대책회의를 열기로 했다.

한편 관리사무소를 방문한 엄마들 카페 회원들은 곧바로 같은 날(4월 3일 화요일) 11시부터 커뮤니티센터 대회의실에서 진행 중이던 부녀회 노래교실로 향했다. 노래교실 참가자들은 대부분 인터넷을 하지 않아 아직 사고 소식을 접하지 못한 경우가 많았고, 전날 소식을 전달받은 부녀회 측도 미리 예정된 행사였기에 취소하지 못했다는 뜻을 전했다. 엄마들 카페 회원으로부터 사고에 관한 이야기를 상세히 전해들은 부녀회장은 배려가 부족했음을 사과하고 당일 노래교실을 중단하는 조치를 취했다.

관리사무소와 노래교실을 방문한 결과 이번 사고가 단지 전체에 아직 제대로 알려지지 않았음을 깨달은 엄마들 카페 측은 사고 관련 소식을 최대한 많은 주민들에게 상세히 전해야 할 필요가 있음을 깨달았다. 이들은 아래와 같은 내용의 호소문을 작성해 각 인터넷 카페에 게시하는 한편, 종이에 출력하여 각 동별 출입구와 엘리베이터마다 부착했다.

***** 호소문 *****

입주민 여러분! 꼭 참여해주세요.

지난 월요일 오전 9시경 ○○동 앞에서 일어난 참담한 소식 들으셨을 겁니다. 음식물쓰레기 수거 차량이 뒤로 급후진하면서 학교에 가던 8세 여아를 치어 그 자리에서 사망하게 한 사건입니다. 유가족들이 느끼실 상상할 수도 없는 고통에 가슴이 아프면서도 이 모든 사건이 예고된 사건이었으며 하루가 지난 화요일 오전까지 입대의나 관리실이 모여 전체적인 대책회의 한 번 소집된 적이 없다는 사실에 답답함을 느낍니다. 관리소에서 결정한 대책이란 게 고작 연주시청에 항의민원 넣을 계획 중이라는 소식을 접하고 더 이상 우리 입주민의 안전을 구경만 하고 있을 수는 없다는 생각에 엄마들이 모여 대책을 요구하게 되었습니다. 30~40명의 엄마들이 쫓아가 항의한 걸로는 부족합니다. 이에 아래를 보시고 많은 입주민들이 참여해 올바른 대책회의가 이루어지고 있는지 강력하게 항의해야 합니다.

청소 차량에 관리인원이 운전자밖에 없다는 걸 관리실에서도 모르고 있었다는 점, 새벽에 시끄럽다는 민원 때문에 새벽 빼고 아무 때나 들어와 수거하라고 관리실에서 요구해 아이들 등하교 시간 무지막지한 차량이 질주하고 돌아다녔다는 점 등을 모두 내 일처럼 나서서 따져주십시오. 간절히 부탁드립니다. 우리의 문제를 더 이상 남의 손에 맡기지 마시고 나서주시기 바랍니다.

— 아래 —

2012년 4월 6일 금요일 오전 10시 커뮤니티센터 대회의실
참석인: 입주자대표회의, 관리실, 관제실, 부녀회, 연주시청 관계자, 용역업체(참여시키기로 관리실에서 약속했으니 믿고 갈 것입니다.)

— 성일노블 아파트 입주 어머니 일동

이와 함께 이들은 포털사이트 Z사의 입주민 카페 운영진에도 대책회의 관련 건을 알리며 협조를 구했다. Z사 입주민 카페 측에서

도 최대한 협조하겠다는 뜻을 전했으며, 카페 운영자 김주남과 공동 운영진 중 하나인 노영환은 엄마들 카페 회원들을 직접 만나 대책회의와 관련한 실무를 준비했다. 특히 노영환은 재건축 기간 동안 조합 특별감사를 제안하고 제1대 입주자협의회에서 공동 부회장을 맡는 등 대(對)조합 투쟁의 선봉에 섰던 인물이었다. 입주 이후 혼탁한 입주자대표회의 운영에 환멸을 느껴 아파트 현안 일체에서 물러나 Z사 카페 공동 운영진의 일원으로만 이름을 올려놓았지만, 아파트 단지에서 발생한 끔찍한 사고에 눈을 감고 있을 수 없다는 생각에 다시 움직였던 것이다. 엄마들 카페 회원들에게도 조합과 건설사를 상대로 풍부한 투쟁 경험을 가진 노영환의 가세는 큰 힘이 되었다.

4월 6일로 예정된 대책회의를 앞두고 Z사 입주민 카페와 엄마들 카페에는 이번 사고를 계기로 어떤 점들을 개선해야 할지에 관한 주민들의 게시물이 다수 올라왔다. 각 게시물에서는 공청회 형식으로 진행될 대책회의에 내놓을 의견들로 단지 내 차량 진입 시간대 고정, 진입 차량의 속도 제한, 쓰레기장 위치 변경 등 다양한 안들이 개진되었다. 회의 진행을 담당하게 될 관리사무소 측 역시 입주자대표회의의 지시를 받아 세부 대책을 마련하여 회의에 쓰일 프레젠테이션 파일을 제작했다. 이 시점까지만 해도 대다수 입주민들은 이번 대책회의가 사고 원인과 책임자를 제대로 규명하고 향후 대책 및 재발 방지책을 논의하는 건설적인 자리가 되기를 기대하고 있었다. 대책회의가 시작되기 직전까지만 해도 그것이 모두의 바람이었다.

사건의 전개와 주민들의 대응

【 1. 긴급 입주민 대책회의와 시청 간담회 】

사고 발생일로부터 나흘이 지난 2012년 4월 6일, 긴급 입주민 대책회의가 열리기로 한 커뮤니티센터 대회의실에는 삼삼오오 사람들이 모여들기 시작했다. 참석한 사람들의 수는 300석 규모의 대회의실을 모두 채우고도 남아 양옆과 뒤편으로 서 있는 사람들이 제법 있을 정도로 많았다. 참석 인원의 대부분은 30~40대로 보이는 젊은 어머니들이었고, 간혹 부부가 함께 참석한 경우도 보였다. 그런데 회의 시작 시각으로 예정된 오전 10시경까지 350여 명의 주민들이 자리를 채웠지만, 회의는 바로 시작되지 못했다. 참석하기로 예정되어 있던 연주시청 관계자와 용역업체 사장이 도착하지 않았고, 이 사실이 알려지자 자리에 참석한 주민들이 반발하며 회의를 제때 열 수 있는 분위기가 마련되지 못했기 때문이었다.

　사람들을 진정시킨 끝에 결국 10시 반이 넘어서야 관리소장의 사회로 대책회의가 시작되었다. 먼저 관리사무소 측에서 준비한 사고 경위와 향후 대책을 대형 스크린에 띄워 소개했지만, 관리소장의 브리핑은 얼마 못 가 중단되고 말았다. 사고 경위는 인터넷 카페를 통해 이미 알려진 바와 크게 다르지 않았고, 사고 책임 소재와 관련한 관리소장의 설명 역시 시청 측의 입장을 대변하는 방향으로만 전달되었기 때문이었다. 연주시청은 위탁계약을 했을 뿐이므로 직접적인 책임이 없으며 용역업체 측과 보험회사를 통해 보상안이 논의되고 있다는 관리소장의 설명에 회의에 참석한 주민들은 불만을 터뜨렸다. 게다가 중간중간 터져나온 일부 입주민들의 항의와 관리소장의 미숙한 진행으로 회의는 제대로 이루어질 수 없었다.

결국 이명훈 입주자대표회의 회장이 나서 관리소장으로부터 마이크를 건네받아 회의를 다시 진행하려 했다. 하지만 이 회장의 자기소개와 함께 동시다발적으로 터진 주민들의 질문과 항의는 회의 속개를 어렵게 했다. 주민들은 쓰레기 수거 시간 변경과 관련한 관리사무소의 무책임한 처사를 따졌고, 입주자대표회의의 미온적 대응에 대해서도 질타했다. 그때 마침 연주시청으로부터 아파트 단지로 시청 관계 공무원들이 출발했다는 소식이 전해지자 회의장은 또 한 번 술렁였다. 대책회의 자리에는 성일동 지역구 시의원인 박지영●도 참석했는데, 주민들의 분노가 심상치 않다고 느낀 박 의원이 시청에 상황을 전하고 공무원들의 출석을 재촉한 결과였다. 주민들은 회의 시작 전에는 꿈쩍도 않다가 박 의원의 전화를 받고 그제야 움직이기 시작한 시청 공무원들을 탓하며 그들을 기다렸다. 그동안 주민들의 성토 대상이 되며 궁지에 몰린 건 입주자대표회의와 관리사무소 측이었다.

소식이 전해지고 15분여가 지난 11시 20분쯤, 드디어 세 명의

● 성일 노블하이츠 입주민이었던 박지영 의원은 이명훈의 입주자대표회의 회장 당선 이후 자율방범대에도 일반 회원으로 합류하여 함께 활동해왔다.

시청 공무원이 도착했다.[•] 안영준 생활환경국장과 민주희 청소과장, 그리고 박재철 청소팀장으로 이루어진, 이번 사고 관련 실무진이었다. 그들이 대회의실에 들어선 순간 엄마들 카페와 함께하던 노영환이 일어서면서 "5분이면 올 거리를 1시간 20분이나 걸려 오신 분들"이라고 비아냥댔고, 주민 여럿이 큰소리로 조금 전까지 성토 대상이었던 이명훈 회장과 관리소장 대신 노영환에게 사회를 볼 것을 요구했다. 분위기상 관리소장은 마이크를 넘길 수밖에 없었다.

사회자 자리를 건네받은 노영환은 공무원들의 책임 소재를 조목조목 추궁하기 시작했다. 이에 먼저 안영준 국장이 앞으로 나와 머리를 숙이며 주민들에게 사과했고, 다음 주 화요일 오전에 시청에서 주민 대표와 함께하는 간담회가 있으니 그 자리에서 자세한 논의를 하겠다고 밝혔다. 하지만 노영환은 위탁업체에 책임을 물을 것이 아니라 연주시청이 가해자 입장에서 직접 책임을 져야 한다고 주장했다. 곧이어 시청 측에서 누구 하나라도 장례식장이나 사고 현장을 방문한 적 있느냐고 따져 묻자 공무원들은 아무 대답도 하지 못했으며, 이에 회의실 전체 분위기는 점차 격앙되어갔다. 바로 그때였다.[••]

● 앞서 성일 노블하이츠의 지리적 입지를 소개하며 밝힌 것처럼, 시청과 아파트 단지 사이의 거리는 매우 가까워 차로 5분 거리에 불과했다.
●● 이어지는 내용은 이날 대책회의의 격앙된 분위기가 최고조에 달했던 순간을 묘사한 것이다. 다소 길지만 이후 입주민들의 대응이 전개되는 방향을 이해하려면 상세한 전달이 필요하다 생각해 일체의 과정을 글로 옮겼다.

앞으로 시청에서 어떤 책임을 지겠느냐는 노영환의 문책에 공무원들의 대답이 없는 상황에서, 갑자기 한 할아버지가 앞으로 나서며 마이크를 받아들었다.

할아버지　시청에서 계속 변명하기 때문에 제가…….

주민들　(계속해서 웅성대며 다발적으로) 누구신가요? 누구십니까? 지금 나서실 때가 아니에요!

할아버지　잠시만요. 잠시만요. ……저는 그 아이의 할아버지입니다.

주민들　(순간 곳곳에서 탄식이 터지며) 아…… 아이고…….

할아버지　시청하고, 또 여기 하청을 준 업자, 아주 이 강도들을 여러분이 잡아주셔야 합니다. 지금 여기 선생님 말씀하신 대로 장례식장에는 어느 누구, 그 파리 새끼 하나 오지 않았었어요. (훌쩍이며) 그리고 여기 대략 수천 세대가 사는데 제가 그 아이를 이리로 끌어들인 것은, 환경이 좋고 교육하기가 좋아서 그 아이를 끌어들였어요. 그랬는데 그날 할아버지, 나 학교 가요, 그렇게 나가고 2, 3분 됐어요. 현관에서 불과 20미터도 안 되는 데에서 제 딸이…… 그 손녀가 혼자 가다가 사고를 당한 것이 아니라! 엄마하고 손잡고 둘이 가다가 이 차가 앞에 서 있는 걸 봤는데, 차가 갑작스레 뒤로 후진해서 아이가 앞바퀴에 들어가서 머리가 깨졌어요!

주민들　(일동 순간 여기저기서 울음을 터뜨리며) 아이고…… 어떡해…….

할아버지　아마 우리 딸, 우리 손녀를 잘 아시는 분도 계실 거예요. 그 엄마는 실신 상태라 지금 병원에 있어요. 여러분들이 힘을 보태주셔야지, 지금 여러분들이 이렇게 힘이 됩니다.

주민들 (여전히 여기저기서 흐느끼는 소리)

할아버지 (안영준 국장을 가리키며) 이분도 계속해서 변명만 하다가 오늘 마지못해 왔어요. 저는 아이를 낳아보지 않아서 출산의 아픔을 모릅니다만, 그 어여쁘고 사랑스러운 손녀의, 그 머리통이 깨진 상태에서, 현장을 보고는, 하늘이 파란 줄 알았는데 노랗더라고요. 그래서 여기서 얘기를 해서 여러분이 협조를 해주신다면 청와대까지 가서…… (잠시 흐느끼다) 말씀을 다 해주셨지만 책임질 자가 아무도 없어요! 제일 힘이 크게 되는 것은 주민 여러분들입니다. 이 아픔이…… 돈으로 보상이 되겠어요? 그리고 하청업자라고 하는, 그 계약서를 받은…… 이 사람은 변명만 해요. 운전사, 보험회사에 떠넘겨버려요. 그 돈 몇 푼 되는 거, 그거를 받겠어요? 여러분 힘이 필요합니다. 지금 이 시청에서 나온 담당자들, 다 변명이고…… 월급 다 뱉어내고 그 자리를 떠나게 해야 할 뿐만 아니라 책임을 져야 제 분이 풀릴지 모르겠지만…… 주민 여러분이 끝까지, 시장도, 이 자리에 와서 여러분에게 근본적으로 사과가 되어야 되겠습니다.

주민들 (일동 흐느끼며 박수를 친다.)

할아버지 바로 지금 이 시각, 유인물을 봤어요. 앞으로 차가 몇 시에 오느냐 몇 시에 가느냐, 그거 중요한 거 아닙니다. 사고 원인 규명 먼저 해주시고, 그다음에 이 사고 대책 해주셔야…… 차가 서 있는 거 봤는데, 이 차가 갑자기 후진을…… 왜 그런가 했더니, 3인 1조만 되었어도 사랑하는 손녀가 죽지 않았어요. 혼자서 쓰레기통 빨리 비우고 다시 운전석 들어가서 얼른 한다고…… 뒤에 사람이 있었으면 알았을 텐데, 갑자기 후진하면서…… [우리 딸이랑 아이는] 앞으로 갈 줄 알고 옆으로 비켜 서 있었는데…… 뒤로 아이를 치면서…… 엄마가 아이 손을 놓치면서…… 그때 아이가 바퀴에 깔려 들어가면서…… (차마 글로 옮길 수 없을 정도로 참혹한 아이 시신 상태를 상세히 묘사했는데, 그 순간 회의장은 완전히 울음바다가 되었다.) 이 엄마는 자기가 아이 죽였다고, 자기도 죽겠다고 지금 실신해버렸어요. 이걸 어떻게 변명하시겠어요?

이야기를 마치며 할아버지는 안영준 국장의 등을 손바닥으로 쳤다. 아주 세다고는, 그렇다고 아주 약하다고도 볼 수 없는 세기였다. 그런데 그 순간, 옆에 있던 민주희 과장이 달려와 할아버지를 밀쳐내며 안 국장을 챙겼다.

주민들 (순식간에 소란스러워지며 민 과장을 향한 고함이 여기저기서 터졌다.) "뭐야? 지금!" "어디서 지금 뭐하는 거야!" "그럴 거면 뭐하러 왔어?" "네가 사람이야, 네가?" "당신 나가! 여기서 꺼져!" "지금 당장 할아버지한테 무릎 꿇고 빌어!" "기가 막혀서 정말 말이 안 나오네. 당신들 필요 없습니다, 가십시오!"

할아버지와 민주희 과장의 돌발행동에 대회의실을 채운 주민들은 완전히 격앙되고 말았다. 민 과장을 향한 비난이 한동안 더 이어지고 잠시 후, 할아버지 등장 이전까지 사회를 보고 있던 노영환이 다시 마이크를 돌려받았다.

노영환 저희가 어제 모여 얘기하면서 여기 연주시청에 대한 요청사항에 공무원들 징계 요청은 뺐습니다. 왜냐하면, 저도 같은 직장인 입장에서 어느 정도는 이해가 가다 보니 공무원 징계 부분은 뺐는데, 지금 이 민주희 청소과장님이 하는 행동을 보니…… 저 분이 사실은 실무 책임자죠? 그런데 와서 반성은커녕, 지금 도저히 상식적으로 말이 안 되는 행동을 하는 걸 보니…… 그래서 이번에 적어도, 지금 조직이 어떻게 되는지는 모르겠지만 우리 훌륭하신 민 과장님에 대한 징계 문제는 반드시 거론할 거고, 이런 사람은 반드시 징계해서 물러나게 할 것입니다!

주민들 (일동 박수 터짐)

노영환 그리고 이분들 붙잡고 자꾸 얘기해봤자, 아무 의미도 없는 거 같습니다. 책임은 시장이 져야 될 것이고, 지금 봐도 반성하는 기미가 없죠? 시청으로 갑시다!

주민들 네! 시청으로 갑시다!

이날 대책회의의 전체적인 과정은 크게 두 단계로 나눌 수 있다. 우선 첫 번째 단계는 시청 공무원들이 도착하기 전, 관리사무소와 입주자대표회의를 상대로 책임 추궁을 하는 시간이었다. 350여 명에 달하는 참가자들의 절대 다수를 이룬 젊은 어머니들은 아이를 다른 곳에 맡기고 오거나, 혹은 사정이 여의치 않을 경우 아이를 함께 데리고(회의 도중 엄마를 보채는 아이들 소리가 자주 들려오기도 했다.) 회의에 참석했다. 사고 피해를 당한 유진이와 비슷한 또래의 아이를 키우는 입장에서 이들은 아파트 단지에서 외부 차량에 의해 아이가 죽는 사고가 발생했는데도 곧바로 적극적인 대응에 나서지 않았던 입주자대표회의를 강하게 질타했다. 동시에 일부 세대의 민원을 따라 쓰레기 수거 시간을 임의로 변경한 관리소장을 비난하고, 그러한 관리사무소의 행태를 제대로 파악하고 있지 못했던 입주자대표회의에도 책임을 물었다.

두 번째 단계는 시청 공무원들의 도착과 잠시 후 유가족 할아버지가 등장하면서 벌어진 사건이었다. 안영준 국장을 비롯한 세 명의 공무원들이 도착하기 전부터 이미 그들을 향한 회의장 내의 분위기는 상당히 살벌해져 있었다. 입주자대표회의 측의 거듭된 요청에도 불구하고 시청 측은 다음 주 화요일로 일정을 잡은 간담회에서 이 문제를 논의하겠다는 입장을 고수했고, 책임 소재에 대해서도 위탁업체 쪽으로 미루는 모습을 보였다는 소식이 전해지자 회의 참석자들은 분노를 금치 못했다. 게다가 공무원들이 시의회 박 의원의 긴급한 전화를 받은 후에야 마지못해 참석했다는 사실 역시 참가자들의 화를 부채질했다.

결정적으로 이들이 회의장에 도착해 주민들에게 사과하는 과정에서 등장한 유가족 할아버지의 진술은 분노로 차 있던 회의 참석자들에게 슬픔의 감정을 더했다. 사고 당시의 상황을 설명하고, 입에 담기 어려울 정도로 참혹한 시신 상태를 묘사한 그의 진술은 주민들을 감정적으로 크게 동요시켰다. 젊은 어머니 위주의 참석자들은 할아버지의 직접적인 진술을 통해 마치 자신의 자식이 사고를 당한 것과 다름없는 감정적 충격을 받았던 것이다. 결국 참석자들에게 어떠한 이성의 작용도 기대하기 힘든 상황에서, 책임을 물으며 안영준 국장의 등을 친 할아버지를 밀쳐낸 민주희 과장의 행동은 그들에게 결코 용인될 수 없었다.

이미 회의장 전체가 감정의 소용돌이에 빠져 있던 상태에서 민 과장의 행동은 회의 참석자 전체를 격분시키기에 충분했고, 이후 회의는 파행으로 치달았다. 관리사무소와 입주자대표회의에 대한 책임 추궁은 순식간에 잊혔으며, 마찬가지로 회의에 끝까지 불출석한 용역업체 대표는 이날 회의 이후 존재조차 언급되지 않았다. 모든 화살의 끝은 할아버지를 밀쳐내 주민들의 분노를 야기한 민주희 과장과 민 과장이 속한 연주시청을 향하게 되었다.

이들은 대책회의의 마지막 10분가량 단지 내에 공식 분향소를 설치할 것을 추가로 결정한 뒤 연주시청으로 이동했다. 이 과정에는 회의에 참석했던 주민들 중 150여 명이 참여했고, 엄마들 카페 운영진과 노영환뿐 아니라 이명훈 회장을 비롯한 입주자대표회의 회장단, 자율방범대 대장 김민철도 함께해 시장의 직접 사과를 요구했다. 하지만 박명호 연주시장은 이날 서울에 일정이 있어 자리를 비운 상태였고, 한 시간 넘는 농성 끝에 부시장이 대신 나와 이들을 맞았다. 그런데 사고 대처에 관한 부시장의 해명은 주민들에게 다시 한 번 실망과 분노를 안겼다. 시청에서 지금까지 유가족을 한 번도 찾지 않은 건 먼저 문상을 갔을 경우 용역업체가 아닌 시청의 책임을 인정하는 것처럼 비추어질 우려가 있기 때문이었다는 것이다. 이에 분노한 주민들의 요구가 받아들여져 당일(4월 6일) 밤까지 박명호 시장이 직접 유가족을 찾아와 사과하기로 하고, 시청 자체 회의와 의견 수렴 후 다음 주 화요일(4월 10일) 오전 유가족과 입주민 대표 등 다수가 동석하는 시청 간담회를 갖기로 했다. 결국 같은 날 저녁 부시장과 안영준 국장 등이 유가족을 찾아와 사과했고, 이튿날에는 박명호 시장이 유가족을 조문하여 위로와 사과의 뜻을 전했다.

한편 입주민 긴급 대책회의와 시청 항의 방문 과정에서 발생한 일들을 통해 엄마들 카페 측은 상당히 강경한 입장을 취하게 되었다. 대책회의에 직접 참석했거나 카페에 올라온 후기를 통해 시청의 입장과 공무원들, 특히 민주희 과장의 행동을 전해들은 회원들은 크게 분노했다. 이번 사고를 조용히 추모하는 것으로 정리하려 했던 일부 회원들도 이대로 가만히 있을 수는 없다며 단체행동에 동참했다. 그 일환으로 회원들은 포털사이트 다음에 개설된 '아고라' 게시판을 이용해 사고 경위와 연주시청의 행태를 알리고, '청원' 게시판에 연주시청의 공식 사과를 요구하는 게시물을 올리는 등 인터넷을 통한 여론 형성에 나섰다.[●] 사망사고는 아파트 단지 안에서 발생한 일이지만,

---

[●] 2000년대 이후 한국 사회에서 인터넷을 통한 여론 형성이 갖는 힘은 크다. 그 힘은 이미 2002년 미군 장갑차에 의한 여중생 사망사고와 2004년 노무현 대통령 탄핵 반대,

이 사고에는 단지 바깥의 요인들이 개입된 만큼 해결을 위해서도 외부 여론의 힘을 빌리려 한 시도였다. 주말 동안 이들의 적극적인 활동으로 사고에 대한 관심이 커지며 연주시청의 사과를 요구하는 게시물에 서명한 인원의 수가 불과 이틀 만에 1만 명을 넘어서자, 이 사건을 보도하는 언론들도 등장하기 시작했다. 사고가 발생한 지 일주일째인 4월 9일 월요일, 다수의 신문이 사고 처리상의 문제를 보도했고 한 공중파 방송의 메인 뉴스에서도 이 사고를 다루기에 이르렀다.

상황이 이렇게 전개되자 연주시청 측은 당황할 수밖에 없었다. 또 시청을 상대로 한 협상에서 성일 노블하이츠 입주자대표회의도 주도권을 쥐고 좀 더 적극적인 대응에 나설 수 있었다. 그 결과 4월 10일에 열린 시청 간담회에서 양측은 4월 6일의 입주자 대책회의 때보다 훨씬 더 진전된 내용으로 회의에 임하게 되었다. 간담회에는 유가족과 입주자 대표단(이명훈 회장과 부녀회장 외 일곱 명, 엄마들 카페 관계자 세 명), 그리고 박명호 시장을 비롯한 다수의 시청 공무원들이 배석했으며, 그 외에 별도로 10여 명의 엄마들 카페 회원들과 지역 언론사 기자 10여 명이 함께 자리했다. 그런데 간담회가 시작되자마자 주

2008년 미국산 수입쇠고기 반대운동 등을 통해 입증된 바 있다. 이 과정에서 주축이 되었던 것이 포털사이트 다음에 개설된 '아고라' 게시판이었는데, '다음 아고라'에는 크고 작은 사건들을 다루는 게시물들이 올라와 여론에 호소해왔다. 특히 다음 아고라의 '청원' 게시판에는 각종 사회문제를 제기하고 네티즌들의 서명을 받는 글이 게시되며, 상당 수준의 서명을 달성한 게시물은 해당 사건에 관심을 가진 기자에 의해 신문이나 TV로 보도된다. 이때 사건은 미디어에 힘입어 여론의 폭발적인 관심을 유도할 수 있다.

민들의 예상을 깨고 박 시장의 공식 사과문 발표가 이어졌다. 또 사과문 발표와 별개로 연주시청 홈페이지에 이 사과문을 정식으로 올리고, 성일 노블하이츠의 모든 엘리베이터마다 사과문을 출력해 게시하겠다는 입장을 밝혔다. 그뿐 아니라 입주민들이 희망한다면 시장이 아파트 단지를 방문하여 입주민들이 참석한 자리에서 공개 사과를 하고 아파트 단지 외곽에 시청의 사과를 담은 플래카드를 내걸겠다는 의사까지 밝히는 등 한층 진일보한 입장을 보였다. 물론 이는 며칠 사이 이번 사고에 주목한 여론이 심상찮음을 다분히 의식한 결과였다.

입주자대표회의 측에서도 성일 노블하이츠와 성일 로열카운티뿐만 아니라 근방의 다른 아파트 단지들을 포함한 입주민 일동의 명의로 시청에 공식 요구사항을 전달했다. 지난 금요일 대책회의 이후 성일동 주변 다른 아파트 단지들의 입주자대표회의와 사전에 연계하여 내용을 조율했던 것이다. 이명훈 회장은 전체 다섯 개 단지, 1만 5000여 세대가 지켜보고 있다는 메시지를 시청 측에 전달함으로써 연주시청을 압박하는 한편, 입주자대표회의 입장에서도 할 만큼 했다는 사실을 주민들에게 보여주고자 했다. 총 아홉 개 조목으로 이루어진 공식 요구사항에서는 연주시청이 보상 문제에 직접 나설 것을 촉구하고, 각종 용역업체 관리에 만전을 기할 것을 주문했다. 연주시청 측에서도 시장의 공식 사과에 이어 향후 안전사고 예방 대책을 구체적으로 제시하며 앞으로 용역업체에 대한 관리·감독을 철저히 하겠다고 답했다. 또 부시장을 책임자로 하는 사고처리대책반을 구성해 운영하겠다고 했는데, 책임자를 시장이 맡아달라는 입주민들의 요구에 시청 측은 긍정적으로 검토하겠다는 답을 내놓았다.

언뜻 봐서는 양측의 협의가 그런대로 잘 이루어진 듯한 간담회였다. 입주민 대책회의에서 주민들의 분노가 집중된 민주회 청소과장에 대해서도 입주자대표회의 측에서 직접적인 언급은 하지 않았고, 대신 용역업체에 대한 관리·감독 소홀에 관해서는 경찰과 시청의 자체 조사 이후 결과에 따라 담당 공무원들의 문책 여부를 정하는 정도로 논의가 마무리되었다. 민 과장 역시 간담회를 마치고 자리를 빠져나가는 입주민들을 붙잡고 거듭 사과 의사를 밝히며 자신으로 인해 기분이 상했던 다른 주민들에게 꼭 자신의 뜻을 전해달라고 부탁했다. 별도로 간담회 말미에 사고 책임이 시청과 하청업체 중 어느 쪽에 있는지를 두고 첨예한 대립이 발생하기는 했지만, 법률적인 문제가 걸려 있었기에 당장 답을 내리기 어려워 합의점을 찾지 못한 채 자리를 파했다. 엄마들 카페 측은 계속해서 강경 대응을 원했지만, 전반적으로 입주자대표회의와 시청 측 모두 이 정도 선에서 마무리하길 바랐기 때문이었다.

따라서 엄마들 카페 측도 다소 불만은 남았지만 분위기상 물러설 수밖에 없었다. 이후의 과정은 입주자 대표단과 기자들이 빠져나간 뒤 진행된 유가족과 연주시청 간의 보상 협상이었다. 주민들은 협의가 잘 진행되기를 바라며 집으로 돌아갔지만, 며칠 뒤 전해진 협상 소식은 엄마들 카페를 다시 한 번 술렁이게 했다. 두 차례에 걸친 협상 결과 별다른 성과가 없었고, 시청 측에서는 계속해서 도덕적 책임만 있을 뿐 이 사고의 직접적인 책임은 질 수 없다며 용역업체의 보험사를 통한 보상만을 주장했다는 것이다. 시청 입장에서는 이런 형태의 사고 처리와 관련한 법적 규정과 선례가 없기 때문에 책임지고 전면에 나서기는 어려운 것이 사실이었다. 하지만 유가족은 시청이 형식적인 사과가 아닌 진심 어린 사과를 해줄 것과 함께, 책임과 보상 문제를 용역업체에 떠넘기지 말고 직접 나서서 해결해주기를 원했다. 결국 유가족은 엄마들 카페 측에 다시 도움을 호소했고, 이들은 '특별조례' 추진이라는 방법을 통해 개입에 나섰다.

【 2. 특별조례 추진과 뜻밖의 파문, 그리고 마무리 】

송유진 어린이 사망사고와 관련하여 유가족, 그리고 엄마들 카페 측의 공식적인 입장에서 중요한 것은 보상금의 액수보다도 시청의 직접적인 책임 인정이었다. 이들의 입장이 이렇게 된 데에는 무엇보다 사고 직후 시청의 태도 문제가 컸다. 앞서 입주민 대책회의 과정을 다루며 살펴보았듯이 장례식이 치러진 4월 2일부터 4일까지의 기간 동안 시청 관계자 누구도 문상을 오지 않았고, 시청 측에서 취한 연락이라고는 용역업체와 직접 보상 문제를 얘기해보라는 것뿐이었다. 게다가 대책회의 직후 시청을 항의 방문한 자리에서 시청 측이 밝힌, 자신들의 책임을 먼저 인정하는 것처럼 보일까 봐 유가족을 찾지 않았다는 해명은 유가족의 분노를 자아내기에 충분했다. 여기에 결정적으로 대책회의 자리에서 안영준 국장을 보호하기 위해 할아버지를 밀쳐버린 민주희 과장의 행동은 회의에 참석한 입주민들로 하여금 모든 비난의 화살을 민 과장과 시청으로 향하게 했다. 비록 4월 10일의 시청 간담회 직후 민 과장이 참석자들에게 사과의 뜻을 밝히기는 했지만 주민들, 특히 엄마들 카페 측의 분노는 쉽게 가라앉지 않았다.

물론 이들이 시청의 책임 문제를 집요하게 추궁한 데에는 이러한 감정적인 요인만 있는 것은 아니었다. 이들을 움직인 주된 명분은 앞으로 이번 사고와 비슷한 문제로 불합리하게 피해를 당하는 주민이 생기지 않도록 근본적인 해결책이 필요하다는 것이었다. 단순히 법적인 문제나 시청과 용역업체 간의 계약서상으로는 시청에 책임이 없다 하더라도 유가족과 엄마들 카페 측이 보기에는 시청도 사고 발생에 분명한 책임이 있었다. 사고의 핵심 원인 중 하나는 규정대로 3인 1조가 아닌 운전자 혼자 수거 작업을 진행했다는 사실이었으며, 상황이 이렇게까지 된 데에는 시청 측의 관리·감독 소홀이 크다는 주장이었다. 그뿐 아니라 음식물쓰레기 수거일이 기존의 주 3회에서 주 6회로까지 늘어나면서 대부분 영세업체인 수거 용역업체가 비용 절감을 이유로 인력을 임의로 축소했다면, 다른 업체를 투입하는 등의 사고 방지 대책을 세웠어야 했다는 것도 이들의 주장이었다.

그럼에도 불구하고 시청 측은 도덕적 책임은 질 수 있지만 직접 책임은 질 수 없다며 계속해서 보상 문제를 회피했다. 시청 측은 유가족이 요구하는 보상 방식을 수용하기에는 예산과 선례가 없으며,

무엇보다도 법적 근거가 없다는 이유를 들어 용역업체의 보험사를 통한 보상을 고수했다. 하지만 이 방식은 보상에 시간이 걸릴뿐더러 직접적인 책임 소재가 시청에 없다는 뜻이기에 유가족으로서는 받아들일 수 없었다. 이에 엄마들 카페 측은 법률 자문을 거쳐 특별조례 제정을 통한 문제 해결에 나섰다. 이들이 추진한 특별조례는 유가족에 대해 시청이 먼저 책임지고 보상하고, 이후 용역업체에 구상권(求償權)●을 청구하도록 하는 내용을 담고 있었다. 법적 근거가 없다는 이유로 시청이 책임지려 하지 않는다면 법적 근거를 만들어내겠다는 것이 이들의 취지였다.

그러기 위해서는 이 사건에 연주시의회라는 또 다른 외부 요소를 개입시킬 필요가 있었다. 특별조례가 제정되려면 시의회가 나서서 안건을 발의하고 승인·가결시켜야 했기 때문이다. 따라서 노영환을 비롯한 Z사 입주민 카페 회원 일부와 엄마들 카페 측은 각 카페 게시판에 시의원들을 압박해야 할 필요성을 역설하고, 주민들의 참여를 독려했다. 아래 게시물은 이들이 어떠한 취지로 특별조례를 추진했으며, 어떤 방법을 통해 목표를 달성하려 했는지를 잘 보여준다.

● 구상권은 타인이 부담해야 할 것을 자신이 먼저 변제하고 타인에게 그 상환을 청구할 수 있는 권리를 가리킨다. 유가족 측이 추진한 특별조례는 시청의 '선(先)보상, 후(後)구상권 행사'를 주요 내용으로 했는데, 이는 과거 대구 도시가스 폭발사고(1995년)와 태안 기름 유출사고(2007년), 그리고 최근 세월호 침몰사고(2014년)에 이르기까지 국가와 사기업 간의 책임 소재가 불분명한 사고에서 피해자에 대한 빠른 보상을 필요로 할 때 주로 등장한 이슈였다.

제목: 여러분들의 도움이 필요합니다

[……] 일부에서 말하기를 유가족이 거액의 보상금을 노린다는 이야기가 주변에 많이 들립니다. 그래서 저는 이 일을 최대한 빨리 마무리하는 것이 유가족이 고통당하지 않는 길이라 생각했습니다. 그러나 돌아가는 사정을 보니 공무원이 주민을 위해 움직이게 하는 선례를 이번에 남겨야 한다고 생각합니다. 이번 안타까운 일뿐 아니라 우리가 사는 동네에서 우리가 억울한 일을 당해도 아무도 우리 이야길 들어주지 않는다면, 규정이 없다고 피해자의 고통을 책임지는 사람이 없다면, 우리는 그것을 고쳐 나가기 위해 움직여야 합니다.

여러분, 도와주십시오. 주민들 위에 군림하며 말과 행동이 분리된 행정을 고쳐 나갑시다. 우리 지역 시의원인 ○○○, △△△, ××× 의원의 휴대폰과 트위터, 블로그에 특별조례 상정을 요구하는 문자나 글 올려주세요. 연주시청 시의회 홈페이지에 특별조례를 제정하라는 민원을 계속 넣어주세요. 그리고 다른 시의원들에게도 개별적 압박이 강력히 필요합니다. 포털보다는 연주지역 엄마들 모임을 통해 이 이야기를 확장시켜 특별조례 제정을 강하게 요구합시다. 시청에 전화해서 민원 넣을 인원도 필요합니다. 준비하시고 월요일 아침에 민원 폭주를 보여줍시다.(2012년 4월 13일 게시물)

특별조례 제정에 동조하는 성일 노블하이츠 입주민들은 연주시의회 홈페이지와 연주시청 홈페이지, 그리고 연주시의원들의 개별 창구를 통해 압박을 강화했다. 지역구 민심으로부터 자유로울 수 없는 시의원들 역시 특별조례에 대한 구체적인 논의를 시작하는 등 조례 제정에 협조적인 태도를 취했다. 그런데 며칠 뒤 입주민들은 순조롭게 진행 중인 듯했던 특별조례 추진이 생각만큼 잘되고 있지 않다는 소식을 접했다. 많은 시의원들이 특별조례 제정에 공감하고 또 안건만 올라오면 동의하겠다는 뜻을 밝혔으나, 문제는 직접 안건을 상정하겠다고 나선 의원이 없다는 사실이었다. 이번 사망사고와 유사한 사건에서 지자체가 직접 배상에 나선 선례가 없고 개인에 대한 보상을 위해 조례를 만드는 것이 위헌 소지가 있다는 게 시청 측의 일관된 입장이었다. 시의원들 역시 눈치만 보며 적극적이지는 않았던 것이다. 이에 입주민들은 또다시 시의회와 시청 측에 압력을 가하기 시작했다. 일부 입주민들은 조례 발의를 위한 다른 기준인 연주시 주민 총수의 50분의 1 이상으로부터 청원을 받아서라도 특별조례 추진에 나서야 한다고까지 주장했다.

이처럼 엄마들 카페와 Z사 카페 일부 입주민을 중심으로 특별조례 제정을 위한 움직임이 한창이던 4월 말의 어느 날, 두 카페에 한 입주민이 스크랩해 올린 글은 아파트 단지에 뜻밖의 파문을 일으켰다. 우연히 이번 사망사고 관련 내용을 인터넷에서 검색하던 중 발견한, 민주회 청소과장의 아들이 한 인터넷 게시판에 올렸다는 글이었다. 자세한 내용은 아래와 같다.

출처: http://gall.dcgame.in/list…… (디시인사이드 '○○ 갤러리')

이름: 시--발

제목: 연주 어린이 사고 공무원 관련…… 씨발 아 씨발

http://news…… [인용자 추가, 사망사고 관련 기사 링크]

여기 나오는 관계자가 우리 엄만데

기사랑 리플 보고 씨발 개 좆같아서 씨발

씨발 지금 저거 유가족 쪽이 보상금 더 달라고 난리 치면서 개판치는 거는 기사에 빠졌고

또 우리 엄마도 아이 장례식에 가고 싶어 했는데 저 인간들이 자꾸 지랄하고 폭력 쓰려 해서 무서워 못 간 걸 가기 싫어 안 간 걸로 해놓고 씨발

공무원들이 뭘 해주고 싶어도 법 따라 움직일 수밖에 없는데, 그래서 법대로 해주고 있는데도 지랄 떠는 ㅅㄲ들 찾아가서 줘패주고 싶다

아 존나 씨발…… 이걸 어디 포털에 올리려다가 네이트나 다음은 공무원 얘기 올라오면 읽어보지도 않고 공무원이 잘못했다고 하는 ㅅㄲ들밖에 없고, 네이버는 어디 올려야 하나 몰라서 그냥 디시에 올린다

내가 진짜 와 씨발…… 우리 엄마 지금 며칠째 퇴근도 못 하고
저 ㅅㄲ들한테 시달리고 계셔
이거 퍼가도 좋고, 주변에 그냥 얘기만 해줘도 좋아
제발 씨발…… 우리 엄마 매장시키려는 놈들한테서 제발 엄마
좀 구해줘
형들 부탁이야……

인터넷 카페를 통해 이 글을 접한 입주민들은 충격을 금치 못했다. 민 과장의 아들이 입주민들을 비난하고 나섰다는 사실도 그렇지만, 그 비난의 수위와 표현 방식은 도저히 받아들일 수 없는 수준이었다. 확인 결과 이 글은 입주민이 검색 도중 우연히 찾아내기 약 보름 전, 시청 간담회를 전후한 시점에 인터넷 커뮤니티인 디시인사이드(www.dcinside.com)에 올라온 게시물이었다. 당시는 입주민 대책회의에서 민 과장과 유가족 할아버지 간에 있었던 돌발사건으로 민 과장에 대한 주민들의 비난이 거센 상황에서, 엄마들 카페를 중심으로 한 사고의 공론화를 통해 언론 보도가 이어지던 때였다. 글의 내용으로 미루어볼 때 해당 기사 내용과 기사에 대한 반응에 반발한 민 과장의 아들이 억울함을 토로한 것으로 보이는데, 문제는 욕설로 도배된 글의 표현 방식이었다. 입주민 카페들에 이 글이 스크랩되어 올라오자 주민들의 질타가 빗발같이 쏟아졌다.

A 에휴 참…… 집에 가서 식구들한테 본인이 피해자라고 울부짖었나보네요. 근데 글 올린 게 참…… 저질스럽네요. 설득력도 없고 되레 반감만 불러일으킬 듯해요.

B 아무리 어린애라도 육두문자를 지네 엄마 부르듯이 쓰고, 참…… 머리에 부모가 뭘 넣어줬는지…… 이 글 퍼나를수록 지네 엄마가 더 힘들어진다는 걸 아는 건지. 자식교육 잘 시켜야겠다는 생각이 드네요, 에휴……

C 저 글을 쓴 아들도 문제이고…… 저 아들의 글이 누구의 말로부터 나왔겠습니까? 엄마가 집에 와서 저런 식으로 얘기하니 애가 쓴 글이지 않겠습니까? 공식 사과문에서는 자신들의 잘못을 뉘우치는 것마냥 써놨지만 결국 시청 공무원들의 생각이 저러하니 유가족을 거지처럼 대하는 거겠지요. 이런 식이라면 수원 토막살인 사건은 조현오 경찰청장 가족이 억울하다고 글 올리고, 수원 경찰청장 가족도 억울하다고 글 올릴 거 같아요. 참 어처구니없는 현실입니다.(Z사 입주민 카페와 엄마들 카페에 올라온 댓글들 중에서)

사실 민 과장 아들이 올렸다는 글에는 한국의 인터넷 문화가 가진 고유한 코드가 몇 가지 담겨 있다. 먼저 욕설로 점철된 이 글의 표현 방식은 디시인사이드라는 특정한 인터넷 커뮤니티에서는 일반적인 게시물 작성 방식이다. 일부 예외가 있긴 하지만 디시인사이드에 개설된 많은 게시판(디시인사이드에서는 이를 '갤러리'라 부른다.)에서는 상대를 불문하고 반말과 욕설을 사용하는 상당히 공격적인 표현이 통용된다.[*] 만약 디시인사이드에 예의를 차린 글이 등장한다면 그 게시물은 다른 이용자들로부터 집중적인 공격을 받고 조롱의 대상이 되기 십상이다. 글쓴이가 실제로 디시인사이드 이용자였는지는 확인할 길이 없으나, 그가 사용한 표현법만큼은 일반적으로 디시인사이드에서 통용되는 용법에서 크게 어긋나 있지는 않다. 그리고 그런 표현법이 용인되는 디시인사이드에 글을 올림으로써 자신의 감정을 상대적으로 자유롭게 토로할 수 있었다는 점도 무시할 수 없는 이점이었을 것이다.

또 글의 내용 중, 원래 포털사이트에 올리려 했는데 다음이나 네이트에는 올릴 수 없었고 네이버는 올릴 곳을 찾지 못했다는 이야기에도 나름의 맥락이 내재해 있다. 한국의 다양한 인터넷 커뮤니티들은 주요 이용자들의 정치적 성향에 따라 각각 다소 다른 정치색을 띤다고 여겨진다. 그 가운데 포털사이트 게시판들의 경우 일반적으로 다음과 네이트는 '진보' 성향으로 분류되는 반면, 네이버는 '보수' 성향으로 분류(2012년 기준)된다.[4] 그런데 국내 인터넷 이용자들 중 진보적 성향을 가진 이들은 대체로 국가권력에 부정적인 경우가 많고, 따

● 디시인사이드는 원래 디지털카메라 정보 제공 사이트로 출발했지만 2000년대 초중반 이후 사용자 수가 급증하면서 큰 변화를 겪었다. 그 변화의 과정을 통해 디시인사이드는 각각 서로 다른 주제를 다루는 다양한 갤러리들로 구성된 거대 인터넷 커뮤니티로 재탄생했다. 이 과정에서 디시인사이드에는 반말과 욕설이 일반화된 행동규칙이 자리 잡으며 나름의 독특한 장소성이 생성되었다. 이에 대한 상세한 논의는 이길호의『우리는 디씨』(2012)를 참고할 것을 권한다.

라서 행정기관이 엮인 사건·사고가 발생했을 때 공무원들에 대해 흔히 비판적인 태도를 취한다. 글쓴이 역시 이 사실을 잘 알고 있었고 그렇기에 공무원인 자신의 어머니를 변호하기 위해 특정한 사이트(역시 국내 인터넷 커뮤니티 가운데 '보수' 성향으로 분류되던 디시인사이드)를 택할 수밖에 없었다고 밝혔다. 그러지 않고서는 국가기관의 대행자로 인식되는 공무원의 입장을 대변하기 어렵다고 본 것이다.

이 글이 게시된 맥락이 어떻든 간에, 문제는 가뜩이나 시청 측과 민주희 과장에 대한 감정이 좋지 않은 입주민들이 비속어로 가득한 이 글을 도저히 용납할 수 없었다는 사실이다. 특히 이번 문제에 관심을 갖고 활동해온 입주민 대다수는 디시인사이드의 문화적 규칙에 익숙하지 않았기에, 이 글은 '개념 없는' 민 과장의 아들이 자신들을 향해 직접적으로 욕설을 섞어 내뱉은 '쓰레기 같은 글'로밖에 보이지 않았다. 사실 비속어로 표현된 부분들을 제외하고 보면 이 글은 '유가족 대표의 보상금 요구', '민 과장에 대한 입주민들의 과도한 비난과 반감', '법률적 근거를 바탕으로 움직일 수밖에 없는 공무원의 입장' 등으로 정리할 수 있다. 만약 같은 내용을 예의를 갖춘 표현으로 순화한다면 이번 사고에 대한 연주시청 측의 공식적인 입장과 크게 다르지 않았을 것이다. 하지만 입주민들 입장에서 너무나 공격적인 이 게시물의 표현 형식은 글의 내용을 가려버리는 효과를 야기했고, 사태를 또 다른 방향으로 흘러가게 만드는 데 크게 일조했다.

분노한 입주민들은 우선 해당 글의 작성자가 민 과장의 아들이 맞는지부터 확인에 나섰다. 엄마들 카페 측에서 당일 바로 민 과장에게 전화를 걸어 글의 내용을 알려주며 아들의 글 작성 여부를 알고 있느냐고 묻자, 민 과장은 그럴 리가 없으며 누군가 자신과 아들을 음해하기 위해 벌인 짓이라고 답했다. 그런데 잠시 후 글을 다시 확인하러 디시인사이드를 방문한 엄마들 카페의 회원이 해당 게시물이 그새 삭제된 걸 발견하고 그 사실을 전했다. 수상하게 생각한 입주민들이 다음 날 시청을 방문해 민 과장에게 따지자, 결국 민 과장은 전날 전화를 받고 급히 아들에게 확인해본 결과 글쓴이가 아들임을 알았다고 했다. 현재 대학을 휴학하고 군 입대를 기다리는 아들이 벌인 철없는 행동이며, 모든 건 자신의 잘못이니 용서를 구한다는 것이 민 과장의 이야기였다. 그러나 격분한 입주민들을 달래기에 역부족이었다. 주민들은 곧바로 시장을 찾아가 인쇄해온 민 과장 아들의 글을 들이밀며 이것이 시청 측의 진심 아니겠냐고 질타했다. 동시에 그들은 이 문제에 대한 시장의 사과와 민 과장의 문책을 요구했다. 결국 박명호 시장은 그날부로 민주희 청소과장을 직위해제하고 대기발령하는 조치를 취하겠다고 약속했다.

그러나 바로 다음 날 입주민 카페에 전해진 소식은 주민들을 재차 분노케 했다. 민주희 과장이 청소과장에서 직위해제되기는 했지만, 대신 곧바로 연주시 관내의 다른 동에 동장으로 발령이 났다는 것이다. 일부 입주민의 확인 결과 청소과장과 동장이 같은 직급으로 밝혀지자, 10여 명의 엄마들 카페 회원들은 다음 날인 5월 2일 개최된 시의회 회의를 참관하여 그 자리에 참석한 박 시장에게 거센 항의를 퍼부었다. 이들 입장에서 민 과장에게 어떠한 자숙 기간도 없이 바로 다른 직위를 부여한다는 것은 있을 수 없는 일이었다. 과장에서 동장으로 전보하는 조치가 좌천의 성격을 띤 인사라는 시청 측의 해명도 통하지 않았다. 분노한 주민들은 시의회를 취재하러 방문한 기자들 앞에서 유족을 비하하고 입주민들을 깡패에 비유한 글을 올린 책임을 물어 민 과장과 그의 아들을 명예훼손 혐의로 고소하겠다는 의사를 밝혔다. 아울러 민 과장의 자진 사퇴 혹은 해임에 준하는 조치가 있을 때까지 계속해서 투쟁할 것이라는 경고도 전달했다.

사건이 지역신문에 보도되는 등 상황이 심상치 않게 돌아가자 시청 측은 동장으로 발령된 민 과장을 다시 직위해제하고 자숙의 시간을 갖게 하는 결정을 내렸고, 민 과장 역시 주민들에게 진심으로 사과하고 싶다는 뜻을 전했다. 결국 민 과장의 처우를 놓고 극한에 달했던 대립은 시의회 회의 이틀 뒤인 5월 4일, 민 과장이 성일 노블하이츠를 직접 찾아와 주민들에게 사죄하는 자리를 가지면서 일단락되었다. 이 자리에는 30여 명의 엄마들 카페 회원들이 참석했는데, 예상과 달리 사뭇 숙연한 분위기로 진행되었다. 민 과장이 진심으로 잘못을 뉘우친다고 사과하는 과정에서 자신의 생각이 짧아 일어난 일이라며 아들의 용서를 구하면서 흐느끼자, 복잡한 감정에 휩싸인 입주민들도 함께 눈물을 흘렸던 것이다. 이후 이 자리에 참석했던 주민들이 엄마들 카페에 남긴 후기는 엇갈린 반응을 보였다. 일부는 "자신의 부덕함으로 아들의 철없는 실수를 감싸며 마음 아파하는 모습은 영락없는 엄마의 모습이 분명했다."며 안타까움을 표했던 반면, 다른 일부는 아들 일이 터지고 나서야 눈물을 흘리는 모습에서 진심이 느껴지지 않았다고 비꼬기도 했다. 하지만 민 과장이 눈물을 보이자 지난 몇 주간의 일들이 떠오르며 자식을 둔 같은 '엄마'의 마음에서 복잡한 상념에 잠기게 되었다는 것이 대부분의 반응이었다.

분명히 바로 전날까지만 해도 민주희 과장을 향해 분노가 치솟았던 엄마들 카페 분위기가 하루 만에 가라앉게 된 데에는 사정이 있었다. 무엇보다 유가족 측에서 극한으로 치달았던 대립이 분노와 단죄로 지속되기를 원치 않았다. 이미 시청 인사위원회를 통해 민 과장의 대기발령이 결정되었고 민 과장도 사과하러 오겠다고 한 상황에서, 이 문제를 더 끌고 나가기에는 모두가 상당한 정신적 피로감에 시달리고 있었던 것이다. 민 과장의 사과 방문 이후 며칠 뒤, 엄마들 카페의 대응을 앞장서서 이끌어온 회원이 남긴 아래의 글은 이런 사정을 잘 보여주었다.

제목: 이제…… 남은 이야기들.
[……] 유가족 아버님과 먼저 연락을 했습니다. 이 일에 대해 힘들어하셨지만 민 과장의 아들에게 빨간 줄을 긋고 단죄하는 것에 대해서는 가슴 아파하셨습니다. 스스로 받은 고통과 상처를 다시 돌려주며 복수하지 않겠다는 것이 아버님의 생각이었습니다. 저는 얼마나 울었는지 모릅니다. 이런 생각을 하시는 분들 앞에 저는 참 부끄러웠습니다. [……] 할아버님도 민 과장과 아들은 용서하기 어렵고 힘들지만 소중하고 예쁜 유진이의 이름을 그들의 단죄에 이용할 뜻은 없다고 하셨습니다. 두 분 말씀에 저희는 고개를 끄덕이고 손을

맞잡아 드리는 것밖에 할 수 없었습니다. 영원토록 잊지 못하시겠지만 빨리 이분들에게 조금이라도 평화가 찾아오도록, 저희가 그 상처를 자꾸 헤집어 되새기게 하면 안 된다고 생각했습니다. [……] 사과 석상에서 저희가 흘린 눈물에 대한 해석은 따로 하셨으면 합니다. 용서하셔도 되고 더 미워하셔도 됩니다. 하지만 중요한 것은 유가족 분들은 그들을 향한 미움을 내려놓기로 하셨다는 겁니다. 완전한 용서는 아닐지라도 힘들지만 한 발자국 움직이셨습니다. 이제는 우리도 함께 그들을 향한 미움을 접어둡시다. [……] 이제 우리는 지금까지 있었던 상처들을 잠시 접어두고자 합니다. 우리의 가슴을 아프게 만든 안타까운 죽음은 반드시 기억해 주시고 무능했던 어른들이 이 일을 어떻게 해결해 나가는지를 관심 갖고 지켜봐 주십시오. 특별조례의 제정으로 어른들이 최선을 다한다면 이번 사고처럼 억울한 일은 다시 없으리라 믿습니다. [……] (2012년 5월 7일 게시물)

4월 초 송유진 어린이 사망사고가 발생한 이래, 돌발사건으로 파행한 입주민 대책회의와 이어진 시청 간담회, 그리고 난항에 빠진 보상 협상과 특별조례 추진, 청소과장 아들의 글이 불러온 파문에 이르기까지 한 달 남짓한 기간 동안 이 사건에 관여한 이들의 감정적 소모는 상당했다. 게다가 시청 간담회 이후 입주자대표회의가 시청 측을 향한 대응에서 실질적으로 발을 빼면서 육아와 생업을 병행해야 하는 입주민 일부의 힘만으로 대응을 이어가기에는 힘이 부친 것도 사실이었다. 따라서 이들은 민 과장의 사과 방문을 계기로 감정적인 대응을 자제하고 특별조례 추진에 집중하기로 결정했다.

하지만 결과적으로 이들의 특별조례 제정 시도는 실패로 돌아 갔다. 여기에는 민 과장 아들의 글로 인한 파문 이후 특히 엄마들 카페의 동력이 이전 같지 않았고, 따라서 시의원들에게 가하는 압박의 수위도 약해졌다는 사실이 일정 부분 작용했다. 덧붙여 2012년 당시 기초의회 폐지를 골자로 한 지방자치제도 개편안이 중앙정부에서 논의되던 중이었기 때문에 대다수 시의원들의 관심사가 다른 곳으로 쏠려 있는 탓이라는 이야기도 돌았다. 가뜩이나 의안 발의에 적극적인 의원이 없었던 상황에서 결국 이러한 일련의 분위기는 조례 상정 무산으로 이어질 수밖에 없었다.

특별조례가 무산된 가운데 오히려 전향적인 중재안을 내놓은 건 박명호 시장 측이었다. 박 시장은 유가족의 요구를 긍정적으로 받아들여 시장의 직접 발의를 통해 별도의 사고대책위원회를 꾸려 시청의 책임을 인정하고 보상 논의에 나서겠다는 뜻을 밝혔다. 비록 입주민들이 추진해온 특별조례의 형태는 아니었지만, 민 과장 아들 사건 이후 여론의 추이를 의식한 박 시장이 나름의 대책을 내놓았던 것이다. 이후 시청과 유가족 간의 협상이 재개되어 보상이 이루어졌고, 성일 노블하이츠에 대해 잊고 싶은 기억만 남은 유가족은 다른 곳으로 이사를 떠나 그 이후 소식은 들려오지 않았다.

두 달 가까이 아파트 단지를 뒤흔들고 마무리된 이번 사고는 아파트 입주민뿐 아니라 시청 측과 특정 공무원 가족 등 많은 이들에게 작지 않은 상처를 남겼다. 그런데 이들의 상처가 어느 정도 봉합된 상태에서 종결된 듯 보이는 이 사건은 조금 거리를 두고 다양한 관점에서 다시 돌아볼 필요가 있다. 이번 일에 직·간접적으로 개입한 많은 이들의 행동은 성일 노블하이츠라는 아파트 단지에 내재된 속성들을 그대로 보여주고 있기 때문이다.

사고의 원인과 새로운 공동체성의 가시화

[1. 공적인 의사소통과 사회적 합의의 부재]

어느 순간부터, 정확히 말하면 4월 6일에 열린 입주민 대책회의 후반부터 어린이 사망사고와 관련한 입주민들의 대응은 한곳으로 집중되었다. 시청 공무원들이 뒤늦게 도착하고 유가족 할아버지가 등장한 순간부터 모든 초점은 시청에 사고 책임을 묻는 것에 맞춰진 것이다. 결국 우여곡절 끝에 시청 측이 책임을 인정하고 보상에 나서는 쪽으로 사건이 정리되긴 했지만, 이 과정에서 사고와 관련한 다른 문제들에 대한 논의가 일순간에 생략되어버린 것도 사실이었다. 그 자체로 하나의 비극적인 사건이었던 이번 사고는 시청과 용역업체가 관여된 외적 요인뿐 아니라, 그간 성일 노블하이츠에 적체되어온 여러 내적 문제들이 복합적으로 개입된 결과이기도 했다. 그리고 사고 처리 과정을 계기로 그 문제들을 드러내어 개선할 수 있었음에도 불구하고 결과적으로는 그런 기회를 놓쳐버렸다. 이 점을 살펴보기에 앞서, 주민들의 대응 과정에서 어느 순간 사라져버린 사고의 원인과 후속 대책들을 살펴보자.

우선 이번 사고의 가장 직접적인 원인이자 아파트 외적인 요인으로 음식물쓰레기 수거업체와 관련한 문제를 꼽을 수 있다. 사고를 낸 직접적인 가해자는 용역업체인 ○○○환경 소속의 사고 차량 운전자였고, 실제로 그는 업무상 과실치사 혐의로 형사 입건되어 구속된 이후 처벌을 받았다. 그러나 해당 수거업체 직원에 대한 법적 처벌만으로는 사고의 근본적 문제에 접근하는 데 한계가 있다.

사고의 사후 처리 과정에서 발생한 문제들과 별개로, 사고 발생의 근본적 원인은 좀 더 넓은 사회구조적인 문제에서 찾아야 한다. 1997년 폐기물관리법 시행규칙 개정에 의해 2005년 1월부터 음식물쓰레기 매립이 금지되면서 각 지방자치단체들은 음식물쓰레기 분리수거 업무를 개별 하청업체들에 맡겨왔다.● 그런데 이런 용역계약은 상당 부분 공공서비스의 질적 하락을 야기했다. 전국에 위치한 음식물쓰레기 수거업체들은 대부분 재정이 열악한 영세업체였기 때문이었다. 예산 부족 탓에 각 업체는 충분한 인원을 고용하지 못하고, 저임금을 받는 소수의 인원이 과중한 업무를 수행하다 보니 안전사고 위험도 높아질 수밖에 없었다. 이번 사고에서도 ○○○환경은 같

● 참고로 하청업체가 맡고 있는 음식물쓰레기 수거와 달리, 매립이 가능한 일반 생활쓰레기 수거는 지자체 소속 상근직인 환경미화원이 담당하고 있다.

은 이유로 3인 1조의 근무 수칙을 수개월째(경찰 조사에서 밝혀진 바에 따르면 해당 업체는 이미 9개월째 운전자 혼자 수거 작업을 해온 것으로 알려졌다.) 어겨왔으며, 이것은 사고의 주원인으로 작용했다. 이 점에 대한 지적은 성일 노블하이츠 입주민들의 사고 대응에서 잠시나마 나오기도 했다. 아래는 입주민 카페에 올라온 시청 간담회 후기에 달린 댓글 중 일부다.

A   한 가지 아쉬움을 더한다면, 수거업체 직원들이 열악한 환경 속에서 일을 하고 계신 건 아닌지…… 어떤 일을 하는 사람이든 열악한 환경은 사고 위험을 더 높이는 법이지요. 그분들의 노동환경 개선도 필요하다고 봅니다.

B   정확한 지적을 해주셨네요. 오늘 간담회 가서 저도 놀랐습니다. 매년 공공요금, 공산품, 하다못해 공무원 월급까지 안 오른 게 없는데 수거업체 직원 인건비는 몇 년째 그대로더군요. 따지자면 근본적인 책임은 국가에 있겠지요.

입주민들이 시청에 책임을 묻고 특별조례를 추진한 것은 큰 맥락에서 이런 사회구조적 문제와 맞닿아 있다고도 볼 수 있다. 이들이 요구한 특별조례에는 자본금과 고용조건이 열악한 수거업체와의 포괄적 계약이 갖는 문제점을 지적하고, 이를 개선하기 위해 시청의 위탁업체 선정 및 관리 실태를 정기적으로 시의회에 보고할 의무를 지게끔 하는 내용도 담겨 있었기 때문이다. 하지만 현실은 이런 내용이 문제의 근본 해결책이 되지 못한다는 것이다. 신자유주의 기조로의 전환 이후 '작은 정부'를 강조하며 진행되어온 공공서비스의 하청화 과정에서 근원적 문제를 해결하지 않은 채 용역을 발주한 공공기관의 관리·감독만으로는 한계가 있기 마련이다. 게다가 특별조례 추진 과정에서도 시청의 책임 인정을 받아내는 쪽에 무게중심이 더 쏠리면서, 이 문제와 관련한 내용은 다소 구색 맞추기로 들어간 측면도 없지 않았다.

사고 대응 과정에서 존재감이 사라져버린 또 다른 요소로 사고 발생 초기에 관리사무소 측에서 준비했던 후속 대책에 대한 논의가 있다. 입주민 대책회의를 준비하면서 입주자대표회의의 지시로 만들어진 이 후속 대책에는 음식물쓰레기 수거 차량의 진입 시간대를 다시 새벽으로 조정할 것과, 단지에 진입하는 외부 차량의 신고 의무 등이 내용으로 포함되었다. 그 외에도 이삿짐 차량이나 쓰레기 수거 차량이 단지 내 서행을 위반하는 경우 누구라도 신고할 수 있도록 관리사무소 전화번호가 표기된 안내문을 차량 앞뒤에 부착하도록 하는 등의 실질적인 대책도 마련되었다. 실제로 이때 마련된 대책은 2012년 4월 이후 현재까지도 성일 노블하이츠에서 시행되고 있다.

문제는 대책회의 당일 참석했던 입주민들에게는 이러한 관리사무소의 대책들이 그저 뒷북으로 여겨질 뿐이었다는 것이다. 이에 대해서는 입주자대표회의 회장단의 오판이 크게 작용했다. 사고가 일어난 다음 날 엄마들 카페 회원들의 관리사무소 항의 방문으로 대책회의 일정이 정해진 이후, 입주자대표회의는 대책회의를 주민들에

사고 발생 후 외부 차량에 부착되기 시작한 위반 신고 안내문.

게 사고 경위를 설명하고 이후의 재발방지 대책에 대해 소개하는 자
리 정도로 생각했다. 하지만 이것은 자기 자식 또래의 어린이가 당한
사고로 젊은 입주민들이 느끼는 분노를 과소평가한 것이었다. 350여
명에 달하는 회의 참석자의 다수를 차지했던 엄마들 카페 회원들은
관리사무소가 준비한 후속 대책을 듣기보다는 먼저 사고의 책임 추
궁을 원했다. 이들에게 재발방지책 모색은 그 이후 일이었다.

　무엇보다 이번 사망사고를 야기한 여러 문제 가운데 가장 중요
한 내부적 요인은 수거 시간대 변경이 적합한 절차에 따랐는지 여부

였다. 앞서 언급한 것처럼 당초 새벽 시간대였던 음식물쓰레기 수거 시간이 아침 이후로 늦춰진 건 일부 세대의 민원 때문이었다. 주 3회에서 주 6회로 수거 횟수가 늘면서 시끄러운 소리에 잠을 잘 수가 없다는 민원이 상당했기에 무시할 수 없었다고 관리사무소 측은 해명했다. 문제는 이 과정이 얼마나 투명하게, 그리고 얼마나 적법한 절차에 따라 이루어졌는지 어느 누구도 답을 내놓을 수 없었다는 것이다. 애초부터 관리사무소 측은 몇 세대 이상의 민원이 있어야 공식적인 대응에 나서는지에 대한 기준을 갖고 있지 않았으며, 이번 사건과 관련해서도 민원을 제기한 세대가 정확히 얼마나 되는지도 파악하지 못했다. 그저 잠을 설친 입주민들의 거센 전화 항의가 수십 차례 이어지자 관리소장 임의로 시청에 연락해 수거 시간대를 변경해 달라고 요청한 게 전부였다. 또 다른 문제는 입주자대표회의에서도 이런 사실관계를 전혀 파악하고 있지 못했다는 점이다. 그리고 이는 입주민 대책회의에서 엄마들 카페 회원들이 입주자대표회의에도 책임을 물은 주된 원인이었다.

상황이 이렇게 펼쳐지도록 만든 핵심 요인은 이처럼 실생활에서 크고 작은 영향력을 행사하는 의사결정에 대해 논의할 수 있는 공적인 장 자체가 없었다는 사실이다. 그런 역할을 하는 자리가 아예 존재하지 않는다고는 볼 수 없다. 입주민들을 대표하여 아파트 단지에 관한 논의를 책임지는 입주자대표회의의 정기회의가 있고, 재건축 시기부터 활발히 운영되어온 입주민 인터넷 카페도 있다. 하지만 관리사무소에 대한 관리·감독 의무가 있는 입주자대표회의에서는 관리사무소가 어떠한 결정을 내리는지 큰 관심을 두지 않았다. 또 입주민 카페에서도 주로 언급되던 건 '아파트 가치 상승'이나 당장 개별 가구가 겪는 불편함과 관련한 문제였을 뿐, 아파트 단지 내의 공적인 의사소통 체계에 대해서는 거의 논의되지 않았다. 사실 이 점에서는 일반 입주민들(사망사고 대응 과정에서 적극적으로 나선 이들을 포함하여)의 책임도 작지 않다. 대다수 입주민들이 귀찮다는 이유로, 바쁘다는 이유로, 몇 년 살고 곧 떠날 거라는 이유로 아파트 단지를 공적인 주거 집합체로 인식하지 않는 동안 비극적인 사고의 씨앗은 자라나고 있었다. 4장에서 논의한, 아파트 단지를 지배하는 '무관심의 문화'는 그 토양과 다름없었다.

결국 이번 사망사고를 낳은 공적인 장의 부재는 성일 노블하이츠와 같은 브랜드 아파트 단지가 제공하는 환경적 조건만으로는 완전한 '안전'을 보장하기에 불충분함을 보여준다. 고급 아파트 단지에 입주하기 위한 부동산 가격장벽에서 볼 수 있듯이 위험에 대한 대응방식은 계급 의존적이다. 자본주의 사회에서 주거지는 각자 소유한 경제적 자본에 따라 정해지며, 높은 가격의 주거지일수록 안전한 공간환경을 갖추기 마련이다. 하지만 위험이라는 존재 자체는 상대를 가리지 않는다. 주민들은 마음 놓고 아이를 키우려고 외부의 위험을 피해 아파트 단지로 왔지만, 적절한 수준의 사회적 참여로 형성된 공적인 관리가 이루어지지 않는다면 물리적 공간이 주는 이점은 온전히 발휘되기 어렵다. 주거공간을 이루는 하나의 집단 내에서 공적인 소통과 관련한 문제는 고급 아파트 단지에서도 여전히 중요하다는 것이다.

흥미로운 사실은 사고 대응 초기만 하더라도 지금까지 살펴본 요인들에 대한 문제제기가 있었다는 것이다. 사고 발생 이후 입주민 대책회의를 전후하여 입주민 카페에는 이번 사고와 관련해 다양한 문제제기와 의견이 올라왔고, 그중 일부는 분명히 '소통의 문제'를 짚고 있었다. 아래는 당시 그런 맥락의 게시물들 중 하나다.

제목: 소통의 문제, 이제는 바꾸어야 합니다
[……] 이번 사고를 통해 그동안의 소통의 문제가 여실히 드러나는 것 같습니다. 아파트에 문제가 생겨도 소통을 할 수 있는 방법이 없습니다. 주가 되어 입주민들의 의견을 모으고 중요한 정보를 전달해 주는 창구가 없습니다. [……]
민원 때문에 수거 시간을 바꾸었다고 했습니다. 얼마나 민원을 냈는지 기록은 있습니까? 도대체 몇 명이 민원을 넣은 것입니까? 기록이 없다면 우리는 대체 누구와 소통을 해야 하는 것입니까? [……] (2012년 4월 5일 게시물)

하지만 단지 내부의 문제에 대한 근본적인 성찰은 더 이어지지 못했다. 물론 입주민들의 에너지가 시청에 대한 집요한 책임 추궁으로만 집중되게 만든 것은 일차적으로 직접적인 책임 인정을 기피한 시청 측의 태도 문제였다. 그러나 입주민들의 선택과 집중은 결과적으로 다른 근원적 문제들에 대한 성찰의 기회를 놓치게 하고 말았다. 특히 민주희 과장과 관련한 이 사례의 전개 양상은 사실 많은 면에서 '희생양' 기제에 대한 르네 지라르(René Girard)의 고전적 논의와 공명한다. 지라르에 따르면, 위기에 처한 사회집단은 자신들의 분노를 집중시키기에 좋고 당장의 조치가 가능한 대상을 찾아 사태의 책임을 묻는 경향을 보인다. 또 그러한 사회적 위기 상황에서는 사건의 실제 원인이 다양하다는 사실이 거의 영향을 미치지 못하며, 스스로를 책망하기보다 집단 외부의 타인을 비난하는 모습을 보이기 쉽다. 결국 이렇게 소수 집단 혹은 개인을 희생양으로 삼음으로써 집단 전체의 기존 질서가 다시 주조되는 결과가 보장된다는 것이다.[5]

어찌 보면 이번 사고에서 민주희 과장은 일종의 '희생양'이었을 수 있다. 물론 그의 잘못이 없다는 뜻은 아니다. 하지만 민 과장이 입주민 대책회의에서 취한 행동 이후 그에게 집중된 책임 추궁은 그가 저지른 잘못 이상으로 다소 과도하게 가해진 측면이 있다. 게다가 대책회의 이후 주민들의 대응이 집중된 시청 측은 민 과장과 더불어 아파트 단지 외부의 요인이었다. 어린이 사망사고처럼 감정적 동요가 일어나기 쉬운 사건에서 외부인은 분노를 쏟아내기 좋은 대상이다. 이렇게 외부인에게 초점을 맞추어 같은 단지 입주민끼리 얼굴을 붉힐 일도 없을뿐더러, 복잡하고 골치 아프게 아파트 단지 내부의 문제를 놓고 고민과 논의를 이어갈 필요도 없게 된다. 즉 의도한 바는 아니었지만, 민 과장과 시청이라는 외부 요인에 집중된 사고 대응이 비록 감정적 소모는 컸으나 입주민들에게 이성적 논의의 불편함은 피할 수 있게 한 셈이다.

이런 전개는 지라르의 논의에서처럼 사고의 실제 원인이 다양하고 복합적이었다는 사실이 큰 영향을 미치지 못하게 만들었다. 청소 업체의 잘못을 야기한 거시적인 문제는 물론, 관리사무소의 잘못과 입주자대표회의와 관련한 아파트 단지 내부의 문제들까지 사고 대응 과정에서 생략되는 효과가 나타난 것이다. 사고에 관심을 갖고 적극적인 행동에 나선 엄마들 카페 회원들과 일부 입주민들이 시청 측에 실력행사를 집중하면서 단지 내의 공적인 의사소통 부재 같은 문제들은 묻혀버렸다. 오로지 시청 측의 책임 인정 여부와 보상 진행만이 핵심 이슈가 되었고, 민 과장 아들의 글이 가져온 파문을 거치며 엄마들 카페의 동력은 약해졌다. 그리고 이후 아파트 단지는 무슨 일이 있었나 싶을 정도로 이전의 평온했던 모습을 되찾았다.

다른 한편으로 이번 사고는 성일 노블하이츠라는 아파트 단지를 인식하는 관점의 차이를 여실히 보여준 계기이기도 했다. 여러 입주민들은 각자 처한 위치에 따라 사고 대응 방법과 사고를 바라보는 시각에서 결코 작지 않은 차이를 드러냈다. 특히 사고 처리에 직·간접적으로 관여한 집단들은 성일 노블하이츠를 똑같이 하나의 '주거 공동체'로 여겼지만, 그들이 생각하는 아파트 단지의 이상적 형태는 달랐다. 단지 내에 잠재해 있던 차이가 불의의 사고를 통해 가시적으로 드러나게 된 것이다.

잠시 시간을 다시 돌려 2012년 4월 6일에 열린 입주민 대책회의가 시작된 지 약 15분이 지난 시점으로 가보자. 관리소장의 브리핑이 주민들의 항의로 중단되고, 앞으로 나선 이명훈 입주자대표회의 회장이 회의 재개를 위해 자기소개를 한 다음이었다. 발언권을 얻은 엄마들 카페 회원 K 씨가 마이크를 받아 질의를 시작했다.

K 입대의[입주자대표회의] 회장님께서 나오셨으니까, 이왕 나오신 김에 하나하나씩 따져봐야 할 거 같아요. 이번 사건에서 입대의가 어떤 문제에 대해 책임을 지고 있는지 정확히 알고 계신지. 그러면 먼저, 저희가 볼 때 입대의 회장님께서 가장 잘못하신 점이 뭐냐 하면, 아파트 음식물쓰레기 수거 시간을 관리소에서 임의로 변경했다고 하시면서, 관리소장님이 **"아파트 문제는 입대의도 잘 모른다."**라고 하셨어요. (다른 참석자들을 돌아보며) 다들 들으셨죠?

주민들 (일동 소리 높여) 네!

K 제가 그전까지 알기에는, 저희 아파트 문제는 입대의에서 다 결정해서 관리소에 하달되는 걸로 알고 있었거든요? 근데 분명히 소장님이 그렇게 얘기하셨어요. 그래서 그 부분에 대해서, **입대의에서 왜 아파트 관리소장님이 마음대로 결정을 하게 놔뒀는지, 왜 거기서 알지도 못했고, 감독도 제대로 하지 못했는지**, 이 부분에 대한 책임이 제일 크다고 생각해요.

그리고 두 번째는, 다음 날 아침에 저희가 찾아가서 "사고 발생하고 24시간이 되도록 입대의에서는 뭐 했느냐?"라고 물어보니까 관리소장님께서 말씀하시기를 동대표 몇 분 왔다 가셨고, 회장님께서는 전화 통화만 한 번 하셨다, 거기에 엄마들이 분노를 한 거죠. 이게 단순히 왔다 가서 무슨 일이냐고 물어보고 끝날 일이 아니잖아요? 그래서 저희가 그 자리에서 요구를 했어요, 회장님 연락처나 다른 높은 분 연락처 그런 걸 알려달라고. 그랬더니 관리소장님이 막으셨어요. 왜 그랬는지는 알 수가 없지만, 알려주기를 원하지 않으신 거 같더라고요. 계속 요구를 했는데도 그분들은 바쁘시고, 직업이 있으시고, 이 얘기를 계속하셔서 엄마들이 생각하기를, **직업이 있고 그래서 직접 나와 볼 수 없는 일이면 도대체 입대의 회장을 왜 해야 하는 건지,** 거기에 대해서 분노를 했어요. 지금 당사자 분들이 나오셨으니까 그에 대해서[……] (강조는 인용자)

사고 발생 바로 다음날 가졌던 관리사무소 항의 방문 이래 엄마들 카페 측의 가장 큰 불만 중 하나는 입주자대표회의가 보인 소극적인 태도였다. 사고가 일어나고 하루가 지나도록 입주자대표회의에서 어떠한 움직임도 없었다는 사실은 엄마들 카페 회원들에게는 받아들일 수 없는 일이었다. 게다가 관리사무소를 방문한 회원들의 기세에 눌린 관리소장이 "아파트 문제는 입대의도 잘 모른다."라는 변명 아닌 변명을 한 탓에, 입주자대표회의 회장단은 순식간에 아파트 문제에 대해서는 관심 없고 자리만 축내는 사람들로 낙인찍혔다.

입주자대표회의 회장단은 관리소장이 일부의 민원에 근거해 임의로 음식물쓰레기 수거 시간을 변경하도록 묵과한 책임으로부터 자유로울 수 없다고 여겨졌다.

사실 입주자대표회의 회장단(2012년 기준)의 입장에서는 다소 억울할 만한 일이었다. 관리소장 재량에 의한 수거 시간 변경은 2011년 여름에 일어난 일이지만, 이명훈 회장이 당선된 건 그해 겨울이었기 때문이다. 4장에서 살펴보았듯이 임준구 전임 회장이 재임 중이던 당시는 직전의 보궐선거에서 실패를 맛본 자율방범대 측이 입주자대표회의와 관련한 비리 의혹을 부지런히 제기하며 성일 노블하이츠의 '변화'를 위해 노력하던 시기였다. 하지만 임준구 회장이 이끌던 입주자대표회의와 이명훈 회장이 이끈 입주자대표회의는 도매금으로 묶여 함께 비난의 대상이 되었다.

이 사실은 엄마들 카페 회원들이 그동안 입주자대표회의에 큰 관심을 갖지 않았다는 것을 반영한다. 이들이 보기에 이전 회장단과 현 회장단은 모두 그냥 '입주자대표회의'일 뿐, 내부 사정이 어떻게 돌아갔는지는 중요하지 않았다. 이들에게 중요한 것은 자율방범대를 주축으로 한 현재의 회장단이 과거 어떤 비리척결 활동을 했느냐가 아니라 지금 당장 일어난 사망사고에 적극적으로 대처하지 않았고, 각자 따로 직업이 있는 사람들이라 바로 연락을 취하기도 어렵다는 사실이었다. 관리사무소 방문 과정에서 아파트 단지를 대표하는 입주자대표회의 회장과 바로 연락이 되지 않는다는 사실은 엄마들 카페 회원들에게 상당한 분노를 불러일으켰다. 이후 엄마들 카페에는 "권한은 관리소장님보다 많으나 아는 바는 더 없는 직장인이신 회장님"과 같은 비아냥거림이 나올 정도였다. 전임 회장단이 확실한 직업도 없이 입주자대표회의를 주무른다는 혐의가 자율방범대 측의 주된 비판 지점이었고, 따라서 확실한 직업을 가진 사람들이 아파트 단지의 요직에 앉아야 한다고 주장해왔음을 상기해보면 아이러니한 일이었다. 그들이 내세운 가장 큰 장점 중 하나가 사망사고와 관련한 초기 대응에서 가장 큰 약점이 되고 말았던 것이다.

입주자대표회의에 대한 엄마들 카페 측의 불만은 여기서 끝이 아니었다. 먼저 입주민 대책회의 말미에 결정된 아파트 단지 내 공식 분향소 설치와 관련한 사항들이 문제가 되었다. 입주자대표회의 측은 대책회의 당일인 금요일을 포함해 일요일까지 총 3일 동안(일반적인 장례 절차인 3일장의 기간을 감안하여) 분향소를 설치하기로 했는데, 엄마들 카페 측에서는 이미 아이의 장례가 끝난 마당에 굳이 3일이라는 기간을 지킬 필요가 있는지, 분향소 설치 기간을 더 늘릴 수는 없는지 불만을 표했다. 이들이 보기에 어린이 사망사고 같은 중대한 사안에 3일이라는 분향소 설치 기간은 너무 짧았다. 또 분향소 설치를 아파트 단지 전체에 알리는 방식에 관해서도 불만이 있었다. 대책회의 당일 저녁, 단지 내 방송을 통해 분향소 안내와 관련한 공지가 전달되었는데 그 소리가 너무 작았다는 것이다. 방송 소리가 잘 안 들려서 의자를 밟고 올라가 천장에 달린 스피커에 귀를 붙이고 들어야 할 정도였다거나, 매주 부녀회 노래교실 안내 방송은 쩌렁쩌렁하게 하면서 분향소 마련 방송은 개미소리만 하게 하더라는 등의 불만이 표출될 정도였다. 이에 문제가 있다고 여긴 엄마들 카페 측에서는 분향소 설치를 알리는 별도의 전단지를 제작해 각 동별 엘리베이터에 부착하여 대응했다.

엄마들 카페에서 생각한 또 다른 문제는 사고 발생 다음 주에 열린 시청 간담회 직후부터는 입주자대표회의가 연주시청과 관련한 사고 대응에서 완전히 발을 빼버렸다는 사실이었다. 앞서 살펴본 것처럼 4월 10일 열린 시청 간담회에서 성일동 근방 다섯 개 단지의 입주자대표회의 명의로 공식 요구사항을 전달한 이후, 입주자대표회의 측은 이번 사고와 관련한 일에서 일체 전면에 나서지 않았다. 유가족과 시청 간의 보상 협상이 제대로 진행되지 않는다는 소식이 전해진 후 추진된 특별조례에 관한 일에서도, 민주희 과장의 아들이 쓴 글로 인한 파문에서도, 성일노블 입주자대표회의는 보이지 않았다. 이러한 일련의 전개와 관련하여 입주민 카페에 올라온 게시물들에는 답답한 반응을 토로하는 아래와 같은 댓글들이 달렸다.

A 입주자대표회의에서 할 일들을 노영환 님과 엄마들 카페를 비롯한 입주민들이 나서서 고생하고 계시네요. 오늘 다시 한 번 관리비 명목에서 입주자대표회의 관련 항목이 눈에 거슬렸습니다.

B 입대의에서 나서주심이 힘든 일인가요? 진행되는 내용을 보면 입대의와 입주민이 분리된 것처럼 느껴집니다.

C 아파트 대외적 문제는 공식기구인 입대의가 원래 나서야 하는데 어찌 된 건지……

결국 유가족과 시청의 마지막 협상이 진행되던 순간까지 입주자대표회의의 모습이 보이지 않자, 엄마들 카페 측에서는 "사고 관련 일이 대충 정리되면 입주자대표회의도 손을 한번 봐야 한다."는 강경한 입장이 등장하기도 했다. 이들에게 입주자대표회의 회장단은 1년 전 관리소장의 쓰레기 수거 시간 임의 변경부터 사고 발생 초기 미온적 대응과 특별조례 추진 과정에서의 비협조적 태도에 이르기까지, 아파트 대표기구로서 책임을 방기한 부도덕한 집단으로 보일 뿐이었다. 실제 행동으로 옮기진 않았지만, 시청 측에 집중된 책임 추궁이 끝난 뒤에는 입주자대표회의에도 할 말을 해야겠다는 것이 이들의 당시 입장이었다.●

분위기가 이렇게 흘러가자 이명훈 회장과 이 회장을 당선시킨 자율방범대에서도 엄마들 카페로 대표되는 젊은 입주민들에게 불만을 갖게 되었다. 자율방범대 측의 반응은 시청 간담회가 열린 뒤 가졌던 첫 번째 순찰 활동에서 확인할 수 있었다. 사고가 발생한 지 불과 열흘이 채 안 된 때였기에, 자율방범대에서도 시청 측을 향해 상당히 격앙된 분위기가 형성되어 있을 것으로 예상했지만 대원들의

● 이들이 지적한 입주자대표회의의 문제가 앞서 논의한 사망사고 발생의 근원적 문제인 공적 의사소통의 부재가 아니라, 시청에 대한 대응 과정에서의 비협조적 태도였음은 재차 지적할 필요가 있다. 이들에게 가장 큰 불만은 시청과 민주희 과장에 대한 분노가 집중된 상황에서 입주자대표회의가 나서서 함께 행동하지 않았다는 사실이었다. 민 과장을 향한 희생양 기제는 입주자대표회의와 관련한 문제를 다루는 관점에도 영향을 끼쳤다.

분위기는 다소 의외였다. 입주민 대책회의와 시청 간담회 등 시끄러운 일이 많았던 시기였음에도 자율방범대에서는 "이 정도면 됐으니 이제 그만 정리하자."는 입장을 취하고 있었다. 입주자대표회의로서는 할 수 있는 일을 더 했고, 남은 건 시청과 유가족 양자에 국한된 보상 협의일 뿐이라는 주장이었다.

이들은 적극적인 대응에 나서고 있던 입주민들에게도 불편한 감정을 감추지 않았다. 우선 공식 분향소에 대한 엄마들 카페 회원들의 태도가 문제시되었다. 대책회의 결과 분향소가 설치된 이후 이명훈 회장을 비롯한 입주자대표회의 임원진과 자율방범대 핵심 멤버들은 금요일과 토요일 양일간 밤새워 분향소를 지켰다. 그런데 이런 노력이 인정받기는커녕 "인터넷에 글만 쓰는 젊은 엄마들"(자율방범대의 한 대원이 대화 도중 사용한 표현)에 의해 회장단이 매도당할 뿐이라는 사실에 대해 서운한 감정을 내비쳤다.

자율방범대가 '젊은 엄마들'에게 불편한 감정을 갖게 된 데에는 나름의 이유가 있다. 앞서 살펴보았듯이 자율방범대는 입주 이래 아파트 비리척결을 위해 갖은 노력을 경주했고, 그 결과 2011년 말 입주자대표회의 회장 선거에서 승리하는 성과를 거두었다. 그런데 이명훈 회장 당선 이후 '생활밀착형 공간 개선' 작업이 한창 진행 중이던 시기에 예기치 못한 어린이 사망사고가 발생하면서 이들은 매우 난감한 상황에 처하게 된 것이다. 지금까지 아파트 단지의 '변화'를 위해 노력해온 끝에 마침내 단지를 대표하는 자리에 오르게 된 이들의 입장에서, 스스로 비판했던 과거 입주자대표회의가 연루된 잘못으로 인해 자신들이 비난받는 상황은 억울할 수밖에 없었다. 게다가 여태껏 아파트 현안에 관심을 보이지 않았던 젊은 입주민들이 이번 사고를 계기로 아파트 입주민들을 대표하는 것처럼 나서는 모습도 이들에게는 불편하게 다가왔다. 지금까지 끊임없이 아파트 문제에 관심과 참여를 호소해온 자율방범대가 보기에, 과거에는 미동도 않던 이들이 들고일어나 과거와 현재의 입주자대표회의를 도매금으로 묶어 취급하는 현실은 상당히 씁쓸하게 느껴졌다.

그리고 이제는 아파트 단지 전체를 관장하는 입장에 놓인 이명훈 회장의 입장에서는 다른 입주민들의 반응도 살펴야만 했다. 실제로 적지 않은 입주민들은 이번 사고에 대해 안타까운 마음을 갖는 한편, 아파트 단지 내에서 발생한 사망사고라는 민감한 사건이 크게 이슈화되면서 '집값'에 영향을 주지나 않을까 우려하고 있었다. 다른 한편으로 이 회장과 자율방범대 측은 그간 아파트 현안에 무관심했던 젊은 입주민들이 이번 사고를 계기로 단지 내의 '다른 일'들에도 관심을 가져주기를 기대했다.

젊은 엄마들 300, 400명이 나선다 해도 그걸 갖고 아파트 단지 전체의 여론이라 할 수만은 없어요. 실제로 사건이 커지면서 저한테도 따지는 전화가 여럿 왔어요. 관리실로는 이게 지금 뭐하는 짓이냐고 쌍욕하는 항의 전화가 더 많았고요. 그러다 보니 유가족 측이랑 젊은 엄마들은 단지 안에 현수막도 걸자 하는데, 그러지는 않기로 했어요.(사고 발생 열흘 뒤, 이명훈 회장과의 대화 내용 중)

이명훈 　그래도 이번 사건이 젊은 주민들도 아파트 내의 다른 문제들
에 관심 갖고 적극적으로 나설 수 있는 계기가 되었으면 좋겠어요.

정영호 　하지만 그럴 리가 없지. 사건 해결되고 나면 쫙 빠질걸?

이명훈 　아마도 그럴 가능성이 높지. 그런데 그렇게 되면 단지기 바뀔
수가 없어.(같은 날, 자율방범대원들과의 대화 내용 중)

사실 '아파트 전체의 여론'이라는 것을 정확히 측정하기는 어렵
다. 무관심의 문화가 지배하는 아파트 단지의 분위기에서, 5000여
세대에 달하는 입주민 가운데 350명 이상의 젊은 입주민들이 직접
행동에 나섰다는 사실은 분명 대단히 큰 사건이다. 하지만 문제는 입
주 이래 줄곧 각종 현안에 대해 '침묵하는 다수'의 모습을 보여온 대
다수 입주민들의 생각은 여전히 파악할 길이 없다는 것이다. 부동
산 가격에 영향을 주는 것처럼 재산권과 직접 관련된 일이 아닌 이
상, 아파트 입주민들은 웬만한 이슈에 곧바로 자신의 의사를 표시하
려들지 않는다. 전체 5000세대에서 수백 세대가 적극적으로 나섰을
때, 나머지 4000여 세대 중 어느 정도가 동조하고 있는지, 혹은 반대
하고 있는지, 아니면 아예 무관심한지 알 수 있는 방법은 거의 없다
고 봐야 한다.•

• 국가 단위의 일반적인 정치적 이슈에서도 똑같은 문제가 존재한다. 국민 전수(全數)
에게 의사 표시(혹은 기권이라는 방법을 통한 무관심의 표시)의 기회를 제공하는 선거
라는 절차를 치르고 개표 결과를 직접 확인하지 않는 이상 '국민 전체의 여론'이라는 것

다만 해당 아파트 단지에서 현장연구를 진행한 인류학 연구자의 입장에서 볼 때, 주민들 사이에서 이번 사고를 바라보는 관점에 분명한 차이가 존재했다는 사실은 밝힐 수 있을 듯하다. 사망사고 발생 이후 2개월 가까이 엄마들 카페를 중심으로 시청 측을 향한 적극적 대응이 진행되는 동안, 자율방범대나 엄마들 카페와 무관한 다른 입주민들을 만났을 때에는 사고와 관련한 이야기를 언급하는 것조차 조심스러울 정도로 이 사건은 민감한 주제였다. 간혹 이야기를 꺼내더라도 "지금까지 아이 키우기 좋은 아파트라고 얘기해왔는데, 말이 커지면 신규 유입에 문제 있을 수도 있다고 다들 생각할 거다."라든가, "여기는 사고 날 일 없다고 생각해왔는데 앞으로는 조심해야겠다 싶다." 정도의 반응을 보일 뿐이었다. 공교롭게도 이런 반응을 보인 입주민들은 모두 50대 이상의 가장과 최소 고등학생 이상의 자녀를 둔 가족의 구성원이었다. 이들은 불의의 사고로 아이를 잃은 유가족에게 애도의 뜻은 표하지만, 그것이 '단지 전체'의 일로 확대되지 않도록 거리를 두고자 했다. 그리고 시간이 흘러 몇 개월이 더 지나자 주민들 사이에서는 심지어 "그때 젊은 엄마들이 너무 심했다."는 반응이 나오거나 "그래서 유가족이 두둑한 보상금을 챙겼다더라."는 식의 확인되지 않은 소문이 돌기도 했다.

물론 주민들이 이러한 입장을 겉으로 드러낼 수는 없었다. 어린

도 확실히 알 수가 없는 것이 현실이다. 신뢰할 만한 표본추출을 통한 통계조사가 불가능한 폐쇄적인 아파트 단지에서는 더욱 어려운 일이 된다.

아이의 죽음이라는 사건에서 도덕적 정당성은 엄마들 카페처럼 적극적으로 사고의 책임을 묻고 대책을 촉구하는 쪽에 있을 수밖에 없기 때문이다. 하지만 사고 대응에 직접 관여하지 않았던 상당수 주민들은 시청과 상대하는 일보다는 부동산 가격에 영향을 주는 '아파트의 평판'에 더 신경을 썼고, 이런 입장의 주민들이 더 많다는 것이 입주자대표회의 회장단의 판단이었다. 그들은 이번 사망사고를 개인의 문제로 규정했고, 개인의 문제를 집단 차원으로 확대시켜 개입하는 것에는 부정적인 판단을 내렸다. 사망사고 보상과 시청의 사과를 받아내는 것은 개인적 차원의 문제이며, 이 문제에 더 깊이 개입하는 것이 아파트 단지 전체의 공동선(共同善)을 높이는 데 도움이 되지 않는다고 본 것이다. 자율방범대 측도 마찬가지 입장이었다. 이를테면 처음에는 엄마들 카페 측에 적극적으로 동조하며 나섰던 김민철 대장도 사건을 바라보는 다른 대원들의 이야기를 전해 듣고는 어느 순간부터 손을 떼버렸다. 아파트 단지 바깥으로 송유진 어린이 사망사고를 이슈화하고 시청에 책임을 묻는 행위는 이들이 추구하는 '가치 있는 아파트'를 만드는 것과는 거리가 멀다고 생각했던 것이다.

한편 회장단과 자율방범대 측은 이번 사고를 통해 목소리를 내기 시작한 '젊은 입주민'들이 아파트 내의 다른 현안들에도 관심을 가져주길 원했다. 하지만 큰 기대를 한 것은 아니었다. 이들은 지금까지의 활동을 통해 대다수 아파트 입주민들이 아파트 현안에 무관심한 태도를 견지해왔다는 사실을, 특히 젊은 입주민들의 관심도가 상당히 낮았다는 사실을 경험으로 알고 있었기 때문이다. 사실 어떤 면에서는 자율방범대의 '성공' 역시 무관심의 문화가 가져온 산물로 볼 수 있다. 무관심의 문화는 대다수 입주민들의 방관 속에 소수의 인원이 자기 잇속을 챙기기 쉬운 구조를 낳기도 했지만, 한편으로는 또 다른 소수의 사람들이 변화를 가져오기 쉬운 환경을 조성했다. 입주자대표회의 자체에 대한 관심이 낮은 상황에서 투표율이 낮은 선거는 소수의 노력만으로도 승리를 거둘 수 있기 때문이다. 하지만 자율방범대는 이번 사고를 바라보면서 이런 배경을 그다지 중요하게 고려하지 않았다. 그보다는 주민들의 무관심이라는 현상 자체에 초점을 맞췄다. 많은 입주민들이 무관심한 태도를 보인 주된 이유는 '주인의식 결여' 탓이라 생각했고, 이를 이번 사고의 발생 원인 중의 하나로 해석했다.

> 사실 음식물쓰레기 수거 차량이 기존의 주 3회에서 더 들어오게 된 것도 다른 맥락이 작용했어요. 음식물쓰레기 수거함에 비닐봉지째로 버리는 사람들이 많았는데, 그걸 수거업체에서는 안 가져가거든요. 그러다 보니 쌓이고 냄새나고 해서, 관리사무소에서 업체에 전화해 다시 가져가라 그러고 하는 게 반복된 거죠. 그래서 봉지는 관리소에서 직접 치울 테니 들어와서 가져가라고 했대요. 여기에는 **전세 입주자들이 많은 탓도 어느 정도 있어요.** 주민들이 만약에 자기 집, 자기 단지로 여겼으면 그러겠어요? **이건 주인의식 결여에서 생기는 문제예요.** 그러다 보니 음식물 수거 차량이 매일 들어오게 된 거죠.(이명훈 회장과의 대화 내용 중, 강조는 인용자)

아파트 단지에 대한 자율방범대 구성원들의 주인의식과 책임감은 유달리 높았다. 단지 내 각종 공간구조물에 신경을 써온 이들에게 공용 쓰레기장도 예외는 아니었다. 제대로 분리수거가 되지 않은 채 버려진 쓰레기들을 볼 때마다 이들은 "예전에 여기가 못살았을 때 살던 사람들(과거 성일주공아파트 거주자들)이 아직 좀 남아서", "생각 없이 아무렇게나 버리는 외부업체들 때문에", 혹은 "주인의식 부족한 전세 입주자들 탓에" 이런 일이 생긴다고 얘기하곤 했다. 이런 인식을 바탕으로, 사고의 원인이 된 수거 시간 변경에 영향을 준 음식물쓰레기 수거 횟수 증가에는 주민들의 주인의식 결여도 작용했다는 게 이들의 판단이었다. 입주민 모두가 자신들처럼 충분한 주인의식을 가진다면 아파트 단지에서 살아가는 삶의 질이 훨씬 향상되리라 보았던 이들은 지금까지 활동에서 가장 아쉽게 느껴왔던 '주민들의 무관심'도 사고 발생에 한몫했다고 본 것이다. 그리고 그렇게 주인의식이 결여된 입주민들은 자신들이 이상적으로 생각하는 '가치 있는 아파트 공동체' 구성원, 즉 충분한 소양과 책임감을 지닌 입주민으로서 결격이었다.

하지만 사망사고 대응에 적극적이었던 엄마들 카페, 즉 젊은 엄마들의 입장은 달랐다. 그들에게는 아파트 단지의 '가치 상승'보다 당장 우리 가족의 '신체적 안전'이 더욱 중요했다. 물론 이들에게도 아파트 단지에서 영위하는 '삶의 가치'는 중요한 의미를 가졌지만, 그것을 달성하는 방법에 있어서는 자율방범대 측과 입장을 달리했다. 가시적으로 드러나는 공간구조의 개선작업과 관리비 비리척결도 중요하겠지만, 젊은 엄마들에게 더욱 중요한 것은 성일 노블하이츠라는 같은 집단의 일원이었던 피해자 가족을 위해 직접 행동에 나서야 한다는 사실이었다. 이들은 똑같이 아파트 단지에서 어린아이를 키우는 입장에서 유가족이 처한 상황에 감정적으로 공감했다.

이와 관련하여 젊은 엄마들이 사고 소식을 듣고 가장 먼저 한 일 중 하나가 매주 화요일 오전마다 열렸던, 부녀회 주도의 노래교실을 찾아가 중단을 요구한 것이라는 사실은 의미가 있다. 이런 행동은 어린이 사망사고를 어느 한 가족, 일부 젊은 주민들의 일을 넘어 단지 전체의 문제로 만들고자 한 노력의 일환이었다. 그리고 무엇보다 이는 그들에게 윤리적으로도 '타당한 일'로 여겨졌다. 불의의 사고로 아이를 잃은 한 가족이 슬픔에 빠져 있을 때, 같은 아파트 단지 안에서 다른 주민들이 모여 흥겹게 노래를 부른다는 건 이들의 관점에서 있을 수 없는 일이었다. 같은 맥락에서 초창기 사고 대처에 손 놓고 있다시피 했던 입주자대표회의와 관리사무소를 대신하여 입주민 전체를 아우르는 대책회의를 요구하고 적극적으로 임하는 것 역시 마땅히 해야 할 일이었다.

결국 이번 어린이 사망사고는 아파트 단지에 별다른 귀속의식 없이 살아가던 젊은 주민들에게 집단 구성원으로서의 소속감을 일깨운 계기로 작용했다. 입주 이래 자율방범대를 중심으로 '주인의식'을 강조하며 아파트 현안에 참여하기를 호소하는 활동이 있었지만, 지금껏 어떠한 움직임도 보이지 않았던 이들은 어린아이의 죽음이라는 사건을 통해 결속했다. 그동안 젊은 입주민들이 아파트 현안에 관심을 두지 않았던 이유는 자율방범대 측의 짐작대로 이들이 전세 입주민이었기 때문일 수도 있다. 전세 거주자들은 성일 노블하이츠 전체 입주민의 40퍼센트에 달했고, 연령 단계의 특성상 세대주가 젊을수록 전세로 아파트에 거주할 가능성이 높기 때문이다.● 하지만 이들은 일면식도 없는 어린아이의 죽음을 맞아 이 사고를 아파트 현안으로 부각시키고 스스로 아파트 단지를 대표하고자 했다. 여태껏 아파트 단지에서 가장 부지런히 활동해왔고, 그 결과 아파트 단지를 대표하는 자리에 오른 자율방범대에게는 당혹스러운 일이었다.

젊은 입주민들의 이런 움직임은 아파트 단지 내에서 '공동체'에 대한 새로운 입장의 부상을 의미했다. 이렇게 등장한 아파트 단지에 관한 입장은 철학자 장뤽 낭시(Jean-Luc Nancy)가 『무위의 공동체』(1986)에서 전개한 논의를 상기시킨다. 낭시의 논의에서 공동체는 항상 타자와의 관계 속에 위치한 존재들의 공간으로 드러난다. 공동체는 구성원이 공유한다고 간주되는 어떤 동질성에 근거한 기획, 혹은 힘을 합쳐 이루어야 할 과제의 영역에 속하지 않는다. 사람들은 "공동체를 유한성을 경험하는 것처럼 경험한다.(또는 공동체의 경험이 우리를 만든다.)"[6]고 할 수 있을 뿐, 공동체는 특정한 과제로 추구될 수 없으며 그 성과에 기반을 둘 수도 없다. 낭시가 논의하는 공동체는 관계

● 공교롭게도 사고 피해자였던 송유진 어린이 가족 역시 전세 가구였다. 아파트 단지에서 작지 않은 비중을 차지하는 전세 입주민이 갖는 '이방인'으로서의 성격에 관해서는 4장에서 논의한 바 있다.

자체에 의해 발생하여 무엇으로도 환원되지 않는 '우리', 즉 '함께-
있음(être-avec)'이라는 조건 아래에서 특정한 경험의 계기를 통해 드
러나는 실체다.[7]

낭시에 따르면 공동체를 드러내는 특정한 경험 가운데 집단 구
성원으로 하여금 '공동체'를 자각하게 만드는 가장 결정적인 순간이
바로 집단 내 타자의 죽음이다. 집단 내에서 타자의 죽음이라는 사건
은 다른 구성원들에게 타자와의 관계성을 인식하는 강렬한 경험을
제공한다. 조르주 바타유(Georges Bataille)의 글을 빌린 낭시는 이렇게
말한다. "살아 있는 자가 그의 동류가 죽어가는 것을 본다면, 그는 자
신 바깥에서 존속할 수 있을 뿐이다."[8] 집단 구성원은 타인의 죽음에
의한 '상실의 경험'을 통해 공동체가 자기만의 공간이 아닌, 타자들
과 함께하는 관계의 공간이라는 사실을 자각한다. 그렇기에 "공동체
가 스스로를 드러내는 것은 죽음을 통해서"[9]이다.

이렇게 공동성의 자각을 야기하는 '죽음'은 특정한 종류의 죽
음이다. 같은 공동체 내에서 발생한 모든 형태의 죽음이 공동성을 환
기하는 것은 아니며, 전쟁 속의 죽음처럼 오히려 공동성을 파괴하는
죽음도 있기 때문이다.[10] 그러나 여전히 주목해야 할 것은 바로 그 특
정한 죽음의 역할이다. 이런 특정한 죽음은 전통적인 의미에서 공동
체라 여겨지지 않는 집단에서도 집단에 이미 내재된 공동성을 환기
하는 역할을 수행해 '함께-있음'이라는 '공동체'의 기본 조건을 새삼
확인시켜준다. 그 과정에서 잠재되어 있던 집단의 공동성을 호출해

'공동체'로서의 집단을 '가시화'[11]해낸다는 것이다.●

　이때 낭시가 상정하는 '공동체'가 동질성에 근거한 기획 혹은 과제의 영역에 위치한 공동체와 입장을 달리한다는 것은 주목할 만하다. 성일 노블하이츠에서 자율방범대가 단지의 가치 상승이라는 과제를 수행하면서 공동의 집단적 활동에 참여를 호소해왔다면, 어린이의 죽음이라는 사건은 '함께-있음'이라는 사실만으로 집단성을 불러일으키며 순간적으로 부각된 '공동체'를 자각케 했다. 아파트 단지의 공동성에 관한 자율방범대의 이상은 아파트 가치 상승을 위해 비리 감시와 다양한 공간적 실천에 적극적으로 나서는 행위를 통해 추구될 수 있었지만, 젊은 입주민들의 이상은 아이의 죽음에 함께 슬퍼하고 제대로 된 애도의 목소리를 높이는 것을 의미했다. 길다면 길고 짧다면 짧을 두 달여라는 기간 동안, 성일 노블하이츠는 '아파트 공동체'를 바라보는 두 가지 상이한 이상이 경합하는 무대가 되었다.

'아파트 공동체'의 현실과 잠재성

2000년을 전후하여 잠시 사회적 관심을 끈 시민운동 중 하나로 '아

● 물론 브랜드 아파트 단지와 같은 집단에서 모든 구성원들이 그 호출에 응하는 것은 아니다. 또 집단 전체가 하나의 동일한 '공동체'로 가시화된다고 볼 수도 없다. 이에 대한 논의는 이어지는 마지막 절에서 계속된다.

파트 공동체 운동'이 있었다. 그런데 2000년대 중반을 넘어서면서 이 운동은 결국 활력을 잃고 흐지부지되고 말았다. 그 원인으로 건축학자 박인석은 아파트 단지라는 존재가 갖는 특유의 정치경제적 성격과 타 지역에 비해 월등한 공간 환경을 꼽는다. 1998년 설립된 참여연대 '아파트공동체연구소'와 2000년 16개 시민단체가 연합해 결성한 '전국아파트공동체운동네트워크' 등이 언론에 부각되며 아파트 공동체 운동이 주목받던 시기, 이들의 공통된 시각은 "아파트가 공동체 형성에 유리한 조건을 갖고 있다."는 입장이었다.[12] 이를테면 "아파트 공동체 구성원은 도시공동체에서 보기 힘든 공동체 성원 간의 일정한 연대를 갖고 있다. […] 주민들 간의 일정한 유대의식을 갖고 도시공동체 운동을 위해 필요한 민주적인 훈련을 쌓게 된다."[13] 거나, "대면적 접촉 기회의 가능성과 소모임을 통한 인원 동원의 잠재력을 내재"[14]한 특성을 강조하는 등 아파트 단지가 지닌 집단적 생활 조건에서 공동체 형성의 맹아를 찾았다는 것이다.

하지만 이런 입장들은 아파트 단지가 "도시 공공공간의 취약한 환경 수준 속에서 사유재산으로 구매된 상품적 공간 환경"이며, 따라서 주민들이 "이 소중한 상품의 교환가치에 조금이라도 영향을 미치는 문제에 지극히 배타적일 것이라는 점을 놓치고 있다."는 것이 박인석의 지적이다.[15] 아파트 단지는 태생부터 경제적 자본을 어느 정도 갖춘 일부 집단의 주거 개선 욕구를 충족시키기 위해 탄생한 만큼, 공동체적 관계가 발생하기에는 한계가 분명하다고 그는 주장한다. 단순히 동일한 주거공간에서 거주하는 주민들의 공통적인 관심사가 많다는 이유로 아파트 단지를 도시공동체의 새로운 모델로 여길 수는 없으며 그전에 먼저, 모든 것이 교환가치로만 환원되는 '단지'라는 폐쇄적 공간구조를 해체하는 작업이 우선시되어야 한다는 것이다.

지금까지 이 책에서 살펴본 성일 노블하이츠의 사례를 봐도 박인석이 지적한 아파트 단지의 특성을 상당 부분 확인할 수 있었다. 재건축 과정에서 펼쳐진 다양한 활동들은 부동산 시장에서 성일 노블하이츠의 가치를 극대화하기 위한 노력이었으며, 건설사와 조합을 상대로 한 입주민들의 투쟁 역시 아파트라는 상품 구매에 쓰인 자신들의 돈이 엉뚱한 곳으로 새지 않도록 감시하기 위한 움직임이었다. 아파트 단지의 고급화 과정을 살펴보며 논의했던 '장치'로서의 아파트 단지에 주목하는 관점[16]에 따르면 이는 당연한 전개다. 앞서 살펴본 것처럼 1970년대 이래 한국의 도시를 뒤덮은 아파트 단지의 확산은 단순히 대량 복제를 통한 특정 주거모델의 확산에 그치지 않았고, 그 모델에 내재한 새로운 습속의 확산까지 포함했다.[17] 이 책에 등장한 사람들 대부분은 자기 자신이나 주변 사람이 아파트 단지에 살아왔고, 아파트 단지의 반복적인 매매에 바탕을 둔 자산 증식이 한국 사회를 지배하고 있다는 사실을 충분히 파악하고 있었다. 또 이들은 내부적으로 다소 가격차가 존재하긴 하지만 '단지 단위'로 매매가 형성된다는 사실 역시 잘 알고 있었기에 입주민 공동의 차원에서 대응에 나서야 할 필요성도 절감하고 있었다.

입주 이후 성일 노블하이츠에서 전개된 활동들도 많은 면에서 재건축 과정의 활동과 맥락을 같이한다. 다른 주민들과의 상호교류 없이도 충분히 자족적인 삶을 가능케 하는 아파트 단지의 공간적 특징은 이웃과 단지 전체의 일에 관심을 두지 않는 '무관심의 문화'를 낳았다. 하지만 다른 한편으로, 재건축 과정에서처럼 단지 단위로 매겨지는 아파트의 시장 가치와 브랜드 아파트 단지 특유의 폐쇄적인 공간구조는 주거공간의 단위와 삶에 대한 주민들의 인식에 영향을 끼친다. 대다수 입주민들의 무관심 탓에 어려움을 겪기도 했지만, 이러한 인식을 바탕으로 일부 입주민들은 집합체로서 성일 노블하이츠의 위상을 제고하기 위한 공간적 실천에 나섰고 나름의 성과를 낳기도 했다. 예전과는 달라진 부동산 시장의 상황에서 아파트 단지의 경제적 가치 상승을 궁극적인 목적으로 한 이들의 활동은 아파트를 상품으로 여겨온 지금까지의 사회적 분위기와 큰 틀에서는 어긋난 것이 아니었다. 그리고 본래 삶의 터전으로 자리해야 할 아파트라는 주거공간을 상품으로 만들고, 아파트를 상품으로 여기는 생각을 사회적 상식으로 만든 것 역시 '장치'의 힘이었다.

그런데 여기서 주목해야 할 사실은, 더 구체적으로 들여다보았을 때 이들이 펼친 행위는 엄밀히 말해 주체화 도구로서 아파트 단지라는 장치가 수행하는 기능(사람들의 욕망을 포획하여 자산 소유자로서의 역할에 충실한 '아파트 입주민'으로 벼려내는)과 어긋나는 부분이 있었다는 점이다. 이를테면 이들이 성일 노블하이츠라는 아파트 단지를 바로잡아 투명하게 하기 위해 펼친, 불의와 부당한 권한 남용에 대한 '저항'은 과거 전형적인 아파트 단지에서 기대할 수 있는 모습이 아니었다. 또 이들의 행동을 단순히 아파트 가격 상승만을 노린 집단적 이기주의의 소산으로 여기는 것은 지나치게 단편적인 시각에서의 접근일 수 있다. '가치 있는 아파트'를 만들어내기 위한 주민들의 실천에서 호출된 '공동체'나 '봉사'와 같은 가치들, 그리고 그 가치를 직접 행동에 옮긴 사람들의 면면은 때로 '자신들의 이익에만 충실한 아파트 입주민'이라는 전형에서 벗어난 모습을 보였기 때문이다. 이에 대한 사례로 아래의 인터뷰 내용을 보자.

얼마 전에 핵안보정상회의[2012년 3월] 기간 동안 일선 경찰들 빼가는 바람에 우리가 지구대에 지원 나갔잖아요. 거기 경호한다고 경찰들 빼가서 민생 치안에 공백이 생겼다고 해서. 그게 MB[이명박 전 대통령]가 웃긴 거예요. 민생이 우선이냐 아니면 자신의 외교 업적이 우선이냐 이건데, 그게 다 허세 아니냐고요.
하나 재밌는 게, 경찰에서 먼저 성일동 자율방범대 쪽에 요청을 했고, 그쪽에서 우리 쪽[성일노블 자율방범대]으로도 요청을 한 거거든요. 그런데 밤에 **막상 가보니 성일동 쪽에서는 아무도 안 왔고, 결국 우리 쪽에서만 사람 나와서** 초소 지켰어요. 게다가 우리 대장님도 참 대단한 게, 가보니까 지구대에 커피 떨어졌다고 자비로 커피 사다 주고 그랬다니까요. **여기도 우리 동네 일 아니냐면서**…….(자율방범대원 정영호와의 대화, 강조는 인용자)

이처럼 국가의 '중차대한' 일로 인해 민생 치안의 공백이 우려되는 상황에서, 아파트 단지 밖의 경찰 지구대가 지원을 요청한 일에 응한 건 성일동 전체의 자율방범대가 아니라 성일노블 자율방범대뿐이었다. 앞선 장에서 논의한 '자기임명적 공인'으로서의 역할을 평소 활동범위가 아닌 아파트 단지 바깥으로 확장한 이 사례는 아파트 단지의 집단적 실천이 지닌 다른 가능성을 보여준다. 경찰이 지원을 요청한 시기는 마침 자율방범대 출신의 이명훈이 입주자대표회의 회장으로 당선되고 얼마 지나지 않은 때였다. '가치 있는 아파트'에 대한 자신들의 이상을 단지에 구현하기 위해 노력하던 와중에 경찰의 요청에 응하는 것은 여태껏 이들이 추구해온 '봉사'라는 가치의 실천을 연장하는 행위로 여겨졌다. 지금까지 자율방범대의 활동은 폐쇄적 주거공간인 아파트 단지만의 '가치'를 높이는 데 주력해왔지만, 그들의 행동규범과 실천력은 성일 노블하이츠를 넘어 지역사회 전반으로까지 확대될 수 있다는 것이다. 설령 그것이 외부에 대한 홍보 효과를 노린 계산된 행동이라 할지라도, 이는 개별적인 아파트 단지의 이익 추구가 사회 전반의 공공적 이익과도 맞닿을 수 있다는 점을 시사한다.

　아파트 단지가 한국 사회의 보편적인 주거양식으로 자리하는 과정에서 주거공간의 상품화가 심화되고, 그 결과 정주성의 약화가 초래되었음은 누구나 알고 있다. 어느 정도 경제적 여유를 가진 사람들은 부동산 매매의 반복을 통해 자산을 불리려는 노력을 경주했으며, 주거 불안에 시달리는 다른 이들은 언젠가 자신에게도 찾아올지 모르는 '내 집 마련의 꿈'을 마음 한구석에 안은 채 잦은 이사와 전세

계약을 되풀이해왔다. 삶과 주거의 본질을 왜곡하는, 제대로 자리를 잡지 못하고 지속적으로 유예되는 삶의 반복이 이루어지는 장이 곧 아파트 단지라는 무대였고, 그 과정에서 '장치'로서의 아파트는 위력을 발휘했다. 그럼에도 불구하고 변하지 않는 사실이 하나 있다면, 아파트 단지가 삶이 영위되는 장소 자체라는 것이다. 아무리 아파트가 삶으로부터 소외된 투자대상, 언젠가 다른 곳으로 옮겨가야 하는 일시적인 주거지로 여겨진다 하더라도 다수의 사람들이 함께 살아가는 삶의 공간이라는 사실만큼은 변함이 없다. 그리고 그 때문에 피할 수 없이 생겨나는 일종의 '정치적 각성'의 계기들이 존재한다. 사실 이는 '장치' 자체의 또 다른 본질이기도 한데, 장치에 관한 논의 말미에서 아감벤은 다음과 같은 논의를 펼친 바 있다.

> 장치들이 삶의 모든 영역에 그 권력을 침투시키고 분산시키면 시킬수록, 통치의 앞에는 붙잡을 수 없는 요소가 더 많이 출현하게 된다. 그 요소는 통치의 포획에 순종적으로 따르는 만큼 그것으로부터 도망치는 듯이 보인다. 그렇지만 그것은 그 자체로 혁명적인 요소를 대표하지도 않으며, 통치기계를 정지시키거나 심지어 위협하지도 못한다.[18]

성일 노블하이츠의 재건축 과정과 입주 이후 '가치 있는 아파트' 만들기라는 일련의 공간적 실천에서 주인공이 되었던 사람들은 '순종적이고 바람직한' 아파트 거주자들이 아니었다. 그렇다고 그들을 적극적인 '저항'의 주체로 보기도 어렵다. 아파트 단지 안에서 나름의 이상을 추구했던 이들의 실천은 아파트라는 장치의 효과에 의도하지 않은 균열을 내는 것처럼 보이지만, 한국의 도시를 아파트로 뒤덮게 만든 정치권력과 건설자본의 연합에는 침묵한다. 이들의 관심사는 비판적·실천적 입장을 견지하는 한국 사회의 논자들이 아파트 단지 자체로 인한 각종 사회적 문제로 지적하는 문제들과는 거리가 멀다. 이들이 꿈꾸며 발로 뛰어 달성하기를 원하는 이상은 자신들이 살아가는 아파트를 지금보다 더 '살기 좋은', 더 '가치 있는' 단지로 만드는 것 이상도 이하도 아니다. 이런 입장은 한국의 도시 거주인구 절반 이상을 차지하는 여타의 아파트 입주민들의 입장과도 크게 다르지 않다. 그들에게는 자산의 상당 부분이 투입된 아파트 단지라는 존재 자체를 비판할 이유도, 그럴 여유도 없다.

그런데 '가치 있는 아파트' 만들기가 본격적인 궤도에 오를 무렵 단지 내에서 발생한 불의의 사고는 아파트 단지에 관한 사람들의 이상을 시험대에 올렸다. 적어도 차량으로 인한 위험에서만큼은 안전할 것으로 믿었던 단지의 지상공간에서 집단 내 가장 약한 존재인 어린아이가 사고로 목숨을 잃은 사건은 아파트 단지라는 집합체 자체를 다시 바라보게 만들었다. 브랜드 아파트 단지라는 '안전한 곳에 살고 있다'는 믿음이 깨지자, 곧바로 수면 위로 떠오른 것은 '안전한 곳에 살고 싶다'는 근원적인 욕구였다. 그리고 그제야 주민들, 특히 젊은 입주민들이 자각할 수 있었던 건 아파트 단지라는 집단이 타자와 함께하는 관계의 공간[19]에 놓여 있다는 사실이었다. 이러한 욕구와 자각이 결합되면서 젊은 입주민들은 전에 없던 집단적 실천에 나설 수 있었다. 이들은 잠시나마 아파트 단지라는 '공동체'를 구성하는 일원으로서 마땅히 해야 할 애도를 위한 실천에 몰두했다. 자율방범대로 대표되는 일부 입주민들이 꿈꾸고 노력했던 '가치 있는 아파트'라는 이상에 이어, 아파트 단지에 관한 또 다른 입장이 등장한 셈이다.

하지만 브랜드 아파트 단지라는 거대한 집단에서 모든 구성원들이 적극적 애도에 호응한 것은 아니었다. 엄마들 카페로 대표되는 젊은 입주민들은 같은 공동체 구성원으로서 한 가족이 겪은 슬픔을 함께 나누고, 대외적으로 성일 노블하이츠를 대표하여 사고 수습에 나서고자 했으나 상황은 여의치 않았다. 사실 여기에는 기존에 자율방범대가 겪었던 경험과 유사한 맥락이 작용하고 있다. 대부분의 브랜드 아파트 단지에서 대다수 입주민들은 자신과 가족의 이해관계에 직접적인 영향이 있지 않은 이상 무관심한 태도를 견지한다. 엄마들 카페와 마찬가지로 자율방범대의 활동 역시 아파트 단지 입주 초부터 다수의 지지를 받았던 것은 아니었다. 이들은 소위 '직업 동대표'들에 맞서 아파트 단지 전체의 공동성을 끌어내고 단지의 가치를 높이기 위한 활동을 펼쳐왔지만 수차례의 실패와 좌절 끝에 가까스로 회장단 장악이라는 성공을 거둘 수 있었던 것이다.

자율방범대와 엄마들 카페가 모두 의도했던 '아파트 공동체'의 호출에서 양자의 성공과 실패 사이에 다른 점이 있다면, 그들이 활동한 무대와 그들의 활동을 매개한 '가치'의 차이였다. 자율방범대의 활동은 입주자대표회의라는 공적인 무대 위의 경쟁에서, 아파트 단지의 '가치 상승'이라는 긍정적 기치를 내세웠기 때문에 좀 더 지속적인 추동력을 얻을 수 있었다. 반면 어린이 사망사고와 함께 등장했던 엄마들 카페의 활동은 뚜렷한 공적 기구의 지원 없이, 죽음이라는 사건이 유발한 부정적 감정의 에너지를 매개로 했다. 그런데 노블하이츠 같은 브랜드 단지에서 슬픔이나 분노와 같은 부정적 감정은 기쁨이나 행복과 같은 긍정적 감정만큼 오래 지속될 수 없었다. 많은 입주민들은 해당 사안에 대한 관심의 정도와 무관하게 부정적 감정이 촉발한 활동에는 쉽게 피로감을 느낄 수밖에 없기 때문이다. 게다가 자율방범대가 내세운 아파트의 '가치'는 여러 삶의 가치를 표방하면서도 경제적 가치와 완전히 무관하지 않았던 반면, 엄마들 카페의 활동은 당위적 차원에서 '안전'이라는 중요한 가치를 내세웠음에도 불구하고 대다수 입주민들에게는 경제적 가치의 하락을 야기할 소지가 있는 것으로 비춰졌다.

결국 이웃의 죽음이라는 상실의 경험을 공유함으로써 등장한 이들의 움직임은 아파트 단지를 구성하는 현실적 조건에 부딪히며 좌초하고 말았다. 젊은 입주민들을 중심으로 적지 않은 수의 주민들이 제대로 된 애도를 위해 노력하고 그 활동을 지지했지만, 아파트 단지의 침묵하는 다수는 여전히 무관심으로 응대했다. 그뿐 아니라 아파트 단지의 공동체성을 강조하며 헌신해온 단지 내의 가장 활동적인 소집단인 자율방범대 역시 이들의 이상에 동참하지 않았다. 사고를 당한 아이의 죽음은 진정 안타까운 일이었다. 하지만 일정한 시

상황 1: 입주 초 성일 노블하이츠의 상황. 소위 '직업 동대표'가 입주자대표회의를 장악한 가운데, 그에 대응한 조직으로 자율방범대가 맞서고 있다. 전체 '아파트 공동체'에서 이들의 활동이 가시화된 영역은 일부에 불과하다.

상황 2: 자율방범대의 선거 승리 이후. 직업 동대표 세력이 약화되고 자율방범대의 영향력이 증가했다. 하지만 여전히 전체에서 이들이 차지하는 부분은 일부이다.

상황 3: 어린이 사망사고 직후의 상황. '엄마들 카페'가 등장하면서 새로운 영역이 가시화되었다. 그러나 새로운 영역은 사건의 종결과 함께 다시 사라지게 된다.

상황 4: 지금까지의 상황 변화를 종합하여 도상화한 성일 노블하이츠 '공동체'의 모습. 아마도 자율방범대 승리 이후, 어린이 사망사고 직전 혹은 이후의 어느 순간을 가리키는 형태가 될 것이다. 점선으로 표시된 타원들은 엄마들 카페를 포함하여 집단에 내재된 여러 잠재적인 공동성들을 가리킨다. 이들은 언젠가 어떤 계기와 조우할 경우 가시화될 가능성을 품은 채 집단 안에 잠재해 있다.

간과 공간의 범위를 넘어 사고와 관련된 활동을 지속하는 것은 다수의 입주민이 생각하는 이상적인 아파트 단지를 위한 행동의 범주에 포함되지 않았다. 아파트 단지 안에서 발생한 아이의 죽음과 관련한 문제는 더 이상 아파트 단지 전체 집단의 문제가 아닌 개인의 문제로 다루어져야 했다. 그것이 바로 자신들이 살아가는 아파트 단지의 가치, 즉 '가치 있는 아파트'를 지키는 일이었다.

그리고 다시 길지 않은 시간이 지나, 아파트 단지의 일상은 계속되었다. 이제는 아파트 단지라는 집단의 중심에 자리하게 된 이들을 위주로 '가치 있는 아파트'를 위한 활동이 지속되었고, 순간적이나마 집단을 대표하고자 했던 젊은 입주민들은 다시 침묵하는 다수에 합류했다. 한편 성일 노블하이츠의 가치 상승을 목표로 단지 내 영어마을을 설립하기도 했는데, 수개월 전 사고로 죽은 아이와 비슷한 또래의 아이를 둔 가정들이 이에 호응했다. 하지만 자율방범대와 마찬가지로 '순수한 봉사'를 내세운 아파트 영어마을은 단지 내부의 정치적 문제와 봉사자 부족 등 자체적인 한계에 맞닥뜨리며 절반의 성공으로만 남았다. 가장 많은 수의 사람들이 아파트에 살고 있는 한국 사회에서 이것이 바로 2010년대 '평범한' 브랜드 아파트 단지의 모습이다.

그 누구도 직접적으로 언급하진 않았지만 이 모든 모습의 배경에는 어느덧 한국인의 삶에서 꽤 중요한 부분이 되어버린 부동산 가격이 놓여 있다. 가장 많은 사람들이 아파트를 보편적인 주거지로 여기는 상황에서 아파트 가격이 너무 높게 형성되어도, 그렇다고 지금

이하로 낮아져도 곤란하다는 것은 아이러니다. 지나치게 높은 아파트 가격은 사회 전반의 주거 불안을 야기하고, 너무 낮은 아파트 가격은 가계자산의 상당 부분을 아파트에 투자한 수많은 사람들의 불만을 가져오기 때문이다. 결국 거시적 측면에서 지금까지 정부가 내놓았던 각종 부동산 정책들은 그 아이러니가 유발하는 묘한 긴장 상태를 유지시키기 위함이었다. 그리고 그 긴장관계 속에, 한국의 브랜드 아파트 단지는 매순간 달라지는 상황과 조건에 따라 현실화될 수 있는 '공동체'의 잠재성을 품은 채 우리 곁에 존재하고 있다.

아파트 단지 거주자에게 정치란 무엇인가

2012년 12월, 제18대 대통령 선거를 일주일 앞두고 성일노블 자율방범대 송년회 자리가 열렸다. 대원들이 모이기로 한 장소에서 만나 예약한 식당으로 자리를 옮기는 길에 바로 옆에서 걷던 L 씨와 당시 초미의 관심사였던 대선과 관련한 이야기를 나누기 시작했다. 그러던 중, L 씨가 이런 이야기를 했다.

> 박빙이에요, 박빙. 그런데 박근혜가 될 거예요. 너무 독재는 하지 말고, 카리스마 있게 잘 이끌어줬으면 해요. 우리나라는 그런 게 필요해요.

이 말을 꺼낸 L 씨뿐만 아니라 자율방범대 대원들이 일주일 앞으로 다가온 대선을 보는 시각은 크게 다르지 않았다. 누군가는 술자리에서 대놓고 자신은 박근혜 후보를 찍을 거라고 말했고, 다른 누군가는 이명박 대통령이 추진한 4대강 사업이 욕을 먹는 것처럼 보여도 대승적 차원에서는 투자의 일환으로 봐야 한다고 옹호하는 발언을 꺼내기도 했다. 그런 이들의 모습을 보며 지나간 현장연구 기간 동안 겪은 일들을 다시 떠올려보았다. 그러자 먼저 과거 재건축 조합과 스타건설을 규탄하며 대검찰청 앞에서 대표적인 민중가요 「임을 위한 행진곡」을 부른 기억을 자랑스럽게 이야기하던 이들의 모습이 기억났다. 또 예전 입주자대표회의 임원진의 비리 의혹을 제기하며 온·오프라인에서 적극적인 '활동가'의 모습을 보여주던 여러 광경이 떠올랐다. 그리고 불과 수개월 전, 국회의원 출마를 위해 '야당' 공천에 도전한 모 입주민을 도울 방법이 있을지 고민하던 이들의 모습도 생각났다. 이 모든 과거의 기억과 대선을 앞둔 현재의 이야기들 사이에 묘한 간극이 존재하는 것만 같은 기분을 지우지 못한 채, 속으로 가만히 질문을 던져보았다. 도대체, 한국의 브랜드 아파트 단지에 거주하는 주민들에게 '정치'란 무엇일까?

2000년대 이후 한국 사회를 선명하게 둘로 가르고 있는 진보와 보수의 이분법적 진영 논리는 사실 내가 만난 주민들에게 별로 의미가 없었다. 입주 이전 조합과 건설사를 상대로 한 투쟁, 입주 이후 입주자대표회의의 주도권을 두고 펼쳐진 갈등, '가치 있는 아파트'를 만들기 위한 실천, 어린이 사망사고 대응 과정 등 다양한 활동들에서 각각의 참여자가 어떠한 정치세력을 지지하는지의 여부는 크게 중요하지 않았다. 이 책의 배경이 된 현장연구 기간을 벗어난 범위이긴 하지만, 이명훈 회장의 뒤를 이어 제4대 입주자대표회의 회장으로 당선(2014년 1월)된 허용수 신임 회장은 심지어 모 소수 진보정당의 당원임을 천명하기도 했다. 주민들과의 적극적인 소통을 바탕으로 회장 업무를 충실히 수행하고 있는 그의 평판은 대단히 좋은 편이며, 당시 보수 여당의 대통령 후보를 지지했던 다른 많은 주민들과의 관계에서도 정치적 입장의 차이는 아무런 문제가 되지 않았다. 이 거대한 아파트 단지에서 전개된 공간의 정치에서 중요한 것은 성일 노블하이츠라는 '서민 아파트'●를 어떻게 하면 좀 더 가치 있게, '명품'으로 가꾸어갈 것인가의 문제였다. 이를 위한 활동에 기여할 수만 있다면, 개개인이 투표장에서 선택한 정치세력이 중앙 정치무대에서 어떻게 분류되는지는 크게 상관할 바 아니었다.

이 책에서 그려낸 지난 수년 동안 성일 노블하이츠에서 있었던 일들은 2000년대 한국 사회, 특히 아파트 단지로 뒤덮인 수도권 도시공간의 민낯을 그대로 보여준다고 해도 무방하다. 아파트 가격이 천정부지로 치솟던 2000년대 중반, 돈의 흐름을 좇아 재건축 사업장을 전전하던 필부필부(匹夫匹婦)의 초상은 성일 노블하이츠의 전신인 성일주공아파트 재건축 과정에서도 확인할 수 있었다. 적지 않은 돈을 투자한 아파트가 부동산 시장에서 제대로 평가받을 수 있도록 사

● 한국 사회에서 '서민'이라는 단어는 중산층과 빈곤층 모두가 경제적으로 가장 부유한 계층과 대비하여 스스로를 지칭할 때 유용하게 쓰는 표현이다. 성일 노블하이츠에서도 예외는 아니었으며, 주민들은 인터뷰나 일상적인 대화 도중 수시로 "우리 아파트는 서민 아파트"라는 표현을 자연스럽게 사용하곤 했다. 그리고 그때의 용법은 주로 성일 노블하이츠가 '명품 아파트'가 되기 위해 앞으로 가야 할 길이 한참 남았다는 의미를 뜻했다.

람들은 보일러나 엘리베이터와 같은 설비의 브랜드에서부터 수목 조경, 아파트 단지의 이름에 붙는 건설사 브랜드에 이르기까지 다양한 사항들을 직접 점검하고, 뜻을 관철시키기 위한 행동에 나섰다.

뒤이어 2000년대 후반 입주 이후에는 때마침 불어닥친 부동산 시장의 불황에 맞서 또 다른 형태의 집합적 행동이 전개되었다. 지금까지와는 달리 집을 소유하는 것만으로는 시세 차익을 기대하기 어려워진 상황에서, 주민들은 '살기 좋은 아파트가 곧 가치 있는 아파트'라는 믿음 아래 넓은 의미에서 아파트 공간 전반을 재정비하고자 했다. 그런 와중에 발생한 뜻하지 않은 사고를 두고서는 적극적 개입과 망각에의 의지 사이에서 갈등이 불거졌다. 그리고 그 결과, 하나의 집단 구성원으로서 마땅히 취해야 하는 것으로 보였던 윤리적 태도의 실천은 다수의 무관심 앞에 집단의 문제가 아니라 개인의 문제로 치환되었다. 이 역시 규모와 정도의 차이가 있을 뿐 한국 사회에서 계속해서 반복되는 각종 사고의 처리 및 대응 과정과 크게 다르지 않았다. 결국 성일 노블하이츠에서의 '정치'라는 것은 이런 과정 안에서 주요 과제들을 어떻게 풀어갈 것인가 하는 문제와 다름없었다. 따라서 성일 노블하이츠의 '정치'는, 특정한 거시적 제도의 규정을 넘어 공간을 둘러싼 권력관계가 다양한 층위에서 일상적 실천을 통해 구성된다는 점에서, 무엇보다도 인류학적 의미에서의 정치에 해당했다.

그리고 각각의 과제를 해결하기 위한 갈등의 순간마다 적용된 기준이 바로 아파트 단지의 '가치'였다. 재건축 과정에서부터 입주 이후 다양한 사건사고에 이르기까지 매 순간마다 집단으로서 단지가 지향해야 할 가치의 규정 방식은 서로 경합하는 양상을 보여주었다. 이 책은 이처럼 아파트 단지의 가치를 둘러싼 집합적 삶의 역동적인 양상을 인류학적 관점에서 포착하여 고찰하고자 했다. 그러기 위해 한국 사회에 아파트 단지가 도입된 역사적 과정을 출발점으로 두고, 재건축 과정에서부터 입주 이후에 이르기까지 성일 노블하이츠라는 브랜드 아파트 단지에서 펼쳐진 다양한 공간적 실천들을 분석했다. 그리고 이런 분석을 통해 게이티드 커뮤니티의 물리적 형태가 적용된 브랜드 아파트 단지의 장소성을 바탕으로 생겨난 집단적 활동이 갖는 의미를 검토했다.

또 무관심의 문화로 대표되는 공적인 의사소통과 사회적 합의의 부재로 인해 빚어진 비극의 현장을 들여다보았고, 그 과정에서 잠재해 있던 여러 차이들이 가시적으로 드러나는 양상을 조망할 수 있었다. '가치 있는 아파트'를 위한 기획으로서 아파트 단지에 관한 인식이 이제 막 떠오르기 시작한 성일 노블하이츠에서, '함께-있음'이라는 사실 자체에 근거한 단지에 대한 자각은 사망사고를 통해 비로소 모습을 드러냈다. 아파트 현안에 아무 관심 없는 것처럼 보이던 젊은 입주민들을 중심으로 형성된 이런 움직임은 느닷없이 생겨난 게 아니었다. 자율방범대 활동과 마찬가지로 브랜드 아파트 단지가 품고 있는 여러 잠재성 중의 하나였다. 그러한 잠재성들을 바탕으로, 때로 융합 가능하지만 때로는 서로 호환될 수 없는 다양한 가치들이 각각의 상황에 따라 부침(浮沈)한다. 거기서 떠오른 가치들에 의해 호출된 집단성이 가시화하는 양태(modus)가 바로 2000년대 한국의 브랜드 아파트 단지에서의 '공동체'라 할 수 있을 것이다.

마지막으로 몇 가지 차원에서 이 책의 내용이 갖는 시사점을 '아파트 공동체' 만들기와 관련하여 짚어보고자 한다. 최근 서울시를 비롯한 전국 각지의 도시에서는 지자체 주도 아래 아파트 단지에서도 '마을공동체'를 활성화하려는 움직임이 일고 있다. '공동주택 커뮤니티 활성화 사업'이라는 이름으로 추진 중인 이런 움직임은 기존에 주로 저층 주거지를 중심으로 진행되어온 '마을만들기 사업'●을 아파트 단지에까지 확장하고자 하는 시도의 일환이다. 아파트 단지에도 '마을' 모델을 접합시켜 "이웃과 정을 돈독하게 나누는 공동체 공간"으로 가꾸고자 한 이 사업들은 일련의 성과를 내기도 했다.[1] 그런데 아직 초기 단계에 불과한 이런 움직임이 더 나아가 한국의 아파트 단지 전반으로까지 확산될지는 좀 더 지켜볼 필요가 있다. 무엇보다 기존의 마을만들기 사업을 진행해온 다른 주거지와 비교할 때 아파트 단지는 애당초 '모델' 자체가 다르기 때문이다.

이와 관련하여 수원에 위치한 '칠보산 공동체'를 연구한 인류학자 양영균의 사례는 시사하는 바가 있다. 공동육아와 대안교육 중심의 칠보산 공동체는 특정한 아파트 단지 입주민들을 중심으로 자생

● 2017년 현재 전국의 마을만들기 활동은 '운동'의 단계를 넘어 행정이 지원하는 사업의 형태로 확산되고 있다. 2007년부터 2009년까지 진행된 '국토부 살기 좋은 도시만들기'를 시작으로, '수원시 마을르네상스'와 '서울시 마을공동체 사업' 및 '주민참여형 재생사업' 등이 제도적 지원체계를 갖춘 행정이 지원하는 마을만들기 사업의 대표적 사례들이다(신중진·정지혜 2013: 60).

적인 성장을 해왔다. 그런데 여기서 주목할 점은 공동체 구성원들이 아파트 입주민임에도 불구하고, 공동체 활동의 구심점이 되는 공간들이 대부분 아파트 단지 바깥에 위치해 있다는 사실이다. 마을만들기 사업과는 무관하게 출발했지만, 전형적인 '마을' 모델에 가까운 칠보산 공동체의 활동은 때로는 아파트 단지의 다른 주민들이나 입주자대표회의와 충돌을 빚기까지 했다.[2] 이는 이해관계가 맞지 않을 경우, 공동체 활동에 기반을 둔 '마을' 모델이 한국의 아파트 단지가 지닌 일반적 속성과는 조화를 이루기 어려울 수 있다는 점을 보여준다. 이 책에서 강조한 '장치'로서의 아파트 단지가 지닌 사회·공간적 특징에 관해 충분히 이해하지 않고는, 행정 주도의 아파트 공동체 지원사업들이 단지 전체의 공동체성 함양과는 무관하게 일부 입주민들의 소모임 운영을 위한 재정적 지원에 그칠 위험도 있다.

궤변처럼 들릴지 모르겠으나, 아파트 단지에서 전개되는 최근의 공동체 관련 논의는 정작 공동체가 전제하는 '좋음'의 수혜자가 되어야 마땅한 대다수 입주민들을 떼어놓고서 진행되는 건 아닌가 하는 우려도 든다. 이를테면 아파트 공동체를 이야기할 때 모범적인 사례로 제시되는 활동은 주로 단지 내 텃밭 가꾸기, 동네 축제, 공동 교육 등 '전통적인' 공동체의 맥락에서 호혜적 관계나 이웃 간의 정이 강조되는 활동에 국한된다. 하지만 한국의 아파트 단지라는 장소와 가장 친화성을 갖는 활동은 사실상 대부분 아파트의 '가치'와 관련한 것들이다. 그런데 이때의 '가치'는 생각보다 훨씬 더 복합적인 맥락에서 주거 집합체인 아파트 단지의 구성에 관여한다. 앞서 살펴보았듯이 아파트 단지는 경제적 가치를 비롯해 넓은 의미에서의 안전과 좁은 의미에서의 안전, 개인주의 등 다종다양한 가치들이 혼재되어 잠재하고 있는 공간이다. 과연 여기서 어떤 것은 '공동체'를 위해 유익하고 옳은 가치이며, 어떤 것은 그렇지 못한 가치라고 쉽게 판단할 수 있을까? 특정한 가치를 이기적인 집단활동으로 폄하해버리고 아파트 단지에 접근할 때, 그런 전제를 바탕으로 논하는 '아파트 공동체'가 과연 대다수 입주민들로부터 얼마만큼의 호응을 끌어낼 수 있을지에 대해서는 의문이 든다.

이 책에서 다룬 '가치 있는 아파트' 만들기와 유사한 형태로 다른 단지들에서 등장할 수 있는 활동들을 집단이기주의의 소산으로만 보는 관점은 문제의 본질을 호도하고 현실에 적합한 해법을 도출하는 데 방해가 될 뿐이다. 단순히 윤리적 시각에서만 판단하는 것이 아니라 주민들이 그런 행동에 나서게 된 근본적 원인을 살펴야 한다. 물론 이런 입장이 '아파트 공동체'에 관한 기존의 논의나 기획을 접자는 뜻은 아니다. 또 사회 전체의 공공선에 해악을 끼칠 수도 있는 집단행동에도 면죄부를 주자는 말도 아니다. 중요한 것은 아파트 공동체와 관련한 논의를 현실의 조건에 맞게 재조정할 필요가 있다는 것이다. '아파트 공동체'와 관련한 문제의 해법은 바로 이 지점에서 출발해야 한다.

1장

1 프루이트아이고에 대한 관련 논의들(Bristol 2004; Jencks 1984; 이경훈 2011)과 채드 프리드리히(Chad Freidrichs) 감독의 다큐멘터리 「프루이트아이고 신화(The Pruitt-Igoe Myth: an Urban History)」를 참고하여 구성한 내용이다.

2 Jencks 1984: 9.

3 통계청, 『2015 인구주택총조사』의 「가구별 주거실태」 항목 참조. 2010년의 46.2퍼센트보다 2퍼센트 가까이 증가한 값이다. 참고로 2위인 단독주택은 35.3퍼센트로 2010년(38.6퍼센트)에 비해 3.3퍼센트 감소한 것으로 나타났다.

4 Blakely & Snyder 1999: 2.

5 김석경 2007: 61.

6 Low 2003: 12.

7 이를테면 김석경(2004), 김지은·최막중(2012), 박인석(2013: 92)과 박철수(2013: 139), 그리고 이경훈(2011: 190)의 논의가 해당된다.

8 서울특별시 2013a, 2013b.

9 '민족지'는 'ethnography'라는 용어의 번역어로, 현장연구를 바탕으로 특정한 인간 집단의 삶과 문화를 기술한 글, 즉 인류학 연구 작업의 결과물을 가리킨다. 근래 한국에서 출간된 이런 성격의 결과물 중, 특히 현대 사회의 사회문화 현상을 다룬 책들은 '문화기술지'라는 번역어를 채택하기도 한다. 하지만 이 책에서는 '문화기술지'라는 용어가 해석이나 분석보다는 객관적이고 순수한 기술(description)만을 지향한다는 인상을 줄 수도 있다는 이용숙 외(2012: 16~17)의 우려에 동의하여 '민족지'라는 기존 번역어를 사용하고자 한다.

10 르페브르 2011: 155~156 참조.

11 강준만 2006: 9.

12 짐멜 2005b.

13 양영균 2012: 41.

14 Caldeira 2000; Low 2003; Zhang 2010.

15 Teli et al. 2007.

2장

1 대한주택공사 1992: 101.

2 전남일 2010: 260.

3 대한주택공사 1979: 237~238에서 인용.

4 박철수 2006: 10.

5 장성수 1994: 93.

6 박종우 외 2005: 49.

7 전남일 외 2008: 203.

8 권기봉 2012: 174.

9 박해천 2011: 57.

10 대한주택공사 1992: 118~120 참조.

11 박철수 2006: 35.

12 전남일 외 2008: 221 참조.

13 전남일 2010: 273.

14 줄레조 2007: 37.

15 전남일 외 2008: 212.

16 장성수 1994: 165~166 참조.

17 전남일 2010: 246.

18 박해천 2011: 63.

19 위의 책: 61~63 참조.

20 임서환 2005: 101.

21 위의 책: 157.

22 위의 책: 157.

23 전남일 외 2008: 286.

24   윤주현 2002: 17.

25   통계청 1997: 304.

26   가정생활 측면에서 서구적 생활양식의 상징으로서 아파트가 가져온 구체적인
      변화에 대해서는 함한희(2005: 54~60)와 전남일 외(2009), 박해천(2011:
      209~256)의 논의를 참조.

27   박철수 2010: 71.

28   권현아 2012: 99~100.

29   전남일 외 2008: 259.

30   위의 책: 260.

31   이를테면 박철수 2006; 박해천 2011; 전상인 2009; 줄레조 2007.

32   줄레조 2007: 147.

33   전상인 2009: 136.

34   박해천 2011.

35   위의 책: 67.

36   아감벤 2010: 33.

37   박해천 2011: 66~67 참조.

38   윤주현 2002: 17.

39   박현구 외 2007: 11 참조.

40   하성규 · 전희정 2003: 29.

41   홍형옥 · 채혜원 2004: 95.

42   보드리야르 1998.

43   전남일 외 2008: 302.

44   부동산 뱅크 2005년 8월 25일 기사, 「아파트 이름이 운명 바꾼다」 참조.

45   김석경 2004.

3장

1   김대중 2005: 218.

2   권문찬 2010: 37.

3   임동근 2007: 153.

4   최근희 2004: 155.

5   「[부동산] 재건축아파트 '로열층' 잡아라」, 《한국일보》(2001년 4월 29일).

6   박태견 2005: 48~58 참조.

7   김은식 2003: 52~54.

8   박태견 2005: 55~56.

9   김대중 2005: 226.

10   현행법상 재건축 사업은 공익을 위한 공공개발 사업으로 분류되어 있으며,
     사업의 지연으로 인한 공익 및 사적 재산권의 침해를 막기 위해 '매도청구권'이
     법으로 보장되어 있다. 매도청구권은 "주택 재건축 사업의 사업시행자(조합)가
     사업을 시행함에 있어 조합 설립에 동의하지 아니한 자의 토지 및 건축물에
     대해 매도할 것을 청구할 수 있는 권리"(김동근 2012: 47)로, 매도청구 소송은
     이 권리를 행사하기 위한 소송이다.

11   Ingold 1993: 167~168 참조.

12   임동근 2007: 143~144.

13   박해천 2013: 55.

14   채완 2004: 233.

15   박소진·홍선영 2009: 46.

16   박해천 2013: 110.

4장

1   한국감정원(www.kab.co.kr) 제공 자료 기준.

2   Lawrence 1979.

3   Hewison 1995: 153.

4   피시만 2000: 151~152 참조.

5   박인석 2013: 21.

6   박철수 2013: 254.

7   위의 책, 249~260 참조.

8   de Certeau 1984: 92~93.

9   「도심속 전원생활… 그린 디자인 아파트단지가 뜬다」, 《헤럴드경제》(2014년 4월

24일) 참조.

10 하비 2001.

11 Shearing & Stenning 1981, 1983; 김성언 2006 참조.

12 김성언 2005: 357~365 참조.

13 조현빈·조호대 2010: 274.

14 이희은 2014: 222.

15 바우만·라이언 2014: 96~97.

16 Lyon 2001: 7.

17 고정되고, 정형화되었으며, 분명한 경계를 상정하는 것과 같은 고전적인 '문화' 개념의 문제 탓에 최근 인류학에서는 문화 개념의 사용을 기피해왔다. 하지만 셰리 오트너(Ortner 2006: 12)의 지적대로 지난 수십 년간 인류학자들이 문화 개념의 부적합성에 관한 논의에 집중해온 동안, 아이러니하게도 다른 분야의 연구자들은 인류학이 빠져버린 '수렁'을 피해 이 개념을 나름의 방식으로 유용하게 활용해왔다. 이를 극복하기 위해 인류학자들에게 요구되는 과제는 '문화'에 대한 고전적 정의가 지닌 문제를 충분히 인식하면서도, 이 개념을 유연하게 활용하여 인간의 사고와 행동이 좀 더 거시적인 맥락에서 형성된 문화적 틀에 의해 어느 정도 제약된다는 사실을 보여주는 것이다(Ortner 2006: 14~16 참조).

18 박인석 2013: 47~53.

19 짐멜 2005a.

20 곽도·은난순·하성규 2004; 박광재·백혜선·서수정 2001; 하성규·서종균 2000.

21 최응렬·박진희 2011: 3; 이영남 2012: 367 참조.

22 이경훈 2011: 178.

23 제이콥스 2010.

24 Yanagisako 2002: 100.

25 통계청, 『2010 인구주택총조사』. 아파트 단지에만 국한된 자료가 존재하지는 않지만 단독주택에 비해 아파트 거주 기간이 더 짧다는 것이 통념임을 감안하면 아파트 단지에서 전세 가구의 평균 거주 기간은 더욱 짧다고 볼 수 있다.

26 짐멜이 논의하는 '이방인(stranger)'은 "오늘 와서 내일 가는 그러한 방랑자"와 같은 일반적인 의미가 아니라, "오늘 와서 내일 머무는 그러한 방랑자"를 가리킨다(짐멜 2005c: 79). 이런 '이방인' 개념은 특히 도시 생활에서 물리적 근접성이 어떻게 경험되며 자신과 타자 사이의 거리가 어떻게 이해되는가에 대한 시사점을 제공한다(앨런 2013: 121 참조).

27 짐멜, 앞의 책: 87.

28 Strathern 1988: 142.

29 제이콥스 2010.

30 위의 책: 105.

31 가치 개념에 관한 학사적 맥락의 검토에서 인류학자 그레이버(2009)가 논의하듯이 가치라는 단어는 사회적·경제적·언어적 의미 등 광범위한 분야에서 다양하게 활용되어왔음을 볼 수 있다. 그레이버에 따르면 가치라는 단어의 용법은 크게 '사회적 가치'와 '경제적 가치', '언어적 가치'라는 세 가지 방식으로 구분할 수 있다(그레이버 2009: 26). 물론 각각의 용법은 서로 전적으로 다른 무언가를 지칭한다기보다는, 정도의 차이가 있을 뿐 어느 정도 중복이 가능하다.

34 박해천 2013.

33 Bell & Newby 1976; Hillery 1955 참조.

34 이를테면, Bauman 2001; Delanty 2003; 어리 2012; 요시하라 2010.

35 바우만 2009: 272.

36 요시하라 2010: 75.

5장

1 2007년 경찰청 교통사고 통계자료.

2 전국 어린이 보호구역 내에서 발생한 어린이 교통사고는 2008년 517건에서 2009년 535건, 2010년 733건, 2011년 751건으로 꾸준히 증가해왔다(최재원 2014: 27).

3 더글라스·윌다브스키 1993: 221 참조.

4 「그들은 왜 보수우파를 동경하게 되었나」,《주간경향》(2012년 6월 19일) 참조.

5   지라르 2007: 25~31 참조.

6   낭시 2010: 78.

7   여기서 소개한 낭시의 이론과 브랜드 아파트 단지의 공동성 간의 관계는
      공동체와 관련한 인문사회과학 전반의 이론적 논의를 배경으로 하지만,
      이 책이 다루는 범위를 감안할 때 여기서 더 상세히 설명하기에는 한계가 있다.
      이와 관련한 이론적 논의에 관심 있는 독자는 저자의 다른 논문(정헌목 2016:
      79~86)을 참고하기를 권한다.

8   바타유 전집 Ⅶ 245쪽, 낭시 2010: 48에서 재인용.

9   낭시 2010: 44.

10   이진경 2010: 46~47 참조.

11   Strathern 1988.

12   박인석 2013: 298.

13   김칠준 2000: 54.

14   최병두 2008: 244.

15   박인석 2013: 299.

16   아감벤 2010; 박해천 2011.

17   박해천 2011: 66.

18   아감벤 2010: 47.

19   낭시 2010; 블랑쇼 2005.

후기

1   서울특별시 2013b 참조.

2   양영균 2013: 126~127 참조.

1. 한국어 논문 및 단행본

강인호·강부성·박광재·박인석·박철수·이규인. 1997. 「우리나라 주거형식으로서
　　아파트의 일반화 요인 분석」. 《대한건축학회논문집》 제13권 9호, 101~112쪽.

강준만. 2006. 『강남, 낯선 대한민국의 자화상』. 인물과사상사.

고영환 외. 2007. 『대한민국 아파트 브랜드 전쟁』. 유미커뮤니케이션.

곽도·은난순·하성규. 2004. 「아파트 공동체 활성화 방안: 수도권 신도시를 중심으로」.
　　《주택연구》 제12권 2호, 139~160쪽.

국토해양부. 2012. 『2012년도 주거실태조사 연구보고서』. 국토해양부.

권기봉. 2012. 『다시, 서울을 걷다』. 알마.

권문찬. 2010. 「주택정책이 아파트 가격에 미치는 영향에 관한 연구: 서울시와
　　광역시를 중심으로」. 순천향대학교 경제금융보험학과 박사학위논문.

권현아. 2012. 「한국 도시주거의 상품화와 일상의 관계에 대한 연구」. 서울대학교
　　건축학과 박사학위논문.

그레이버, 데이비드. 2009. 『가치이론에 대한 인류학적 접근: 교환과 가치, 사회의
　　재구성』. 서정은 옮김. 그린비.

기어츠, 클리포드. 2009. 「심층 놀이: 발리의 닭싸움에 관한 기록들」. 『문화의 해석』.
　　문옥표 옮김. 까치.

김대중. 2005. 『대한민국 재테크사』. 원앤원북스.

김동근. 2012. 「주택재건축사업 매도청구권행사상의 문제점 및 개선방안에 관한
　　연구」. 《법학논총》 제27호, 45~71쪽.

김석경. 2004. 「안전한 커뮤니티의 대명사 게이티드 커뮤니티」. 《건축문화》 2004년
　　10월호, 160~169쪽.

_____. 2007. 「게이티드 커뮤니티의 단지 환경적 특성 및 범죄안전성에 관한 연구」.

《대한건축학회논문집: 계획계》제23권 6호, 61~70쪽.

김성언. 2005. 『민간경비의 성장과 함의』. 한국학술정보.

_____. 2006. 「'치안활동의 구조변동'에 대한 담론의 지형과 쟁점: 위험, 시장, 계약적 통치」.《형사정책연구》제65호, 239~300쪽.

김용하·임성은. 2011. 「베이비붐 세대의 규모, 노동시장 충격, 세대간 이전에 대한 고찰」.《보건사회연구》제31권 2호, 36~59쪽.

김정규. 2011. 「아파트 경비원의 직무환경 개선을 위한 경험적 접근: 범죄 예방활동 강화를 중심으로」.《한국경찰학회보》제30호, 27~60쪽.

김지은·최막중. 2012. 「아파트 단지의 물리적 폐쇄성과 사회경제적 효과에 관한 실증분석」.《한국주거학회 논문집》제23권 5호, 103~111쪽.

김철수. 2006. 『도시공간의 이해』. 기문당.

김칠준. 2000. 「지역공동체 및 아파트공동체 형성을 위한 시민의 역할」, 대한주택공사. 『아파트 공동체 실현을 위한 정책토론회』, 47~57쪽.

김효한. 2013. 『아파트에서 살아남기: 구매에서 입주, 관리까지 건설사가 절대 알려주지 않는 아파트의 모든 것』. 퍼플카우.

남우현. 2011. 『아파트의 몰락』. RHK.

낭시, 장-뤽. 2010. 『무위의 공동체』. 박준상 옮김. 인간사랑.

대한주택공사. 1979. 『大韓住宅公社 二十年史』. 대한주택공사.

_____. 1992. 『大韓住宅公社 三十年史』. 대한주택공사.

더글라스, 메리·아론 월다브스키. 1993. 『환경위험과 문화: 기술과 환경위험의 선택에 대한 소고』. 김귀곤·김명진 옮김. 명보문화사.

르페브르, 앙리. 2011. 『공간의 생산』. 양영란 옮김. 에코리브르.

문옥표 외. 1992. 『도시중산층의 생활문화』. 한국정신문화연구원.

바우만, 지그문트. 2009. 『액체근대』. 이일수 옮김. 강.

_____. 2010. 『모두스 비벤디: 유동하는 세계의 지옥과 유토피아』. 한상석 옮김. 후마니타스.

바우만, 지그문트·데이비드 라이언. 2014. 『친애하는 빅브라더: 지그문트 바우만, 감시사회를 말하다』. 한길석 옮김. 오월의봄.

박광재·백혜선·서수정. 2001. 『아파트 공동체 실현을 위한 방안 연구』. 대한주택공사

주택도시연구원.

박소진·홍선영. 2009.「주거를 통한 사회적 과시의 한국적 특수성: 일본과의 비교」.
《담론 201》 제11권 4호, 35~61쪽.

박인석. 2013.『아파트 한국사회: 단지 공화국에 갇힌 도시와 일상』. 현암사.

박종우·최성환·양영준·하종효·이상준·장림종. 2005.「1960년대 후반 1970년대
초반 서울의 구릉지 저소득층 공동주택에 관한 연구: 시민아파트와 정릉
스카이아파트를 중심으로」.《대한건축학회 논문집: 계획계》 제21권 12호,
47~54쪽.

박주상·정병수·백석기. 2014.「지역사회 범죄예방을 위한 자율방범대의 활성화
방안에 관한 연구」.《한국지방자치연구》 제16권 1호, 143~160쪽.

박철수. 2006.『아파트의 문화사』. 살림.

_____. 2010.「대중소설에 묘사된 아파트의 부정적 속성에 대한 건축학적 해석」.
《대한건축학회 논문집: 계획계》 제26권 1호, 65~75쪽.

_____. 2013.『아파트: 공적 냉소와 사적 정열이 지배하는 사회』. 마티.

박태견. 2005.『참여정권, 건설족 덫에 걸리다』. 뷰스.

박해천. 2011.『콘크리트 유토피아』. 자음과모음.

_____. 2013.『아파트 게임: 그들이 중산층이 될 수 있었던 이유』. 휴머니스트.

박현구·송혁·고성석. 2007.「초고층 공동주택의 건축적 특성 분석」.
《한국주거학회논문집》 제18권 1호, 11~18쪽.

보드리야르, 장. 1998.『소비의 사회』. 임문영 옮김. 계명대학교출판부.

블랑쇼, 모리스. 2005.「밝힐 수 없는 공동체」. 모리스 블랑쇼·장-뤽 낭시.『밝힐 수
없는 공동체, 마주한 공동체』. 박준상 옮김. 문학과지성사, 9~90쪽.

서울특별시. 2013a.『아파트 관리비 내리기 길라잡이: 11개 단지가 힘을 합쳐 이뤄낸
'관리비 내리기' 프로젝트의 기록』. 서울특별시.

_____. 2013b.『아파트, 이웃이 행복이다: 공동주택 커뮤니티 활성화 사례집』.
서울특별시.

손정목. 2005.『한국 도시 60년의 이야기 1』. 한울.

신중진·정지혜. 2013.「지역공동체 회복을 위한 마을만들기의 역할과 과제:
수원화성과 행궁동 사람들의 도전을 중심으로」.《정신문화연구》 제36권 4호,

59~96쪽.

아감벤, 조르조. 2010. 「장치란 무엇인가」. 『장치란 무엇인가? 장치학을 위한 서론』.
　　양창렬 옮김. 난장, 15~48쪽.

양영균. 2012. 「도시 지역공동체 형성과 작은도서관: 용인시의 사례」. 《정신문화연구》
　　제35권 2호, 35~67쪽.

_____. 2013. 「한국 도시의 지역공동체 형성과 확산 가능성 탐색: 수원 칠보산
　　공동체의 사례를 중심으로」. 《정신문화연구》 제36권 4호, 97~135쪽.

앨런, 존. 2013. 「게오르크 짐멜에 관해: 근접성, 거리, 이동」. 마이크 크랭·나이절
　　스리프트 엮음. 『공간적 사유』. 최병두 옮김. 에코리브르. 99~125쪽.

어리, 존. 2012. 『사회를 넘어선 사회학: 이동과 하이브리드로 사유하는 열린 사회학』.
　　윤여일 옮김. 휴머니스트.

요시하라 나오키. 2010. 『모빌리티와 장소: 글로벌화와 도시공간의 전환』.
　　이상봉·신나경 옮김. 심산.

원선영·김나연·이효창·하미경. 2009. 「아파트 단지 범죄불안감 감소를 위한
　　환경계획에 관한 연구」. 《대한건축학회 논문집: 계획계》 제25권 2호,
　　203~210쪽.

윤주현 편. 2002. 『한국의 주택』. 통계청.

이경훈. 2011. 『서울은 도시가 아니다』. 푸른숲.

이길호. 2012. 『우리는 디씨: 다시, 잉여 그리고 사이버스페이스의 인류학』. 이매진.

이보라·박승국. 2011. 『아파트 브랜드가 가격 형성에 미치는 영향 분석』.
　　대한건설정책연구원.

이영남. 2012. 「자율방범대 조직 및 운영의 지원 강화방안 연구」. 《경찰학논총》 제7권
　　2호, 361~382쪽.

이용숙·이수정·정진웅·한경구·황익주. 2012. 『인류학 민족지 연구 어떻게 할
　　것인가』. 일조각.

이인규. 2013~2016. 《안녕, 둔촌주공아파트》 시리즈.

이진경. 2010. 『코뮨주의: 공동성과 평등성의 존재론』. 그린비.

이희은. 2014. 「관찰 혹은 자발적 감시: 리얼리티 프로그램과 신자유주의 감시 사회의
　　정경」. 《한국방송학보》 제28권 2호, 211~248쪽.

임동근. 2007.「한국사회에서 주택의 의미를 다시 묻는다」.《진보평론》제32호,
143~155쪽.

임봉길. 1992.「도시중산층의 생활유형과 정치의식」. 문옥표 외.『도시중산층의
생활문화』. 한국정신문화연구원, 105~141쪽.

임서환. 2005.『주택정책 반세기: 정치경제환경 변화와 주택정책의 발전과정』. 기문당.

장성수. 1994.「1960~1970년대 한국 아파트의 변천에 관한 연구」. 서울대학교
건축학과 박사학위논문.

전남일. 2010.『한국 주거의 공간사』. 돌베개.

전남일 · 손세관 · 양세화 · 홍형옥. 2008.『한국 주거의 사회사』. 돌베개.

전남일 · 양세화 · 홍형옥. 2009.『한국 주거의 미시사』. 돌베개.

전상인. 2009.『아파트에 미치다: 현대한국의 주거사회학』. 이숲.

정헌목. 2016.「행동하는 소수, 침묵하는 다수: 브랜드 단지 내 어린이 사망사건으로 본
아파트 공동체성의 의미」.《한국문화인류학》제49권 2호, 75~130쪽.

제이콥스, 제인. 2010.『미국 대도시의 죽음과 삶』. 유강은 옮김. 그린비.

조현빈 · 조호대. 2010.「사회안전을 위한 CCTV 활용의 문제점과 개선방안」.《한국
공안행정학회보》제38호, 261~283쪽.

줄레조, 발레리. 2007.『아파트 공화국: 프랑스 지리학자가 본 한국의 아파트』. 길혜연
옮김. 후마니타스.

지라르, 르네. 2007.『희생양』. 김진식 옮김. 민음사.

짐멜, 게오르그. 2005a.「대도시와 정신적 삶」.『짐멜의 모더니티 읽기』.
김덕영 · 윤미애 옮김. 새물결, 35~53쪽.

_____. 2005b.「유행의 심리학. 사회학적 연구」.『짐멜의 모더니티 읽기』.
김덕영 · 윤미애 옮김. 새물결, 55~66쪽.

_____. 2005c.「이방인」.『짐멜의 모더니티 읽기』. 김덕영 · 윤미애 옮김. 새물결.
79~88쪽.

채완. 2004.「아파트 이름의 사회적 의미」.《사회언어학》제12권 1호, 231~252쪽.

최근희. 2004.「서울시 저밀도아파트 재건축사업에 대한 도시유형론적 분석」.
《한국지역개발학회지》제16권 4호, 135~158쪽.

최병두. 2008.「도시공동체 회복을 위한 아파트 주민운동」. 이종수 엮음.『한국사회와

공동체』. 다산출판사, 227~265쪽.

최응렬·박진희. 2011. 「자율방범대 법률 제정 방향에 관한 논의: 자율방범대원과 경찰공무원의 인식을 중심으로」. 《한국치안행정논집》 제8권 1호, 1~25쪽.

최재원. 2014. 「어린이 교통사고 실태와 대책」. 《경남발전》 제132호, 23~30쪽.

통계청. 1997. 『1997 한국의 사회지표』. 통계청.

_____. 2006. 『2006 한국의 사회지표』. 통계청.

피시만, 로버트. 2000. 『부르주아 유토피아: 교외의 사회사』. 박영한·구동회 옮김. 한울.

하비, 데이비드. 2001. 『희망의 공간: 세계화, 신체, 유토피아』. 최병두·이상율·박규택·이보영 옮김. 한울.

하성규·서종균. 2000. 「아파트 공동체 운동과 주민의식에 관한 연구」. 《한국사회정책》 제7권 1호, 271~299쪽.

하성규·전희정. 2003. 「수도권 주상복합건물의 입지별 특성」. 《주택연구》 제11권 1호, 27~48쪽.

함한희. 2005. 『부엌의 문화사』. 살림출판사.

홍형옥·채혜원. 2004. 「초고층 주상복합 건물 거주자와 입주예정자의 공유공간 관리에 대한 태도 비교」. 《한국가정관리학회지》 제22권 5호, 123~132.

2. 외국어 논문 및 단행본

Bauman, Zygmunt. 2001. Community: Seeking Safety in an Insecure World. Cambridge: Polity.

Bell, Colin & Howard Newby. 1976. "Community, Communion, Class and Community Action: The Social Sources of the New Urban Politics," in D. T. Herbert & R. J. Johnston (eds.), Social Areas in Cities Vol.2: Spatial Perspectives on Problems and Policies. London: John Wiley & Sons, pp. 189~207.

Blakely, Edward J. & Mary Gail Snyder. 1999. Fortress America: Gated Communities in the United States. Washington: Brookings Institution Press.

Bristol, Katharine G. 2004. "The Pruitt-Igoe myth," in Keith L. Eggener (ed.), American Architectural History: A Contemporary Reader. New York: Routledge, pp. 352~364.

Caldeira, Teresa P. R. 2000. City of Walls: Crime, Segregation, and Citizenship in São Paulo. Berkeley and Los Angeles: University of California Press.

de Certeau, Michel. 1984. The Practice of Everyday Life. Berkeley: University of California Press.

Delanty, Gerard. 2003. Community. New York: Routledge.

Hewison, Robert. 1995. Culture & Consensus: England, Art and Politics since 1940. London: Methuen.

Hillery, George A. 1955. "Definitions of Community: Areas of Agreement." Rural Sociology 20(2), pp. 111~123.

Ingold, Tim. 1993. "The temporality of the landscape." World Archaeology 25(2), pp. 152~174.

Jencks, Charles. 1984. The Language of Post-Modern Architecture. New York: Rizzoli.

Lawrence, Stone. 1979. The Family, Sex and Marriage in England, 1500-1800. New York: Harper & Row.

Low, Setha M. 2000. On the Plaza: The Politics of Public Space and Culture. Austin: University of Texas Press.

_____. 2003. Behind the Gates: Life, Security and the Pursuit of Happiness in Fortress America. New York: Routledge.

Lyon, David. 2001. Surveillance Society: Monitoring Everyday Life. Buckingham & Philadelphia: Open University Press.

Milgram, Stanley. 2002. "The Urban Experience: A Psychological Analysis," In Gmelch, G. & W. Zenner (eds.), Urban Life: Readings in Urban Anthropology (4th Edition). Prospect Heights, Illinois.: Waveland Press, pp. 83~92.

Ortner, Sherry B. 2006. Anthropology and Social Theory: Culture, Power, and the Acting Subject. Durham & London: Duke University Press.

Shearing, Clifford D. & Philip C. Stenning. 1981. "Modern Private Security: Its Growth and Implications." Crime and Justice 3, pp. 193~245.

_____. 1983. "Private Security: Implications for Social Control." Social Problems 30(5), pp. 493~506.

Strathern, Marilyn. 1988. The Gender of the Gift. Berkeley: University of California Press.

Teli, Maurizio & Francesco Pisanu & David Hakken. 2007. "The Internet as a Library-of-People: For a Cyberethnography of Online Groups." Forum: Qualitative Social Research 8(3).

Yanagisako, Sylvia Junko. 2002. Producing Culture and Capital: Family Firms in Italy. Princeton and Oxford: Princeton University Press.

Zhang, Li. 2001. Strangers in the City: Reconfigurations of Space, Power, and Social Networks within China's Floating Population. Stanford: Stanford University Press.

_____. 2010. In Search of Paradise: Middle-Class Living in a Chinese Metropolis. Ithaca and London: Cornell University Press.

「시사매거진2580: "철조망 친 아파트"」. MBC(2013년 10월 28일 방송)

「[취재파일] 여러분의 아파트는 안전합니까?」. SBS 뉴스(2013년 11월 4일).

「수백억대 재건축 비리 적발」. SBS 뉴스(2005년 4월 12일).

「잠실 재건축 비리 사실로 드러나」. YTN(2005년 6월 22일).

「[부동산] 재건축아파트 '로열층' 잡아라」.《한국일보》(2001년 4월 29일).

「'감시사회'로 가나… 방범 CCTV 2년 사이 4배 증가」.《경향신문》(2011년 9월 19일).

「SBS 스페셜: 어떤 마을에 살고 싶으세요?」. SBS(2011년 6월 12일 방송).

「경찰, '재건축 비리' 서울 전 지역 수사 확대」.《연합뉴스》(2005년 4월 25일).

「그들은 왜 보수우파를 동경하게 되었나」.《주간경향》(2012년 6월 19일).

「도심속 전원생활… 그린 디자인 아파트단지가 뜬다」.《헤럴드경제》(2014년 4월 24일).

「아파트 관리비 비리, 세월호만큼 큰 사건 될 것」.《시사저널》(2014년 10월 1일).

「아파트 이름이 운명 바꾼다」.《부동산 뱅크》(2005년 8월 25일).

Freidrichs, Chad. 2011. 『The Pruitt-Igoe Myth: an Urban History』.

닥터아파트 www.drapt.com

디시인사이드 www.dcinside.com

자원봉사포털 www.1365.go.kr

한국감정원 www.kab.co.kr

사진출처

18쪽 미국지질조사국 제공

56쪽 국가기록원, CET0035584

60쪽 ⓒ서울특별시 소방재난본부

64쪽 국가기록원, CET0064779

65쪽 국가기록원, CET0042207

90쪽 토픽이미지

188쪽 http://post.naver.com/viewer/postView.nhn?volumeNo=9588020

222쪽 성일 노블하이츠 입주민 카페(포털사이트 Z사)

233쪽 (왼쪽) 저자 촬영, (오른쪽) 성일노블 자율방범대 제공

262쪽 저자 촬영

322쪽 저자 촬영

가치 있는 아파트 만들기

**재건축 열풍에서 아파트 민주주의까지,
인류학자의 아파트 탐사기**

1판 1쇄 찍음 2017년 11월 22일
1판 1쇄 펴냄 2017년 11월 30일

지은이 정헌목
펴낸이 박상준
펴낸곳 반비

출판등록 1997. 3. 24.(제16-1444호)
(우)06027 서울특별시 강남구 도산대로1길 62
대표전화 515-2000, 팩시밀리 515-2007
편집부 517-4263, 팩시밀리 514-2329

ISBN 978-89-8371-893-8 (93300)

반비는 민음사 출판 그룹의 인문 · 교양 브랜드입니다.